金石文獻叢刊

金石錄補

【清】葉奕苞 撰

附續跋

上海古籍出版社

圖書在版編目（CIP）數據

金石録補：附續跋／（清）葉奕苞撰．— 上海：
上海古籍出版社，2020.5
（金石文獻叢刊）
ISBN 978-7-5325-9531-0

Ⅰ．①金… Ⅱ．①葉… Ⅲ．①金石—研究—中國—古
代 Ⅳ．① K877.24

中國版本圖書館 CIP 數據核字（2020）第 054171 號

金石文獻叢刊
金石録補（附續跋）
［清］葉奕苞　撰
上海古籍出版社出版發行
（上海瑞金二路 272 號　郵政編碼 200020）
（1）網址：www.guji.com.cn
（2）E-mail：guji1@guji.com.cn
（3）易文網網址：www.ewen.co
浙江新華數碼印務有限公司印刷
開本 890×1240　1/32　印張 25.75　插頁 5
2020 年 5 月第 1 版　2020 年 5 月第 1 次印刷
ISBN 978-7-5325-9531-0
K·2800　定價：128.00 元
如發生質量問題，讀者可向工廠調换

出版説明

金文石刻作爲一種特殊的文獻形式，負載着中國古代文明的大量信息，是珍貴的文化遺産，其相關研究具有重要文化價值與傳承意義。金石專門研究興起於宋，而在清代達到鼎盛，名家迭出，先後撰寫了一批高水平的研究專著，其成果對於今天我們的歷史學、文學、文字學、考古學、古文獻學、古器物鑒定學、書法篆刻學等研究具有重要的參考價值。有鑒於此，本社特推出《金石文獻叢刊》，彙聚兩宋以降金石學重要著作，以期助益於相關研究。

本書爲《金石文獻叢刊》之一，收録清葉奕苞撰《金石録補》二十七卷及《續跋》七卷，以光緒十三年吴縣朱記榮刊《槐廬叢書》本爲底本影印。

上海古籍出版社　二〇二〇年四月

石刻文獻歷代研究述要（代序）

陳尚君

「人生忽如寄，壽無金石固。」古人感到生命短暫，常將重要的事件、著作和死者的生平銘諸金石，形成豐富的金石文獻。一般來説，金銀器上的銘文均較簡短，銅器銘文盛於商周時期，漢以後可資研究的僅有銅鏡銘文等。石刻文獻則興於漢，盛於唐，歷宋、元、明、清而不衰，存世文獻爲數極巨，爲研究古代歷史文化提供了大量記載，也爲研究古典文學者所寶重。

一、古代石刻的分類

古代石刻品類衆多，舉其大端，可分以下幾類：

一、墓志銘。多爲正方形石刻，置於死者墓穴中，記載死者生平事蹟。始於漢，盛於北朝和隋唐時期，宋以後仍相沿成習。南朝禁止埋銘，故甚罕見。近代以來，出土尤多。因深埋地下，所存文字多清晰而完整。

二、墓碑。也稱神道碑，是置於墓道前記載死者生平事蹟的長方形巨大石碑。舊時王公大臣方得立碑記德，故所載多爲歷史上有影響的人物。因其突立於地表，歷經日曬雨淋，人爲破壞，石刻多斷裂殘壞，磨蝕漫漶，不易卒讀。

三、刻經。可分儒、釋兩大類。儒家經典的刊刻多由官方主持，爲士人提供準確可信的經典文本。歷史上有七次大規模的刻經，即東漢熹平間、曹魏正始間、唐開成間、後蜀廣政間、北宋嘉祐間、南宋紹興間、清乾隆間。今僅開成、乾隆石經保存完整，其餘僅存殘石。佛教刻經又可分爲兩類：一類是僧人恐遭逢法難，經籍失傳，因而刻石收存，以備不虞。最著名的是房山石經，始於隋，歷唐、遼、金、元而不衰，現存有一萬五千多石。二是刻經以求福祐，如唐代經幢刻《尊勝陀羅尼經》，爲一時風氣。

四、造像記。佛教最多，道教稍少。受佛教净土宗佛陀信仰的影響，信佛的士庶僧人多喜造佛像以積功德，大者連山開龕，小者可握於掌間。造像記記載造像緣由，一般均較簡短，僅記時間、像主姓名及所求之福祐庇蔭，文辭多較程式，可藉以瞭解風俗世情，有文學價值的很少。

五、題名。即是古人「到此一游」的記録。多存於山川名勝，多出於名臣、文士之手，雖較簡短，於考事究文，彌足珍貴。如長安慈恩寺題名：「韓愈退之、李翺翔之、孟郊東野、柳宗元子厚、石洪濬川同。」鍾山題名：「乾道乙酉七月四日，笠澤陸務觀，冒大雨，獨游定林。」均至簡，前者可考知韓、柳交游之始，知李翺另一表字，後者可見詩人陸游之風神。

六、詩詞。唐以前僅一二見，以雲峰山鄭道昭詩刻最著名。唐代始盛，宋以後尤多。詩詞刻石以摩崖和詩碑兩種形式爲多見。許多重要作家都有石刻詩詞留存。

七、雜刻。指上述六類以外的各種石刻。凡建橋立廟、興學建祠、勸善頌德、序事記游等，皆可立石以記，所涉範圍至廣。

此外，還有石刻叢帖，爲彙聚名家法書上石，供人觀賞臨習，其文獻價值與上述各種石刻有所不同，兹不贅述。

二、從石刻到拓本、帖本

石刻爲古人當時所刻，所記爲當時事，史料價值很高；所録文章亦得存原貌，不似刊本之迭經傳刻，多魚魯亥豕之誤，故前代學者考史論文，尤重石刻。然而石刻或依山摩崖，遠處荒山僻野，或形制巨大，散在各地，即便最優秀的金石學家，也不可能全部親見原石。學者援據，主要是石刻拓本。

拓本是由拓工將宣紙受濕後，蒙於碑刻之上，加以捶椎，使宣紙呈凹凸狀，再蘸墨拓成。同一石刻之拓本，因傳拓時間之早晚及拓技之精粗，常有很大不同。一般來説，早期拓本因石刻保存完好，文字存留較多，晚近所拓，則因石刻剥蝕，存字較少。如昭陵諸碑，今存碑石存字已無多，遠不及《金石萃編》之録文，而羅振玉《昭陵碑録》據早期精拓録文，録文得增多於《金石萃編》。即使同一時期所拓，也常因拓工之拓技與態度而有所不同。如永州浯溪所存唐李諒《湘中紀行》詩，王昶據書賈售拓録入《金石萃編》，有十餘處缺文訛誤；稍後瞿中溶親至浯溪，督工精拓，乃精好無損（詳《古泉山館金石文編》卷三）。至於帖賈爲牟利而或草率摩拓，或僅拓一部分，甚或竄改文字，以唐宋冒魏晋，則更等而下之了。

拓本均存碑石原狀，大者可長丈餘，寬數尺，鋪展盈屋，不便研習。舊時藏家爲便臨習，將拓本逐行剪開，重加裱帖，裝成册頁，成爲帖本。帖本經剪接重拼，便於閱讀臨摹，已不存原碑形貌。在拼帖時，遇原拓空缺或殘損處，常剪去不取，以致帖本文字常不可卒讀。原石、原拓失傳，僅靠拓本保存至今的石刻文獻，不是太多，較著名的有唐代崔鉉撰文而由柳公權書寫的《神策軍碑》。唐初著名的《信行禪師碑》，因剪棄較多，通篇難以卒讀。

現存最早的石刻拓本，大約是見於敦煌遺書中的唐太宗《温泉銘》和歐陽詢《化度寺碑》。宋以後各種善拓、精拓本，因流布不廣，傳本又少，藏家視同拱璧，書賈索價高昂。近現代影印技術普及，使碑帖得以大批刊布，許多稀見的拓本，得以大批縮印彙編出版，給學者極大方便。影響較大者有《漢魏南北朝墓志集釋》（趙萬里編，科學出版社一九五三年版）、《千唐志齋藏志》（張鈁藏，文物出版社一九八五年版）、《曲石精廬藏唐墓志》（李希泌藏，齊魯書社一九八七年版）、《北京圖書館藏歷代石刻拓本彙編》（中州古籍出版社一九八八年版）、《隋唐五代墓志彙編》（天津古籍書店一九九一年版）。重要的石刻拓本，在上述諸書中均能找到。

三、宋代的石刻研究及重要著作

南北朝至唐代，已有學者注意記載碑刻，據以訂史證文，但有系統地加以搜集研究，使之成爲專學，則始於宋代。首倡者爲北宋文學宗匠歐陽修。

歐陽修自宋仁宗慶曆五年（一〇四五）開始裒聚金石拓本，歷十八年，「集録三代以來遺文一千卷」（《六一居士傳》），編爲《集古録》，其中秦漢至唐五代的石刻約占全書的十之九五。參政之暇，歐陽修爲其中三百八十多篇碑銘寫了跋尾，對石刻文獻的史料價值作了全面的闡釋。其大端爲：一、可見政事之修廢；二、可訂史書之闕失；三、可觀書體之妍醜；四、可見文風之轉變；五、可訂詩文傳本之訛誤；六、可據以輯録遺文。這些見解，可説爲後代金石學的研究奠定了基礎。録一則如下：

右《德州長壽寺舍利碑》，不著書撰人名氏。碑，武德中建，而所述乃隋事也。其事蹟文辭皆無取，獨録其書爾。余屢歎文章至陳、隋不勝其弊，而怪唐家能臻致治之盛，而不能遽革文弊，以謂積習成俗，難於驟變。及讀斯碑有云：「浮雲共嶺松張蓋，明月與巖桂分叢。」乃知王勃云：「落霞與孤鶩齊飛，秋水共長天一色。」當時士無賢愚，以爲警絶，豈非其餘習乎！

《集古録》原書已不傳。歐陽修的題跋編爲《集古録跋尾》十卷，收入其文集，單行本或題《六一題跋》。其子歐陽棐有《集古録目》，爲逐卷撰寫提要，原書久佚，今存清人黄本驥和繆荃蓀的兩種輯本。

北宋末趙明誠輯《金石録》三十卷，沿歐陽修之舊規而有出藍之色。明誠出身顯宦，又得賢妻之助，窮二十年之力，所得達二千卷之富，倍於歐陽修所藏。其書前十卷爲目録，逐篇著録二千卷金石拓本之篇題、撰書者姓名及年月，其中唐以前五百餘品，其餘均爲唐代石刻。後二十卷爲明誠所撰題跋，凡五百零二篇。趙跋不同於歐陽修之好發議論，更注重於考訂史實，糾正前賢和典籍中的誤説，録存重要史料，考訂也更爲細密周詳。

南宋治石刻學者甚衆，如《京兆金石録》《復齋碑録》《天下碑録》《諸道石刻録》

等，頗具規模，惜均不存。存世者以下列諸書最爲重要。

洪适《隸釋》二十七卷、《隸續》二十一卷，前者録漢魏碑碣一百八十九種，後者已殘，尚存録一百二十餘品。二書均全録碑碣文字，加以考釋，保存了大量漢代文獻，許多碑文僅賴此二書以存。

陳思《寶刻叢編》二十卷，傳本缺三卷。此書彙録兩宋十餘家石刻專書，分地域著録石刻，附存題跋，保存史料十分豐富。

佚名《寶刻類編》八卷，清人輯自《永樂大典》。此書以時代爲序，以書篆者立目，記録石刻篇名、作者、年代及所在地，間存他書不見之石刻。

另鄭樵《通志》中有《金石略》一卷，王象之《輿地紀勝》於每一州府下均有《碑記》一門，也有大量珍貴的記録。後者明人曾輯出單行，題作《輿地碑記目》。

宋人去唐未遠，搜羅又勤，所得漢唐石刻見於上述各書記載的約有四五千品。歐、趙諸人已有聚之難而散之易之感歎，趙明誠當南奔之際仍盡攜而行，但除漢碑文字因洪适輯録而得保存較多外，唐人石刻存留到後世的僅約十之二三，十之七八已失傳。幸賴上述諸書的記載，使今人能略知其一二，其中有裨文學研究的記載至爲豐富。如唐末詞人温庭筠的卒年，史書不載。《寶刻類編》載有：「《唐國子助教温庭筠墓》，弟庭皓撰，咸通七年。」因可據以論定。再如盛唐文學家李邕，當時極負文名，《全唐文》録其文僅五十餘篇。據上述宋人記載，可考知其所撰文三十餘篇之篇名及梗概，對研究其一生的文學活動十分重要。

四、清代的石刻研究及重要著作

元、明兩代是石刻研究的中衰時期，可稱者僅有三五種：陶宗儀輯《古刻叢鈔》僅録所見，篇幅不大；都穆《金薤琳琅》，録存漢唐石刻五十多種；趙崡《石墨鐫華》存二百五十多種石刻題跋，「多歐、趙所未收者」（《四庫提要》）。

清代經史之學發達，石刻研究也盛極一時。清初重要的著作有顧炎武《金石文字記》、葉奕苞《金石録補》、朱彝尊《金石文字跋尾》。三書雖仍沿歐、趙舊規，但所録多前人未經見者，考訂亦時有創獲。至乾隆間，因樸學之興，學者日益重視石刻文獻，史學大家如錢大昕、阮元、畢沅等均有石刻研究專著。全録石刻文字的專著也日見刊布，自乾隆後期至嘉慶初的十多年間，即有翁方綱《兩漢金石記》《粤東金石略》、吴玉搢《金石存》、趙紹祖《金石文鈔》《續鈔》等十餘種專著行世。在這種風氣下，王昶於嘉慶十年（一八〇五）編成堪稱清代金石學集大成的著作《金石萃編》一百六十卷。

王昶自稱有感於洪适、都穆、吴玉搢三書存文太少，「愛博者頗以爲憾」，自弱冠之年起，「前後垂五十年」，始得成編。其書兼載金、石，但録自器銘者僅當全書百之二三，其餘均爲石刻。所録始於周宣王時的《石鼓文》，迄於金代，凡一千五百多種。其中漢代十八卷，魏晉南北朝十五卷，隋代三卷，唐五代八十二卷，宋代三十卷，遼金七卷。各種石刻無論完殘，均照録原文，務求忠實準確。遇有篆、隸字體，或照録原字形。原石殘缺之處，或以方框標識，或備記所缺字數，遇殘字也予保存。又備載「碑制之長短寬博」和「行字之數」，「使讀者一展卷而宛見古物焉」（引文均見《金石萃編序》）。同時，王昶又廣搜宋代以來學者的著録題跋，附載於各石刻録文之次，其本人也逐篇撰寫考按，附於篇末。《金石萃編》搜羅廣博，録文忠實，附存文獻豐富，代表了乾嘉時期石刻研究的最高水平。

王昶以個人力量廣搜石刻，難免有所遺漏，其録文多據得見之拓本，未必盡善。其書刊布後，大受學界歡迎，爲其續補訂正之著，也陸續行世，較重要的有陸耀遹《金石續編》二十一卷、王言《金石萃編補遺》二卷等。至光緒初年，陸增祥撰成《八瓊室金石補正》一百三十卷，規模與學術質量均堪與王書齊駕。陸書體例多沿王書，凡王書已録之石刻，不復重録。王書録文不全或有誤者，陸氏援據善拓，加以補訂，一般僅録補文。這部分份量較大，因陸氏多見善拓，録文精審，對王書的糾訂多可信從。此外，陸書補録王書未收的石刻也多達二千餘通。

清代學者肆力於地方石刻的搜録整理，也有可觀的成績。録一省石刻而爲世所稱者，有阮元《山左金石志》二十四卷（山東）、《兩浙金石志》十八卷（浙江）、謝啓崑《粤西金石略》十五卷（廣西）、胡聘之《山右石刻叢編》四十卷（山西）、劉喜海《金石苑》六卷（四川）等。録一州一縣石刻而重要者有武億《安陽縣金石録》十二卷、沈濤《常山貞石志》二十四卷、陸心源《吴興金石記》十六卷等。

五、近現代的石刻文獻要籍

近代以來，因學術風氣的轉變，漢唐石刻研究不及清代之盛。由於各地大規模的基建工程和現代科學田野考古的實施，地下出土石刻的總數已大大超越清代以前八百年間發現的石刻數量。大批石刻得以彙集出版，給學者以方便。

端方《匋齋藏石記》四十四卷，是清季最有份量的專著。端方其人雖多有争議，但該書收羅宏富，題跋又多出李詳、繆荃蓀等名家之手，頗多精見。另一位大節可議的學者羅振玉，於古代文獻的搜集刊布尤多建樹。其石刻方面的專著多達二十餘種，《昭陵碑録》和《冢墓遺文》（包括《芒洛》《廣陵》《東都》《山左》《襄陽》等十多種）以録文精確、收羅宏富而爲世所稱。

二十世紀三十年代，由於隴海路的施工，洛陽北邙一帶出土魏、唐墓志尤衆。其大宗石刻分别爲于右任鴛鴦七志齋、張鈁千唐志齋和李根源曲石精廬收存。于氏所收以北魏志石爲主，今存西安碑林，張、李以唐代爲主。其中張氏所得達一千二百多方，原石存其故里河南新安鐵門鎮，民國間曾以拓本售於各高校及研究機構，近年已影印行世。其中對唐代文學研究有關係者頗衆。曲石所得僅九十多方，但多精品，王之涣墓志最爲著名，今存南京博物院。

民國間由於各省組織學者編纂省志，也連帶完成了一批石刻專著。其中曾單獨刊行而流通較廣者，有《江蘇金石志》二十四卷、《陝西金石志》三十二卷、《安徽通志金石古物考稿》十六卷，頗多可觀。

二十世纪五十年代，趙萬里輯《漢魏南北朝墓志集釋》，收漢至隋代墓志六百五十九方，均據善拓影印，又附歷代學者對這些墓志的考釋文字，編纂方法上較前人所著有很大進步，是研究唐前歷史、文學的重要參考書。

二十世紀最後二十年間，學術研究空前繁榮，前述自宋以降的許多著作都曾影印或整理出版。今人纂輯的著作，以下列幾種最爲重要。

《北京圖書館藏歷代石刻拓本彙編》，收録了北圖五十年代以前入藏的所有石刻拓本，全部影印，甚便讀者。不足處是一些大碑拓本縮印後，文字多不易辨識。

陳垣《道家金石略》，收録漢至元代與道教有關的石刻文字，於宋元道教研究尤爲有用。

周紹良主編《唐代墓志彙編》及《續集》，收録一九九九年以前出土或發表的唐代墓志逾五千方，其中四分之三爲《全唐文》等書所失收，可視作唐文的補編。

趙超編《漢魏南北朝墓志彙編》，據前述趙萬里書録文，但不收隋志，補收了一九八六年以前的大量新出石刻。

《隋唐五代墓志彙編》，據出土地區影印墓志拓本約五千方，以洛陽爲最多，約占全書之半，陝西、河南、山西、北京等地次之。其中包括了大批近四十年間新出土的墓志，不見於上述各書者逾一千五百方。

進入新世紀，石刻文獻研究成爲中古文史研究之顯學，更多學者關注石刻之當時書寫與私人書寫之特殊價值，成爲敦煌文獻研究以後有一學術熱點。同時，新見文獻尤以墓志爲大宗，每年的刊布數也以幾百至上千方的數量增長。其中最重要的，一是《新中國出土墓志》，已出版十多輯，爲會聚各地文物部門所藏者爲主；二是《大唐西市博物館藏唐墓志》，所收皆館藏，整理則延請史學界學者；三是《长安高陽原新出土隋唐墓志》，將考古報告與新見墓志結合，最見嚴謹。其他搜輯石刻或拓本的尚有十多家，所得豐富則可提到趙君平的《秦晉豫新發現墓志搜逸》三編，毛陽光的《洛陽新見流散墓志彙編》，以及齊運通洛陽九朝石刻博物館編的幾種專書。還應説到的是，日本學者氣賀澤保規編《唐代墓志所在總合目録》，不到二十年已經出版四版，爲唐代墓志利用提供極大的方便。陝西社科院古籍所編《全唐文補遺》十册，所據主要是石刻，校點尚屬認真。

上海古籍出版社編刊《金石文獻叢刊》，主要收録宋、清兩代有關金石學的基本著作，本文前所介紹諸書，大多得以收録。如王昶《金石萃編》，將清後期的幾種補訂專書彙集在一起，陸增祥《八瓊石金石補正》之正續編合爲一帙，也便於讀者全面瞭解這位傑出金石學家的整體成就。書將付刊，胡文波君囑序於我，是不能辭。然時疫方熾，出行不便，未能通讀全編，率爾操觚，總難塞責。乃思此編爲彙聚宋、清兩代金石學之菁華，爲滿足當代以中古文史學者爲主之石刻文獻研究之急需，或可將二十四年前爲當時還是江蘇古籍出版社的《古典文學知識》所撰小文《石刻文獻述要》稍作潤飾增補，用爲代序，敬請方家諒宥。

目録

金石録補

金石録補卷三　跋尾……五五

金石録補卷四　跋尾……七七

金石録補卷十　跋尾……一九一

金石録補卷十六　跋尾……三〇七

金石録補卷十七　跋尾……三一三

金石録補卷十八　跋尾……三三一

金石録補卷十九　跋尾……三四三

金石録補卷二十三　跋尾……四四七

金石録補續跋

金石録補續跋卷七

金石録補

金石錄補

爾珎署

光緒丁亥孟秋
行素艸堂藏板

金石錄補序

婁江錢　嘏撰

古人事蹟以金石傳者不可勝數而後世不可槩見大都爲風雨之所剝蝕兵燹之所摧殘而又無博雅好古之士蒐討而記存之故愈久而愈亡也今歲暮春葉子九來偕王子宛仲過湖南毛斧季汲古閣觀列代名人碑碣斧季盡出其藏弆相與摩挲展玩者久之九來因以其所著金石錄補見示屬予爲序予覩趙德甫金石錄上自三代下訖隋唐五季去取褒貶極一時之盛但丁靖康流離播遷其間援据論正有疑誤遺脫讀者不能無憾焉斧季嘗欲博採舊聞網羅散佚以德甫以

上爲一書曰補金石錄宋元以下爲一書曰續金石錄今九來所著不謀而同宜其相見之樂相得之深也然則德甫之後又有德甫其有功于學者豈曰小補之哉雖然九來著述甚富名滿詞壇顧不屑屑于當世之文章而獨上下千古之陳迹因其人論其世有不勝感慨于治亂興衰之故豈直是正得失討論譌謬于殘章斷畫之間而已邪書此以復九來其必以予爲知言也

金石錄補自序

崑山葉奕苞九來

天下之物不朽者莫如金石而冰霜凌之風雨蝕之山頹川決以滅之下至樵夫牧豎摩挲淪毀大兵大役侵刼之餘幸而存者益少矣而趙德甫氏錄至二千卷何其富也趙氏以爲訪求藏蓄凡二十年豐碑巨刻殘章斷畫殆無遺矣而天下有不盡然者人之耳目易窮物之顯晦有數也先文莊麾旌所至輒下令收金石刻文積千餘軸悉已散去家君宦游兩都時效德甫之所爲又廢于乙丙間余少喜臨池得墨碑百本審其拓僞之勢而知師承所自妄欲搜訪隱僻以補趙氏之遺王子

宛仲出其所藏二十種予舊蓄廿餘種皆漢唐舊碣爲趙氏所未録者仿其例作辨正跋語以誌一時之見嗣是有得即續書之自媿好而無力不克廣羅博覽以資異聞竊意遠近之士有愛我者當不異王子出其所藏以相示使幸存之物不至于終亡也例八則附後

古人首重碑額必擇名手書之近時搨本輒遺其額予跋首及焉無額則書題以冠之

書撰人不録官秩則于建碑年月處有戾盜歲月後先轉除亦異全載以備參考

鐫字人尤重如元省已伏靈芝黄仙鶴之類皆李北海手劖而託之也顔魯公書碑必使家僮模刻而米

元章猶謂顏碑多失眞故予并錄鐫字人姓名
漢碑自隸釋後遺者絶少予所錄不止補趙且以補
洪三國六朝亦無幾姑俟博訪
唐碑佛家最多而雜且非正史所載考訂殊難
宋刻張旭懷素等帖雖非唐搨猶爲舊勒存之
古人墨蹟流傳最著者漸多刻本兵火之餘急宜收
錄予先拔其尤以附後
漢碑絶少如孔子四十七代孫中散公傳于宋紹興
甲寅著東家雜記時則司空孔扶太守孔宏御史孔
翊從事孔君德諸碑尙存而洪文惠公隸釋云俱未
之見至予謁孔林訪孔彪碑尙埋土中三尺況前碑

乎恐諸碑名將不存故錄入目中餘仿此

金石錄補題辭

嘗覽李易安所作金石錄後序爲之掩卷太息夫以趙明誠好古之篤採輯之勤所得金石文如此而當其身散逸已甚明誠卽世遽遭亂離十不存一然則古人手跡其流傳後世不消滅者不亦難哉古人有言一法弊則立一法以救之孔子曰其人存則其政舉昔賢之美未有久而不湮者湮而未盡之時天又必生賢人焉爲之補救而接續之以使不墜此豈獨於帝王之大經大法世治世亂之所係卽好學稽古之事亦莫不然余生僻縣淺見狹聞又性鈍不能博涉古人書籍所睹趙氏金石錄後僅得見檇李曹侍郎金石表曾屬予爲之敘

今再見崑山葉子九來之金石録補遺九來先祖父文莊公性嗜古廣搜至千餘軸遭亂廢失其先君水部公宦遊所至又輒輯之乙酉丙戌又廢九來少喜臨池慨然思繼祖父之學求得墨碑百本漸欲搜訪以補趙氏之遺所謂湮而未盡必有人焉爲之補救而接續者非歟九來勤學好古有名當時前年舉博學宏詞以當路敦迫就道旣報罷益自喜歸而搜訪古人名跡益勤夫以九來之才又其親從兄弟方貴顯清華爲文章宗主而九來卒報罷屈首窗几孜孜然思補古人之缺則九來之爲人可知彼其意固有在此而不在彼者耶予與九來交九年庚申秋就醫于吳門九來棹舟訪予者數

反出示此書起夏禹衡山碑終宋周處廟像記凡若干種皆漢唐舊碣爲趙氏所未錄者仍仿其例作辯正跋之語皆簡古有風味足與古金石稱遂援筆題其首寧都同學弟魏禧撰

金石錄補卷第一 跋尾　　　槐廬叢書

崑山葉奕苞九來著　　吳縣朱記榮校刊

古器物銘第一　夏鐘銘　商鐘銘

古器物銘第二　商父乙鼎銘　商爵銘

古器物銘第三　周南仲鼎銘　周師旦鼎銘

古器物銘第四　秦平陽尺銘　漢器銘　漢元嘉力銘
漢延光壺銘　漢啓封鐙銘

古器物銘第五　漢犧尊象尊銘　漢雷尊銘

古器物銘第六　漢銅虎符銘　新莽權銘

古器物銘第七　晉尺銘　晉銅滲槃銘

古器物銘第八　趙氏模本　秦氏模本

古器物銘第一

夏商鐘銘

右夏鐘一商鐘二大禹以九牧之金鑄鼎及他器物皆鈿紫金爲文庾肩吾所謂鵠首仰立蛟腳旁舒者是也鐘之上六字下兩旁各二字商鐘祇一鹿字象形松雪云舒州太湖縣取土得之歸王崧壽茂家又一鐘曰父作旅旅衆也非一鐘可知說文云鐘樂器也呂氏春秋黃帝命伶倫作十二器考工記鳧氏爲鐘故六律以鐘名之予謁曲阜至聖廟適遇秋丁見奠獻時所陳樂器其中古鐘高尺餘與三鐘相類而夏鐘口銜雙龍商鐘迴文周徧刻鏤精巧殆非後世可及

古器物銘第二

商父乙鼎銘

右鼎藏吾邑李氏相傳爲文王鼎予手摹其文共二行九字云口山口作父乙寶尊彝第一第三字不可識壘子曰夏禹制鼎四足而方此彝兩耳四足其制同鼎而曰彝蓋如考古錄父癸方彝之類祖丁父已薛尙功皆名爲商器則此非周鼎可知[illegible][illegible]上二字未詳

商爵銘

右六爵父丁三已辛癸各一皆趙子昂氏松雪齋拓本薛尙功釋祖己父乙爵謂商之成湯雍已廟中祭器以見其孫與子之作鬻意商雖尙質無子孫直呼祖父之名刻于禮器而相傳已久終失其解則以爲商之器而

已

古器物銘第三

周南仲鼎銘

右銘鼎在鎮江府焦山寺中高一尺三寸腹徑一尺五寸八分口徑一尺四寸五分耳高三寸闊四寸二分足六寸一分深八寸二分銘九十三字其文曰惟九月既望甲戌王如于周丙子烝于圖室司徒南仲佑世惠僉立中庭又曰世惠敢對揚天子丕顯敬休云云按薛尚功釋毛伯敦銘位爲立而楊氏謂古立位同用周禮小宗伯掌神位註位作立鄭司農云立讀爲位又古文尚書公卽位爲卽立則是銘亦當作位揚州程穆倩從薛

氏讀爲立吾邑顧寧人金石文字記引嘉興朱錫鬯跋曰鼎銘其人莫考戊午秋予適京師登焦山摩挲鼎側拓其銘詞後遇錫鬯于阮亭王先生邸中謂之曰銘中有司徒南仲卽其人也曷云莫考況銘之末云用作尊鼎用享于烈考萬年子孫永寶用此必司徒家廟之器無疑蓋禮部之兄吏部子底從焦山拓歸俾穆倩讀之可識者七十有八字存疑者八字不可識者七字吏部賦長歌禮部和焉以是傳聞于世錫鬯又云古之爲征王室者旣受之册歸必銘其器論撰其祖父之德善功列以示後世與予意合直可名爲南仲鼎也又云詩書所載僅千百之一而銘諸器者無窮自秦銷金咸陽爲

歐冶改煎不可勝數世徒知秦燔書之禍不知銷金之禍最烈也錫鬯善讀書尤好金石文字足跡所至于荒山窮谷中訪得一碑必發土出而搨之知予有同好多所資益云

周師旦鼎銘

右周師旦鼎旦周公也營洛遷殷之後召公爲太保見于尚書而史記則云召公爲保周公爲師鼎銘云惟王元年八月丁亥師旦受命作周王太姒寶尊彝蓋文王廟中祭器也文王于公爲考他鼎有文考文母之稱而此云周王太姒者公受命造鼎不敢自致其子道之所宜稱也武王追王太王以後文考得稱王冠之曰周不

特于家人有嚴君之義亦以別于會之廟也夫

古器物銘第四

秦平陽尺銘

右銘詞所與薛尚功所錄秦權銘不同者七字後題云平陽尺長谷山人徐獻忠金石文以爲權而予直定之爲尺按周制寸尺咫尋常仞諸度量說苑云度量衡以粟生之十粟爲一分十分爲一寸十寸爲一尺此平陽較量法度所用之尺也平陽在河東杜預曰衞地也平陽東南地名馬陵左傳曰成七年諸侯盟馬陵又云在魏郡元城堯始都晉陽後遷河東平陽卽其地漢有平陽侯國蓋此尺在平陽如趙錄金銅鉦藏于平周之說

是也

漢器銘

右銘云五年三月廿日造七字而其器不詳自漢武帝建元紀元以後凡器物無不用當時年號者此必建元以前之物故止稱五年也字畫精妙用以冠漢諸器云

漢元嘉刀銘

右刀銘云元嘉三年五月丙午日造此闕一字寶刀長闕一字尺二闕字三宜侯王大吉羊范史輿服志佩刀諸侯王黃金錯環挾半鮫黑室意卽古之容刀也公劉詩鞞琫容刀朱註容飾之刀毛傳云言有武事也范書注引鄭箋既爵命賞賜而加賜容刀有飾顯其能制斷也春秋

繁露云佩劍在左青龍之象刀之在右白虎之象劉昭補注以爲自天子至庶人皆佩劍故蕭何履劍上殿而此志止言刀爲未備觀是銘曰造此官刀復有官侯王大吉祥之祝似漢世亦賜刀故范氏獨著于篇歟按列傳虞延馮石應奉馬嚴鄧遵皆有佩刀之賜至唐貞觀中猶沿其制賜房元齡魏徵是也虞喜志林云古人鑄刀以五月丙午取純火精以協其數其本諸此歟春秋繁露云羊之爲言祥也此羊字作祥解

漢延光壺銘

右壺銘云延光四年銅二百觔直錢萬二千隸書朱文字左行按昆吾紂臣作瓦器爲壺說文云壺昆吾圜器

也禮記禮器門內壺君尊瓦甒註壺大石瓦甒五斗周
禮涿壺氏掌除水蟲註壺爲瓦鼓涿擊之而疏又云是
盛酒之器故周禮司尊彝有壺尊左傳昭十年尊以魯
壺又投壺註頸脩七寸腹脩五寸徑脩一寸半容斗五
升喪大記狄人出壺乃漏水之器則壺者其用非一初
爲瓦器未知何時始範以銅也此壺用銅二百斤所容
必大疑非祭祀盛酒之具薛氏商弓壺註壺酒之下尊
也尊而居下則其所容或越于鼎彝之外視古瓦甒五
斗未可知

漢啟封鐙銘

右鐙銘云啟封一斤十二兩十二銖容一斗小篆之上

品歐陽公得蓮勺宮鑪林華觀鐙爲漢書所不載而此鐙曰啟封亦無可考未知趙文敏何據乃題爲漢鐙也銘傳字佳不忍棄錄之

古器物銘第五

漢犧尊象尊銘

右犧尊象尊在曲阜夫子廟大成殿案上全作犧象形而背上負尊旁各有字云孔子廟祭器漢元和二年造韓敕造廟禮器碑有雷洗觴觚爵鹿柤梪籩柉禁壺之物無不載而不及尊豈非兩尊完好不待更造邪說文云尊酒器也周禮小宗伯六尊註犧尊象尊著尊壺尊太尊山尊以待祭祀賓客之禮周官司尊彝春祠夏禴

其再獻用兩象尊是也魯頌閟宮詩犧尊將將毛傳云犧尊有莎飾也正義阮諶禮圖云犧尊飾以牛象尊飾以象于尊腹之上畫爲牛象之形卽毛傳所謂飾也宋子註云尊爲牛形鑿其背以受酒而王肅劉杳云魏太和中魯郡發地得齊大夫子尾送女器有犧尊直以犧牛爲尊然則象尊爲象形可知已禮器云廟堂之上罍尊在阼犧尊在西右西酌犧象夫人東酌罍尊皆器之貴重者也故孔子曰犧象不出門益古人制器必尚象此全仿犧象之形之謂也明堂位曰犧象周尊也而薛氏商器款識有象尊頭目尾足皆具銘一字曰象則周以前固有之矣予同雲南雷公子玉衡謁廟下雷語予

云大成殿象尊兩牙具八音予疑其謬試之左清右濁果然命搨碑八張太和摹此數字如右

漢雷尊銘

右尊在曲阜大成殿象上犧象兩尊之中銘文十一字同其文陽其篆古餘作雲雷回互之形梁孝王傳有罍尊注鄭司農云上蓋刻為山雲雷之象按漢祭器有山罍馬融廣成頌山罍常滿宋沈括云銅罍之飾皆古雲雷字相閒博古圖罍閒錯雲雷舊圖無雷止畫雲氣為近是

古器物銘第六

漢銅虎符銘

右朔方太守右第三銅虎符銀錯小篆極類秦碑藏關中郭允伯家

新莽權銘

右權銘曰律權石重四鈞同律度量衡有新氏造按漢志三十斤爲鈞四鈞爲石爲斤一百二十故謂之權石莽號新室權銘晉末校尉王和掘得圓石其銘如是蓋同時所造也

古器物銘第七

晉尺銘

右尺背銘云周尺漢志鎦歆銅尺後漢建(闕字)一銅尺晉前尺竝同其十八字作小篆其面分寸如畫按古人治

律一曰審度度長短者不失豪釐度有五分寸尺丈引而尺居中減之爲分中之爲丈故黃鐘而下率以尺起數焉班志曰其法用銅高一寸廣二寸長一丈而五度具雖孝武時樂官考正至元始中條奏最詳即此銘所謂劉歆銅尺也鈕作劉後漢建字下所闕必初字肅宗元和元年待詔殷彤上言官無曉六十律者待詔嚴崇之子宣補學官生治律不能寵又九十四年爲熹平六年太子舍人張先等閱舊藏乃得其器必尺在其中即所謂建初銅尺蓋建初九年八月改元元和尺爲未改元時所造故稱建初也晉志云起度之法漢志言之詳矣故此銘以漢志爲準又云武帝太始九年中書監荀

朂較大樂不和始知後漢至魏尺長于古四分有餘朂乃合著作郎劉恭依周禮制尺所校五法有七品其七曰建武銅尺則子前疑建字下闕者乃武字非初也朂之時用魏杜夔尺而人稱朂精密惟散騎侍郎阮咸譏其聲高非德正至和之音必古今尺有長短所致會咸病卒武帝以朂律與周漢器合用之郎此銘所謂晉前尺竝同也後始平掘地得古銅尺歲久欲腐不知所出何代果長朂尺四分人皆服咸之妙又按章帝時零陵文學史奚景于泠道舜祠下得玉律度以爲尺謂之漢官尺校朂尺短四分比始平尺度同如杜夔所用調律尺比朂尺得一尺四分七釐又魏景元年劉徽注九章

云王莽時劉歆斛尺弱于今尺四分五釐比魏尺其斛深九寸四分五釐即勗所謂今尺長四分半也蓋勗尺爲調律之用未甚流布于人間元帝後江東所用之尺校勗尺得一尺六分二釐而後知此尺之短止于調律也

晉銅滲槃銘

右槃銘云泰始九年口月七日右尙方治將作府故二斗五升銅滲槃重九斤八兩第云說文槃爲承槃而篆作盤俗用之此銘作槃隸書也晉將作有事則置而此云右尙方治將作府則宮中所用之槃也滲下漉也封禪書滋液滲漉則此槃爲漉水之用無疑尺與槃皆藏

趙氏

古器物銘第八

趙氏模本

右松雪摹本三十三器皆從器上拓下非石本也去其爲博古圖鐘鼎法帖歐陽永叔劉原父趙明誠所釋者存三之二而獨爲跋者又去其半松雪見聞廣搜討精所有止此信乎古器之存于世者少也夫有形之物雖金石而必弊昔人紀續鼎鐘亦一時自炫之事其所以不朽者惟三立是倚使徒恃堅金亙石卽秦碑斯篆又何庸哉

秦氏拓本

右秦氏摹本題云畢良史少董得古器于盱眙榷場摹十五種寄秦熺熺乃檜之子伯陽也錄其六皆非薛尚功款識所有者舊藏于嘉興項墨林今歸曹侍郎秋嶽侍郎好古等于飲食出其所藏助予錄補爲多

金石録補卷第一

光緒歲在丁亥仲春之月吳縣朱記榮槐廬家塾校刊

金石録補卷第一

金石錄補卷第二 跋尾

崑山葉奕苞九來著

吳縣朱記榮校刊

夏大禹衡山碑

周立殷比干墓碑

秦羽陽宮瓦銘

秦會稽山刻石

秦泰山無字碑

漢長樂甎字

漢魯孝王刻石

漢鄴縣碑

漢邯君墓甎文

漢蜀郡太守何君閣道碑
漢牛跡山茅君碑
漢豫州刺史路君闕
漢張賓公妻穿中二柱文
漢汝伯寧甎文
漢蠶崖石刻
漢南安長王君平鄉道碑
漢永初甎文
漢討羌檄
漢延年益壽題字
漢武陽官墼文

漢賜豫州刺史馮煥詔

漢馮煥碑陰

夏大禹衡山碑

右衡山碑共七十七字其文云承帝曰嗟翼輔佐卿洲渚與登鳥獸之門參身洪流明發爾興久旅忘家宿嶽麓庭智營形析心罔弗辰往求平安華嶽泰衡宗疏事裒勞餘神禋鬱塞昏徙南瀆衍亨衣制食備萬國其寧竄舞永奔王象之輿地紀云禹碑相傳在岣嶁峰或云在衡山縣雲密峰宋嘉定中蜀士因樵人引至其處搨之得七十二字何致子一模刻于嶽麓書院者多五字其字非科斗蟲書玉筯文似世傳五嶽眞形圖較淳化

帖中禹篆十二字不相類輿地圖志江西廬山紫霄峰
下有石室室中有禹篆文好事者縋入摹得七十餘字
惟鴻荒漾余乃檋六字可識極似此碑唐之劉禹錫則
云傳聞祝融峰上有神禹銘古石琅玕姿祕文龍虎形
韓愈則云岣嶁山尖神禹碑字青石赤形模奇崔融則
云於爍大禹顯允天德龍畫傍分螺書匾刻似古來有
之非嘉定中始出也徐靈期衡山記云夏禹導水通瀆
刻石名山之高則此碑爲神靈之蹟無疑矣

殷比干墓石

右比干墓碑在汲縣漢隷釋文漢隷字源辨其謬然比
干爲千古殺身成仁之第一人而尼父是其族孫爲之

標識宜也以疑傳疑存之亦無不可水經云朝歌縣北干冢前有石銘隸云殷大夫比干之墓今已中折不知誰人所誌淇氏云大觀中會稽石國佐有此四字比水經又闕其三字書清勁乃東漢威靈時人所書者如歐趙皆未之見予按今存四字乃隸書決非宣聖之筆洪說當不謬也

秦羽陽宮瓦銘

右銘羽陽千歲四字若雲篆元駱天驤曰得于鳳翔寶雞縣狀若今之筩瓦蓋秦羽陽宮瓦也按長安圖志云羽陽宮秦武王起在東倉司馬氏記武王事甚略但有力好戲則治宮室或有之去始皇立石頌德之歲前八

十八年此瓦獨屬周末所造而繫之秦者羽陽爲秦之宮殿也瓦與碑不類以其奇古錄之天驥又云好事者刻諸石中統二年在鳳翔天慶觀見游轉運模本按轉運名師雒字景叔宋紹聖閒人則此銘流傳已久不止天驥一人識賞也未有斯籀以前大約近鐘鼎文字銘若雲篆無足怪焉元陸友仁硯北雜志云宋元祐六年正月寶雞縣門東百步權氏浚地得古角瓦五此獨完好面徑四寸四分隱起四字隨勢爲之不取方正予得模本于雒陽宋希眞家

秦會稽山刻石

右會稽刻石元申屠駉跋云攷諸記載始皇及二世抵

越取浙江岑石刻頌于山李斯筆也予以家藏舊本摹勒于會稽饗舍與嶧泰等文並傳于後都少卿云世人稱秦望山碑在會稽縣東南四十里宋書載竟陵王子良剋日登秦望山主簿范雲以山上有始皇石人多不識乃夜取史記讀之明日上山雲讀如流子良大悦以爲上賓則晉宋以來石固無恙歐陽公趙明誠皆集古文此獨見遺今之所傳即申屠模本其家藏舊刻當爲范雲所讀原本也史記與碑互異數十字云

秦泰山無字碑

右碑在泰山絕頂相傳爲秦始皇立顧寧人以爲立于漢武帝辨駁精確實無可疑而余猶書秦者以此碑爲

世所習聞姑狥俗之稱而全録寧人之辨以證之曰嶽頂無字碑世傳秦始皇立按秦碑在玉女池上李斯篆書高不過四五尺而銘文并二世詔書咸具不當又立此大碑也考之宋以前亦無此說因取史記反覆讀之知爲漢武帝所立也史記秦始皇本紀云上泰山高石封祀祠其封禪書云東上泰山泰山之草木葉未生乃令人上石之泰山巔上遂東巡海上四月還至奉高上泰山封而不言刻石是漢石無文字之證今碑是也後漢書祭祀志亦云上東上泰山乃上石立之泰山巔然則此無字碑明爲漢武帝所立而後之不讀史者誤以爲秦耳

漢長樂甎字

右長樂甎字云長樂大漢五年十月長安都鄉訖工長尺有二廣三之二高半之共三行十四字長樂二字差大爲一行餘爲兩行其字在篆隸之閒乃成甎後所刻以是上諸官爲式也順治初長安縣民治墓地獲甎數十枚而有字者二東孝廉收此穴其後爲硯色潤質堅攜至京師吾邑宋閔叔見之擊桉嘆曰有是哉孝廉問何謂宋曰此西漢刻也僃高帝紀五年五月車駕西都長安後九月徙諸侯于關中治長樂宮正義云宮在長安縣西北十五里長安之民陶以供用此甎爲長樂宮物無疑古之爲工者有規矩卽有度量布指知尺舒肘

知尋積而計之雖王制疆域道里可以頃刻定焉何況宮室高下廣狹總在此一甎之積而已以今尺較之減二寸古尺短也辛氏三秦記云長安地皆黑壤此甎黝而微黃土氣盡矣而光澤可鑒不異于端石之佳者東君于是襲以紋錦與所藏顏魯公眞蹟同爲珍玩云閔叔拓本寄予曰子爲録補其以是壓卷蓋在趙録陽朔甎前更遠也

漢魯孝王刻石

右石金高德裔修孔廟掘太子池得之太子者景帝子名餘封于魯俗呼爲太子也池在靈光殿基西南三十步曰五鳳二年宣帝號也又曰魯三十四年德裔以爲

餘孫孝王時也又曰六月四日成者當時建廟鑿池記
其成功之日也歐陽公得林華宮行鐙銘以爲始有前
漢字補余之闕曾未有石本也趙氏止鄭三益闕銘陽
朔磚字居攝墳壇二刻石耳此碑既湮沒而復出豈非
神物不終晦歟顧炎武曰上書天子大一統之年而下
書諸侯王自有其國之年此漢人之例也三代之時侯
國之爲史者但書本國之年而不書天子之年漢時諸
侯王得自稱元年前書諸侯王表楚王戊二十一年爲
孝景三年楚王延壽三十二年爲地節元年之類是也
又考漢時不獨王也即列侯于其國亦得自稱元年史
記高祖功臣侯年表高祖十八年平陽懿侯曹參元年

孝惠六年靖侯窋元年孝文後四年簡侯奇元年是也

漢牛跡山茅君碑

右碑在江寧府牛跡山西漢永光五年立友人鄭簠谷口報予云順治初年嘗有搨本殘缺存數字黃冠拒人搜索瘞之敗垣下先賢陳芹洪崖詩有絕巘金牛跡元宮玉版書謂此碑也谷口工漢隸爲海內名家好金石文字東岱西華孔廟諸碑皆策蹇身至其下手自摹拓許覓此碑見惠姑俟之

漢郫縣碑

右碑云建平五年六月郫五官掾功平史石工數徒要本長廿五丈價二萬五千按郫蜀郡之邑必爲治道訖

記石工工價之數前漢哀帝建平五年已改元壽此碑猶書建平者遠在蜀中豈詔猶未至邪如孝獻初平止四年而文翁柱記亦書五年之類是也紀元建平者自漢哀之後凡八皆不在蜀而五官掾又爲西漢官名如西京末郭唐爲信都五官掾見于後書則此爲漢刻無疑趙駿烈紀元類編于建平下遺魯爽宜補入

漢郜君墓甎文

右甎文篆書云建武二十八年北宮衞令郜君千秋之宅其一甎有富貴昌字洪氏隸續云得之蜀中范平闕旁按郜君墓甎署官秩而遺名字似失標識貽遠之意然漢人碑碣往往稱某君之子之孫而亦不詳著祖父

之諱或當時簡樸習俗然也法書要録載章武二年作一鼎賜魯王銘曰富貴昌宜侯王蓋蜀人采用成語故與此甎同

漢蜀郡太守何君閣道碑

右何君閣道碑蜀中棧路謂之閣道華陽國志云道至險有長嶺楊母閣之峻昔楊氏倡造作閣故名爲蜀人名此碑曰尊楗閣碑建武中元二年立范書建武三十二年四月改元中元而祭祀志云以建武三十二年爲建武中元元年宋莒公紀年通譜云紀志俱出范氏而所載不同必傳寫脫誤學者失于精審耳愚按帝紀即位建元大書建武至三十二年四月始改中元其義甚

明若祭祀志總敘祀事三十二年之二月封禪太山四月特告太廟在改元以後故蔚宗行文連而及之諒無深意此碑立于中元二年似不應復書建武洪氏据先石林公避暑錄云韓汝玉家有銅枓其銘曰新始建國天黄上戊六年以爲當時習俗以即位初元冠于新歷之上不知漢書已有建武中元二年倭奴國奉貢之語與此碑同則洪氏非無徵矣予初意凡歐洪二氏所集之碑皆不入錄以其已見于集古隸釋也友人歸莊元恭曰君補趙氏所遺之碑得于目覩者固快即前賢近哲載記可信者亦須博採況集古隸釋與趙氏先後成書碑或尚在人閒與其分著于兩家何若彙收于一録

予承其教始參用跋語而辨論之猶隸釋錄歐趙兩公跋也

漢豫州刺史路君闕

右闕永平八年立漢明晉惠北魏主恪隋李密蜀主王建皆號永平而無八年者故斷之爲漢也

漢張賓公妻穿中二柱文

右張氏穿中記本賓公之妻之穴其子偉伯伯妻與孫陵葬右方曲内中而偉伯子長仲與少子叔元卒其孫元益又葬其父與叔也宋紹興丁丑年武陽城東彭亡山之巔耕夫斸地有聲尋罅入焉石窟如屋中立兩崖崖柱左右各分二室左右有破瓦棺入泥中右方三崖

榷泥穢充牣以燭視之得題識三所一在門旁爲士所僅厪存其上十餘許字沙石不堅數日間觀者指摩悉皆漫滅其一在兩柱稍高拓之上距漢建初丁丑千八百有一年云范志武陽縣有彭亡聚而非山注云岑彭死處南中志縣南三十里彭望山而非亡在縣南而非東益州記山下有彭祖冢上有彭祖祠而非岑彭死處世遠地僻莫可深考姑列此以俟知者

漢汝伯寧甎文

右甎文六行十八字云建初三年八月廿日汝伯寧闕萬歲舍大利善與曹叔文建初七年甎文萬歲署舍同古人塋墓下築之甎大約有字輒用萬歲千歲千秋等

語當時風俗淳樸略無忌諱若此

漢蠶崖石刻

右刻在蜀郫縣范功平摩崖之西五十餘步其文云故此省三處閻直錢萬二千永元六年□□石共十有六字字縱橫二三寸許大小不等而筆意精妙按洪氏跋郫縣碑云蜀中名之蠶崖碑當是其地名也此刻去前碑甚近故余以蠶崖名之乾道中太守晉原李公作屋護焉崇禎末友人徐遵生同陸丈子斂入蜀搨歸寶愛不以贈人遵生無子所藏皆不可復問惜哉

漢南安長王君平鄉道碑

右磨崖刻四百餘字云惟平鄉明高大道北與武陽西

與青衣越嶲通界回曲危險永元七年扶風王君爲民興利除害遣掾何章史道興修治故書崖以頌之中有掾史矯義任政楊莫楊宏丞汁即什邡王卿尉綿竹楊卿按掾史稱名而丞尉不名蓋書崖者尊之也應劭云小縣命卿二人爲一丞一尉此碑稱卿與其說合

漢永初甎文

右甎云永初元年景師造大吉陽宜侯王古文字少每多假借至漢已備假用九甚如以羊爲祥猶假其字體之半漢綏民校尉熊君碑治歐羊向書乃以羊爲陽假其音矣此甎又以陽爲祥直從羊字轉借爲可異也

漢賜豫州刺史馮煥詔

右詔云告豫州刺史馮煥漢詔之式也漢制有四一曰策書締飭也其制長二尺短者半之篆書起年月日稱皇帝以命諸侯王罪免三公亦賜策而以隷書用尺一木兩行書之二曰制書其文曰制詔三公皆璽封尚書令重封露布州郡三曰詔書其文曰告某官云云如此詔也四曰詔敕其文曰有詔敕某官皆自上行下之文也

漢討羌檄

右檄文云永初二年丁未朔廿日丙寅得車騎將軍莫府文書上郡屬國都尉二千石守丞廷義縣令三水十月丁未到府受印綬發夫討畔羌急急如律令馬卌疋

驢二百頭日給共六十五字陽羨張駒跋云宣和中陜右人發地得木簡一甕字皆章艸朽敗不可詮次惟此檄完中貴人梁思成得之乃以入石云予按此檄討羌歲月與范史不合黃長睿辯之已詳不復述以東漢章艸絶少故補入焉急急如律令今道家符籙科猶用之

漢延年益壽椁題字

右題字云永初七年四月卅日造爲向是萬歲延年益壽椁當是壽冢中所刻如梁相孔耽碑之類

漢武陽官壁文

右壁文云永初才年作官壁七字蜀之眉州掘武陽故城得之洪景伯范至能各藏其一特七官二字反皆不

同名重十有八斤按說文墼未燒瓴也儀禮注累墼爲之不塗墍所謂墍室也廣韻謂之土墼若未燒之瓴豈能築城久而不敝此必造墼時刻記年月成磚後以之築城耳

漢馮煥碑陰

右碑陰殘缺有諸曹史及帳下司馬武剛司馬十餘人兩漢太守皆得自置僚佐掾事增止而邊郡所置尤濫即官名亦不必出于官制之所有也如武剛司馬武猛吏之類是也

光緒歲在丁亥仲春之月吳縣朱記榮槐廬家塾校刊

金石錄補卷二

金石錄補卷第三 跋尾

崑山葉奕苞九來著　　吳縣朱記榮校刊

槐廬叢書

漢逍遥山石窟題字

漢縣三老楊信碑

漢益州太守無名碑

漢韓敕修孔廟碑兩側人名

漢江原長進德碣

漢孝子嚴舉碑陰

漢司徒孔峽碑

漢劉讓閣道題字

漢孔君碑

金石錄補卷第三　一　朱氏槐廬校刊

漢李翕天井碑

漢東海廟碑陰

漢司隸校尉楊淮碑

漢米巫祭酒張普題字

漢司隸校尉魯峻碑陰

漢婁壽碑陰

漢武都太守耿勳碑

漢鄭子真宅舍殘碑

漢豫州從事尹宙碑

漢金廣延母紀産碑

漢舜子巷義井碑陰

漢溧陽長潘乾校官碑

漢逍遙山石窟題字

右碑前正書東漢仙集四字另一行隸書漢安元年四月十八日會仙友集十三字後正書留題洞三字按漢安為順帝年號是時尚無正書此必勒在山崖磵壁後人增書之也元吾子行云八分與隸有辨八分漢隸之未有挑法者也比秦隸則易識比漢隸則微似篆此則挑法全備似孔宙孔彪諸碑所謂漢隸也字畫縱橫二寸許精采煥發為毛季公藏帖弟一　碑在簡州逍遙山石室丹竈尚有存者

漢縣三老楊信碑

右碑首云故縣三老楊信字伯和刓剝不可句中有惟兮和平大漢元年淇氏以惟兮爲嘆息之詞和平乃威宗紀年似無可疑者第叙紀元在大漢之上爲行文之一變耳祭義食三老五更于太學乃優賢之典而非職漢高入關舉民年五十以上有修行能帥衆爲善置以爲三老鄉一人此鄉三老之始也百官志鄉置有秩三老游徼本註曰掌一鄉人而縣與侯國無之豈前書有是秩而後不復置邪然趙録有國三老袁良碑與此碑縣三老可以補漢志之缺後書王景傳父閎爲郡三老則郡亦與國邑同有此秩也

漢益州太守無名碑

右碑以朱雀爲額龜蛇爲趺龍虎蝕璧在兩旁一崇碑也首云永壽二年三月十九日益州太守某君卒而闕其姓或云是馮君碑碑之左有功曹故吏四十八人姓之可見者五人而已要皆屬邑建伶牧靡梇棟滇池穀昌俞元之人也梇兩漢書皆作弄碑陰又有牧靡故吏三人在趺之右上刻五玉三獸下一九首漢碑如是者甚多

漢韓敕修孔廟碑兩側人名

右題名在漢韓明府修孔廟禮器碑之側共三十五人不書名者十一人不稱字者三人不書地者二人稱故者二人已見于碑陰者孔建壽一人陰則于而此則二

百似續出錢者碑陰不及載而書之兩旁也張建平下則云其人處士又有蕃王狼子二百在最下無論趙氏遺此卽洪氏隸釋亦不載予于康熙戊午秋丁日親至碑下拓歸錄入

漢江源長進德碣

右碣云君諱就字進德而亾其姓似碑非碑似闕非闕在蜀中

漢孝子嚴舉碑陰

右嚴舉碑陰主吏督郵八人先書其姓于官秩之上而繼之以諱某字某此他碑所未有也

漢司徒孔峽碑

右碑見于東家雜記洪氏跋司空孔扶碑引碑錄云司農孔峽碑在仙源縣墓前建寧元年立農峽二字乃傳寫之誤洪直以峽爲扶也按闕里祖庭記自有司空孔扶碑祖庭東家二記同出孔氏自應不謬況空農扶峽誤亦不易且峽爲司徒非司農也扶碑建于四月峽碑在八月月日又不同惜雜記止載其目耳

漢劉讓閣道題字

右題云建寧元年十月上旬工楗爲武陽劉讓造其十六字相傳在蜀中閣道上三代以前四民各卒其業苟必有成而名亦垂久兩漢去古未遠雖工作之微率欲傳聞于世以示其所治之精此碑是也漢碑犍爲之犍

皆作楗

漢孔君碑

右孔君碑集古錄云其名字磨滅不可見而世次官閥粗可考云孔子十九代孫潁川君之元子也舉孝廉除郎中博昌長遭太君憂竟拜尚書侍郎治書御史博陵太守遷下邳相河東太守建寧四年十月卒按東家雜記漢孔宏碑所署之官適合則此孔君之名乃宏也雜記成于紹興甲寅後于歐公治平甲辰跋碑之歲葢已七十一年而名字尚可識豈集古所收之碑偶殘泐邪抑此孔君非宏也邪姑記之以俟再考

漢李翕天井碑

右碑武都太守治路紀德磨崖碑也僉舒治武都橋道前後三處各刻一碑架閣則郙閣鑿崖治路則西狹天井西狹碑刻于建寧四年郙閣天井兩碑刻于次年六月趙氏所收三碑有碑陰而非天井洪氏云趙以黽池五瑞碑爲陰乃西狹碑之前數行也曾子固跋西狹碑云僉舒與功曹史李旻定策敕衡官掾仇審治東坂有秩李瑾治西坂鐉燒火石人得夷塗其文有二所識一也按析里橋郙閣頌後刻仇審字孔信而無李旻李瑾知天井爲西坂矣洪氏云天井吏屬卻有李旻姓名信曾跋非謬歐趙集碑時天井碑未出武都樵人于近歲斬刈藤蔓始見石上有天井字倚崖縛架椎拓甚難而寺僧

反以惡木蔽之云云碑文載隸續中碑後有武都丞呂國已下題名仇靖字漢德書文即郙閣頌亦靖之作

漢東海廟碑陰

右云闕者秦始皇所立名之秦東門闕事在史記凡十七字在東海廟碑之陰洪氏據碑錄朐山有秦始皇碑云漢東海相任恭修祠刻于碑陰是此也前碑爲東海相滿君追頌前相桓君而立任恭當又在滿君之後第所題非修祠事按始皇三十五年作阿房宮後立石東海上朐界中以爲秦東門任君記此不特追溯古蹟亦見滿君之碑在朐也碑錄竟以爲秦始皇碑者誤趙氏欽碑在永壽元年不知永壽爲桓君爲相之時若滿君

立碑則在熹平元年相去已十八年矣

漢司隸校尉楊淮碑

右楊淮碑同郡卞玉字子珪以熹平二年二月廿二日謁墓而立直敘其諱淮字伯邳與從弟諱弼字穎伯各舉孝廉所歷之官秩而贊之云元弟功德牟盛當究三事不幸早隕國喪名臣州里失覆二君清頌約身自守俱大司隸孟文之元孫也末則自署姓名而已此古碑中之矯矯者蔡中郎爲郭有道碑自云無媿辭幾近是洪氏云凡稱元妃元子元兄元舅之類皆以長言之二楊俱曰元孫猶元士然以爲美稱也按淮稱弼爲從弟弼又字穎伯以其祖視之俱爲諸子之長孫非美稱也

至獨悼穎伯未登三公之位而卒故稱元弟以美之若國器二語則總歎二楊之亾也淮爲司隸時劾治梁冀婦家子汝南太守孫訓見華陽國志

漢米巫祭酒張普題字

右題字凡七行六十七字其文云熹平二年三月天卒鬼兵胡九闕二字仙歷道成元施延正一元布于伯氣定召祭酒張普萌生趙廣王盛黄長楊奉等詣受微經十二弓祭酒約施天師道法无極才按范史劉焉傳云順帝時張陵客于蜀造作符書受其道者出米五斗陵傳子衡衡傳子魯其來學者初名鬼卒後號祭酒注云熹平中妖賊大起漢中張修爲太平道張角爲五斗米道

使病人處淨室思過祭酒以老子五千言都習爲請禱之法此碑題于熹平與傳註合且有天師道法祭酒鬼兵等受微經云云應是妖黨相傳授受而胡九者初入黨之人也語云國將亾聽于神桓靈之際漢祚已衰妖賊横行覡巫尤劇然有立國之初學士大夫或爲禨祥之說所蠱使託名仙釋者夤緣而進所不解也巴郡太守樊敏碑亦有米巫殺虐之語

漢司隸校尉魯峻碑陰

右魯峻碑陰載故吏四人門生三十七人義士一人按峻碑熹平元年卒明年四月葬于是門生汝南于沕沛國丁直魏郡馬萌勃海呂圖任城吳盛陳留誠屯東郡

夏侯宏等三百廿八人刊石敘哀而此載四十餘人其脫略者多矣洪氏隸續載魯峻斷碑陰九十有一人書姓氏而不名有郡者二人與此迥異洪跋云據藏碑者以爲魯君碑陰度其石之廣與魯碑合所存止尺有七寸乃其下之四橫橫二十有四人計其上當有十橫也蓋洪在南宋與東齊阻絕不見此碑故仍傳文之誤余則身至碑下乃爲可信即都少卿穆金薤琳琅所載闕字以予家藏本較之可識者數十字更遺脫平原王□子行以下八人少卿素稱博洽謬誤乃爾豈當時所收殘失或鏤板脫落否則碑在濟寧並非僻遠曷不稍加考較乎

漢婁壽碑陰

右碑陰共五十八人漫滅者四人南郡汝南止二人婁姓者十二人餘皆南陽人而有葉令蓋當時仕者不避本籍如朱翁子之爲會稽太守也諸人皆書字似非所以尊婁先生者豈以其爲鄉里而字之邪宋嘉祐中歐陽公自夷陵貶所再遷乾德令按圖經求此碑在壽墓側文忠率縣學拜其墓遷碑還縣立于敕書樓下未知今在否

漢武都太守耿勳碑

右碑云漢武都太守右扶風茂陵耿君諱勳字伯瑋其先本自鉅鹿則是耿純耿弇之後又云熹平二年二月

到官又云歲在癸丑淫雨傷稼開倉賑贍身冒炎赫至
屬縣巡行給餐千有餘人出奉錢賑衣賜給寡獨王佳
小男楊孝等三百餘戶減省貪吏二百八十八百姓樂
業云云熹平三年四月廿日壬戌西部道橋掾下辨李
⿱祇土造按靈帝熹平二年癸丑即勳涖任之年也給餐即
今設粥賑飢之類使勳止于撫循而不減省貪吏則民
樂歲終身苦矣語曰去莠去其害苗者也錄是碑不無
有感于末造已

漢鄭子眞宅舍殘碑

右碑首闕一字下云所居宅舍一區直百萬又云故鄭
子眞地中起舍一區作錢闕下又云故鄭子眞舍中起舍

一區直七萬又云故潘蓋樓舍并二區又有故吕子近樓一區故像樓舍一區□扶母舍一區□鳳樓一區□□車舍一區□□奉樓一區□□子信舍一區共十有二區其後有妻無適嗣□桃爲後之語且列弟郎中及賊曹掾史胡恩胡陽陳景姓名似是敕斷財事官爲檢校之文所謂起舍者蓋在故鄭子真地中起舍建宅非即鄭子真之宅舍也竟以鄭子真宅舍爲名似未可信

漢豫州從事尹宙碑

右尹宙碑云君諱宙字周南其先出自有殷乃迄于周世作師尹因以爲氏又云家于鄢陵克纘祖業治公羊春秋歷主簿督郵五官掾曹守昆陽令辟從事年六十

有二熹平六年四月己卯卒顧炎武曰碑在鄢陵縣豫
字磨滅以其穎川人而言本州知其爲豫州也按姓譜
尹與伊衡皆本伊尹故云出自有殷也崧高詩註云尹
官氏也風俗通云師尹三公官也以官爲姓夫碑者悲
也悲其人銘者名也名其德宙處卑位勒名金石當必
有足稱者銘云位不福德壽不隨仁福解作副按福音
富與從示者不同壽字隸法亦少異于婁壽張壽諸碑
夫漢碑莫備于隸釋而失載豈物之顯晦固有時也歟
此碑爲山右閻百詩所贈百詩博洽多聞于經史有辨
論遇于京師今家淮安

漢金廣延母紀產碑

右碑云光和元年五月中回金廣延母自傷紀考徐氏元初産永壽元年出門托軀金掾季本又云子男恭字子肅年十八口收從孫即廣延立以爲後年十八娶婦徐氏弱冠口後歿又云季本平生素以奴婢田地分與季子雍直蓄積消滅責負奔亾其下估計地畝價直又云悉以歸雍直云云蓋爲恭與廣延連器而以財産歸幼子雍直直少不類會廢其家故大書深刻以示宗黨其母亦云苦矣第此碑云從孫而金恭碑跋直以廣延爲弟豈爲人後者爲之子即從孫可以禰其祖邪且雍直季本之子何不云金雍直母而反書亡者廣延使不以亡者爲諱亦宜首及長子書金恭之母而竟書廣延

何也

漢舜子巷義井碑陰

右碑陰稱五大夫者三十一人稱分子者六十人殘泐者數人碑係漢靈帝光和中立而猶稱五大夫者盖漢承秦制爵二十級其第九級爲五大夫安帝永初三年三公以國用不足奏令吏人納錢穀得爲關内侯虎賁羽林郎五大夫緹騎營士至靈帝光和元年開西邸賣官自關内侯而下入錢有差故此碑五大夫若是之多知是時比屋皆入錢受官也惟分子則洪文惠公引穀梁傳燕周之分子注燕爲周之別子孫也而以此碑分子爲土豪出分之子恐其義未安蓋以治井公事安得

土豪之子獨令出分者助財予按左傳振廩勸分此輩皆無官級因勸分而與者猶之他碑義士義民也且比治一井而五大夫各出本二萬分子各出本三千似其費過多據水經云義井出隨城東南常湧溢而滓注下流與溠水合南注于濆非穿鑿之井可比故其工費不貲也

漢溧陽長潘乾校官碑

右碑靈帝光和四年造溧陽頌其長潘君諱乾字元卓興學官講賓射碑也首云盡漢三百八十有七載或謂高祖已亥卽位盡更始庚申光武建元乙酉至光和辛酉其三百八十三年按高祖入關滅秦在乙未卽代秦

更朔之年碑未嘗誤也後刊丞尉曹掾等姓名而無故字知爲潘君在位時立夫生曰頌死曰誄而碑有其誄曰何邪溧陽誌潘君字元貞當以碑爲正碑在溧水張子令則搨以見貽字皆完好閒有闕文云

光緒歲在丁亥仲春之月吳縣朱記榮槐廬家塾校刊

金石錄補卷三

金石録補卷第四 跋尾

崑山葉奕苞九來著
吴縣朱記榮校刊

漢黄龍甘露碑
漢司徒掾梁休碑
漢啓母石闕題名
漢少室神道石闕銘
漢郎中王君碑
漢李翊夫人碑
漢北屯司馬沇君神道二
漢高直闕
漢麒麟鳳凰碑
漢詔賜功臣家五字
漢中部碑

漢平原東郡門生蘇衡等題名

漢是邦雄傑碑

漢司隸從事之碑

右碑立于光和四年文字缺滅亾其姓氏鄉里歐氏謂之無名碑

漢白石神君碑陰

右白石神君碑陰在無極縣立石者南陽馮巡元氏令京兆王翊漢政既衰巫風日熾所載務城神君李女神君甄石神君璧神君名號殆因白石連類而及之者碑建于光和六年是歲妖人張角起矣

漢張景題字

右題字四行在高眹石室梁上磨滅殆盡首句云光和六年四月太守張景中有追念先祖孤煢自悲之語蓋造象追遠之作

漢种氏石扁刻字

右刻字云元和七年四月五日己丑孝子种覽元甫所造在种氏墓石扁牖上如宗資州輔二墓獸牖刻字之類但此記年月與孝子姓名其意鄭重不同耳

漢蕩陰令張君碑

右蕩陰令張君碑云君諱遷字公方陳留己吾人有周張仲之後治京氏易少爲縣吏徵拜郎中除穀城長遷蕩陰令中平二年二月故吏韋萌等刊石立表葢去思

碑也都少卿云予生去宋數百年一見是碑于景太史伯時再見于文翰林徵仲而歐趙洪鄭諸録皆弗載苞于顧氏購得之碑以殯爲賓禽爲擒中爲忠固矣又有說且于君則析暨字爲既且何也

漢蕩陰令張君碑陰

右張遷碑陰韋氏二十六人范氏十八人氾氏二人孫氏原氏翳氏各一人前碑云故吏韋萌等刊石立表而此自故安國長韋叔珍以下皆從事守令及吏而不名何也不署郡邑豈皆蕩陰之人仕于外如安國者非必張君之所屬耶然故吏范巨范成韋宣忽書名又何也止載助錢之數別無文字故不可深考爾

漢外黃令高君碑

右碑首行闕十四字其姓氏族里皆磨滅銘有光光高君之句知其姓高元祐中吳郡取土于郭外獲此碑知其爲吳人也洪氏引范書文苑傳高彪無錫人去吳郡甚近遂以爲彪之碑無疑又云傳以外黃作内黃一字之訛耳予按碑云遷外黃令形不妄濫恩如晧昔獄犴生草邦無怨聲中和之化冀與比縱後以舉將穎川太守南陽文君徵詣廷尉捐官赴之受知于太尉汝南許公表薦于光祿勳宏農楊公彪傳止載祖餞第五永于長安觀蔡邕等作詩彪獨作箴還内黃令帝敕同寮臨送祖于上東門詔畫彪像于東觀不言其政事之美也

使彪而受知于楊許又以文君故去官傳豈能遺之使此爲彪之碑則作儀祖送畫像之事誤墓者自當詳書何脫略至此且內黄屬陳留外黄在魏郡豈宜以毫釐之差信其千里之謬乎大約文人好奇穿鑿附會以傳證碑不同乃爾予特改正爲高君碑姑俟博考碑以形作刑晧作浩縱作蹤道用也

漢曹全碑

右曹全碑漢靈帝中平二年造碑云君諱全字景完敦煌效穀人隃麋侯相鳳之孫鳳常上書言燒當事拜金城西部都尉也全以建寧二年舉孝廉光和七年三月除郎中拜西域戊部司馬時疏勒王和德殺父自立君

興師征討攻城野戰謀若涌泉和德面縛歸死諸國禮
遺且二百萬悉以簿官拜郃陽令芟夷殘逆絶其本根
云云按史疏勒王臣磐爲季父和得射殺而碑云和德
殺父篡位與史異史又云涼州刺史孟佗遣從事任涉
戊己司馬曹寬長史張宴合兵三萬攻之不能下夫寬
與全字不相類豈相傳之誤以全之字完爲寬也邪靈
帝光和止六年碑云七年者于七年之冬改元中平也
全爲永昌太守曹鸞之兄鸞以上書棄市禁錮黨人五
屬全遭同產弟憂棄官後遇禁網潛隱家巷七年弛禁
全得復官其年月與碑悉合顧炎武曰碑云大女桃婓
楊雄反離騷昔仲尼之去魯兮婓婓遲遲而周邁師古

曰婓斐往來貌也列仙傳江婓二女則竟以爲妃之異文按魏書刑法志有河陰縣民張智壽妹容妃則固有以民間女而稱妃者又漢郭先生碑銘有娥娥三妃行追太姒碑爲季女所立直以爲妃而比之太姒何也

漢鍾繇賀尅捷表

右鍾繇賀克捷表後云建安二十四年閏月九日南蕃東武亭侯鍾繇上歐公問集賢校理孫思恭此表閏在何月思恭以漢家四分乾象歷推之應閏十月合之陳壽魏志相符又謂孫權獲羽在十二月不應于十月先上賀表而疑此書爲僞黄伯思云此賀徐晃于閏月之破羽非賀孫權之殺羽也按米元章書史劉次莊釋文

皆不及此表惟宣和御府藏真蹟録入書譜中如繇尙書宣示白騎諸帖梁武帝評云雲鶴游天羣鴻戲海不能盡録特以此表爲歐公辨證故存之與識者審定焉魏志是年九月相國鍾繇免故此表于十月但稱東武亭侯黄伯思曰東武南蕃之屬蕃音皮讀爲潘鎭之藩者誤又漢地理志魯國蕃縣音皮顔師古曰白裒云陳蕃爲魯相國故諱之曰皮此非南皮也意郡縣之名土俗各有別稱故相同耶杜佑又音蒲袁切

漢黄龍甘露碑

右碑大小各一皆有額曰黄龍甘露之碑婁彥發云在眉州彭山縣大碑之首有十九字其小者云惟建安二

十六年餘皆磨滅不可辨碑陰亦皆漫漶存者兩橫每橫三十八隸釋云崇寧中爲王時彥所磨以刻其說矣按史建安二十四年黃龍見武陽赤水九日次年曹丕滅漢太傅許靖安漢將軍糜竺等上言武陽龍見君之象也與博士許慈議郎孟光立禮儀上尊號此碑有安漢將軍等官號碑陰有許慈孟光姓名卻與史合彭山卽漢武陽地建安二十六年爲昭烈章武元年蜀人不稱章武而稱建安蓋在未改章武之月故追奉舊正朔耶

漢司徒掾梁休碑

右碑云休字元堅察孝廉除郎中光祿主下闕禁防旣釋

辟司徒府卒後太守安平趙君請謚休爲貞文子而有守節曰貞博聞曰文之語銘三言中有退爵罔復潛伏似皆謂黨事也碑録云襄州穀城有司徒掾梁君碑建安廿七年立按建安終二十四年已亥豈吳人于孫權未稱黃武之前不用黃武黃初而仍書建安歟洪氏曰中平初黨禁始解梁君應聘更二十餘年卒郡將至于論謚當不在夏恭范丹之下史策既沒而無傳歐趙亦遺而不録則士之潔身厲操能垂名于後者豈不難哉

漢啓母石闕題名

右石闕在嵩山崇福宫之左其半已積右方有字皆大篆風雨剥蝕且盡年號上隱隱一光字而戶曹史及辛

癸之閒數字尚可識按紀元靈帝光和少帝光熹餘無號光者家兄慕廬以此闕與少室神道闕皆斷爲安帝時立或有誤焉

漢少室神道石闕銘

右題名篆書共十八行行四字可識者首行曰林芝次行曰日天第三行全泐四行曰三月三日五行曰郡陽城縣六行曰興治神道七行全泐八行曰君丞零陵九行曰泉陵薛政十行曰五官掾陰十一行曰林戶曹史十二行曰夏臨廟十三行曰掾辛路長十四行曰西河陽十五行曰馮寶丞十六行曰陽祕俊十七行曰廷掾十八行曰曹史張此爲族兄登封令封字景盧所貽且

云在少室東邢家鋪西可摹者二十一行郡陽城縣推之郡字上似應尚有潁川二字丞零陵以下與啓母闕題名參考之雖大同小異竟無闕文皆在漢安帝時但有題名而亾其銘詞其株芝至三月三日似屬所題之尾而郡陽城一行則起手處也予將搨本校按跋語不可解者有三蓋可摹者二十一行今缺三行一也闕之勒字處恐不止四字之高郡陽城上應尚有字月日上定有紀元或即在前所泐一行二也銘詞有無雖不可考而興治神道即建闕之詞似以三月三日爲治道之日未必爲所題之尾三也且末幅張字下全闕則此闕之泐者多矣惜乎出都忽遽不及與慕廬討之

漢郎中王君碑

右碑歐陽公云名字官閥卒葬年月皆貴可考惟碑首題云漢故郎中王君之銘又曰久而無斁者道隱而終顯者誠此君子之所貫若王君託有形之物欲垂無窮之名其斁金石何異乎瓦礫也而公之爲瀧岡阡表也何以列其世譜具刻于碑非即王君欲託無窮之意哉至于今歐陽祟公久而愈著然非文忠之人之文自足不朽豈金石果眞不斁乎惟德與言不可以不立若立功則時爲之矣

漢南陽太守秦君碑

右碑篆額十六字曰漢故南陽太守秦君之碑其名字

除拜不可考按天下碑録秦君碑有二一在宜城一在南陽水經云秦頡以江夏都尉出為南陽太守卒于南陽反葬宜城故有二碑也集古後録云余昔從事總幕奉檄荆楚道出古郡于荒烟落日中所謂秦君冢者有碑巋然剝蝕殆盡徘徊其下親視臨搨僅得數十百字歐趙二録止得碑首皆南陽本也余今歷走邊徼探幽索隱無所不到訪南陽之石亾矣惜哉據此則宜城秦君之碑為趙録所遺補之

漢李翊夫人碑

右廣漢屬國侯李翊夫人臧氏碑隸釋云九九十二之數殊未易曉愚按漢人碑文先叙其年壽及卒之歲月

或互見于銘誄之間碑云敬姜誨子節義踰古文云歲在大淵獻飛神天庭蓋殁于翊之後翊以熹平二年卒其歲癸丑則大淵獻應是光和六年癸亥也歎詞云壽十二兮九九期五三未兮歲在姬其意以爲願夫人之壽九九爲期而止得五十有二殆隱五字于下句曰五十三猶未及而姬已衰謝也又按邵子云自有天地至于窮盡謂之一元一元有十二會一會有一萬八百年太古之壽皆登十二會九九數之終五帝三王之世猶未夭折也至于姬周而始衰前說似鑿後說似誕然文義皆通洪氏未之思耳

漢北屯司馬沈君二神道

右神道八分書其一云漢謁者北屯司馬左都侯沈府君神道其一云漢新豐令交阯都尉沈府君神道其上各刻朱雀形相向知是一人如王稚子闕書其所歷之官也東漢志宫掖門一司馬有蒼龍朱爵東明北屯之名

漢高直闕

右闕云漢故高君諱直字文王九字漢人題墓所以禁樵採不皆鋪揚德業以欺後世有云神道有云墓道有云闕者惟金恭與此君但書姓名而已

漢麒麟鳳凰碑

右碑凡二石其像高二尺餘刻麒麟鳳凰較他刻二一端

甚奇偉各以二字題其上字頗大而古非永建元年山陽太守所刻之碑也洪氏云胡承公見山陽碑兩旁有隸書六十九字而趙氏止得篆書與余同

漢詔賜功臣冢五字

右字在成都墨寶云郭氏墾地得之又有小石一刻永平五年四字予意即前字所立之年未可知也

漢中部碑

右碑題額中部碑三字題名五十餘人皆主簿門下功曹門下游徼主記史功曹史門下賊曹右賊曹右金曹右戶曹右法曹及諸曹史嗇夫校官校官祭酒之類而缺失者多矣洪氏云謂之中部殊不可曉按漢官都尉

屬自三輔而外各分部治如會稽有西部回浦有東部陰平有北部臨洮有南部而北輿成宜且如渠搜武皋侯成則皆爲中部都尉治嚴駰十三州志原亭城南中部都尉治司馬僚屬皆不治民此碑則中部所治之地嗇夫游徼與椽曹等吏頌德之碑陰也晉護羌校尉碑陰有中部都督中部督郵中部勸農之名洪氏云不曉何耶今陝西延安府有中部縣漢翟道地姚秦爲中部後魏爲內部而元明仍中部非此碑之中部也

漢平原東郡門生蘇衡等題名

右碑爲平原東郡北海陳留汝南潁川梁國下邳南陽東平十郡之士題名殘闕後可數者三十餘人而東郡

樂平蘇衡在第五其字亦闕名字全者二人平原濕陰馬象字世輔下邳徐祖叔字常眞名存者胥衡之外二人東郡樂平高扶平原殷祝脩字存者十二人濕陰本漯陰應劭曰漯水出東武陽東北入海碑作濕前漢書作漯而後漢書作濕殷本般前漢書註韋昭曰音逋垣反顏師古曰爾雅說九河云鉤般如淳曰音如面般之般碑作殷按樂平故清章帝所改則碑爲建初以後所立或題云孔府君碑陰又云在孔林駐蹕亭前駐蹕者宋眞宗謁孔墓後建也

漢是邦雄傑碑

右碑洪氏以碑首云是邦峻生雄傑峻之上下各闕一

字蓋言其山川孕秀也因無名氏故以是邦雄傑名碑
然其中有晉楊侯苗由彼適梁犍爲武陽則其姓疑是
楊而家犍爲也班書貨殖傳云篡弑取國者爲王公圉
奪成家者爲雄傑又云王孫卿以財養士與雄傑交雄
傑之人似非仁義道德之美名而漢人用之讃頌何與

光緒歲在丁亥仲春之月吳縣朱記榮槐廬家塾校刊

金石錄補卷四

金石錄補卷第五跋尾

槐廬叢書

崑山葉奕苞九來著

吳縣朱記榮校刊

漢學師宋恩等題名

漢仲秋下旬碑

漢故吏應酺等題名

漢處士嚴發碑

漢五君桮梓文

漢司農劉夫人碑

漢繁長張禪等題名

漢杜宣等題名

漢博士題名

漢太尉劉寬神道

漢宏農太守張君題字

漢龍門禹廟宗季方題名

漢楊氏墓道

漢平楊府君神道殘字

漢殘碑十三字

漢蒙陰故縣莊碑

　漢學師宋恩等題名

右題名石二一列經師經掾一列文學師諸曹掾史在成都府學禮殿高公石室東外壁自學師宋恩而下稱師者二十人史二人孝義掾業掾各一人易掾二人易

師三人尚書掾尚書師各三人詩掾四人春秋掾議掾
文學孝掾文學掾各一人文學師四人從掾位集曹法
曹賊曹辭曹穀曹金曹比曹兵曹水曹功曹諸史諸曹
掾及督郵賊捕三十二人不可辨者十三人古者設爲
庠序學校自世子以至凡民之子教以人倫及周旋灑
埽進退應對之節又爲升造之法與郊遂之移示其黜
陟故州里之善者多不善者勸六經既立遂有經明行
修之士亦必舉專門名家號爲師儒以啟迪之自經學
不明乃有申韓縱橫之術流爲異端而二氏之說與六
經並行于天壤矣後世以制義取士士借經書爲進身
之階幸而獲售即庋之高閣不復省覽所謂經明行修

者果如是乎蜀自梓潼文翁增設吏舍廣集師徒之後郡太守多以興崇學校爲己任此題名必頌德之碑陰前列諸師後及諸曹掾史也槩稱師者不以專經教授也經師之次有掾殆其佐也孝子順孫貞女義婦讓財救患及學士爲民之式者皆扁表其門以興善行故孝義文學皆有掾也外自集曹以下其名不一官備則事舉也諸人不序郡邑當是本郡人士集桑梓之賢良任官師之教養將益檢束其行履而未仕者知愧勵也後世仕除本籍往往貪汙苟免去其地而不之耻士行不端官方滋壞錄是碑可勝感嘆

漢仲秋下旬碑

右碑有仲秋下旬四字隸釋無額以此爲其人卒之月日据以名碑按婁彥發字源云碑額上二字不可辨第三楊字第四元字第五似秀字則此碑爲楊君無疑王氏復齋碑目亦作楊元君仲秋下旬碑墨寶云俗以爲文處茂碑未知何據銘辭云背爾嬪儷洪氏引禮記生曰父母妻死曰考妣嬪疑此以妃匹之故不爲之避按爾雅父爲考母爲妣嬪婦也非必死後諱之之稱尚書嬪于虞詩聿嬪于京周禮九嬪之官同此義

漢故吏應酬等題名

右碑題名者自應酬而下共三十人而兩人之後則曰右郫口曰右江原二邑隸蜀郡必蜀郡太守碑陰也他

碑題名必書郡縣官字或出錢之數此止姓名亦題名之別式也

漢處士嚴發碑

右碑月日之上闕紀年而有彭城下闕桓譚陳章言處士嚴發有曾閔之行今聽表門閭云云知發爲彭城人旌門之典見范書百官志孝子順孫烈女義婦皆扁表其門許慎云扁者題門戶之文也後世踵事增華乃有烏頭綽楔之制然古人里有里魁民有什伍善惡以告應表之家朝聞夕報而移郊移遂者亦不之赦故舉錯公而民爭勉于爲善今之郡縣豈無節義非行賂請託則藉于上聞風厲之道不講久矣可勝歎哉碑云戊申朔

五日癸丑洪氏云此碑與武成同義如召誥戊午社于新邑越七日甲子是從戊至甲爲七日畢命六月庚午朏越三日壬申亦是從朏至壬爲三日也武成丁未祀于周廟越三日庚戌是祀廟之後三日去丁數與召畢二篇行文不同予按越逾也發語辭也蓋召畢二篇連數則用發語武成去丁日不數則用逾解如召誥若翼日乙卯以若字換越字同用發語也此碑果與武成同而少一越字耳

漢五君桮柈文

右大老君西海君東海君真人君仙人君十五字洛陽上清宮中祠五君于其旁有棬各三徑三寸餘黃伯思

長睿洛陽九詠其瞻上清篇云窪樽五兮石栝九註宮中有方石上列圓穴五楕穴九俗謂之九卯石側各有題郎上十五字其穴殊無刊刻之跡乃漢代所作以祠眞仙之物圓者代樽楕者代栝就石爲之若窪尊之類洪氏云其文惟大老君三字最大蓋尊老子也六經無眞字獨于諸子見之按延熹中蔡邕作王子喬碑及仙人唐公房碑已有眞人之稱矣

漢司農劉夫人碑

右司農夫人碑太尉許馘之室也首行有標題存漢故二字次行云司農夫人祖自會稽山陰姓劉云云今許氏兩墓皆在宜興而此碑猶在夫人冢傍吳處厚青箱

雜記云義與許棫廟有碑許邵作唐開元中諸孫重刻題八字于碑陰云談馬礪畢王田數七徐延休讀之曰談馬爲言午言午許字礪畢爲石卑石卑碑字王田乃千里千里重字數七是六一六一立字洪氏云棫碑殘缺尚存數十字載棫自司農遷衛尉此碑稱劉氏司農夫人則銘墓時棫猶未爲衛尉也碑當在光和前立

漢緐長張禪等題名

右蜀郡緐長等姓名一石三横首行云長蜀郡緐張君諱禪字仲聞其次掾曹五人文學師一人五大夫二人校官掾一人惟五大夫屈暢校官謝就餘皆楊姓有與子雲同名者又稱民者三人縣肸卽船字例掾一人次横

之首行云夷淺口例掾趙㥄字進德次夷侯九人邑長
三人第三横邑君三人夷民六人後云凡卌卽卅字八戶
造末四行高出兩字題白虎夷王謝節資偉二人又丞
蜀郡司馬一人左尉一人此葢蜀郡太守有惠政繁縣
夷漢人等頌德之碑陰洪氏婁氏皆謂之題名者非也
兩漢益州蜀郡之閒夷漢雜處自廩君死世爲白虎巴
氏秦惠王以巴氏爲蠻夷君長又巴夷廖仲射殺白虎
除民害秦昭王刻石要盟之後如漢孝昭時有鉤町侯
率其邑君邑長人民擊反者范志四夷國王率衆王歸
義侯邑君邑長皆比郡縣其來已久洪氏云自安帝時
靑衣道夷邑長内屬始加號邑君者特西南夷傳中一

事耳前有民三人故後以夸民別之所謂例掾想以漢人任夸人事如今日之流官也白馬白狼白虎乃夸人自立名號取其威武彊悍而已非必其始皆本于獸類如槃弧之爲狗種廩君死而爲虎出代本不經之書可盡信哉代本卽世本蓋避諱也

漢杜宣等題名

右題名六在成都高朕石室中刻在梁楹石壁之上其一云闕上土城都杜宣字管偉闕上州太守郫審長賓闕上廣都公乘伯喬闕上昌守長郫審叔惟其一武陵太守杜伯持其一武陵令楊林仲和其一中郎將闕下太尉三公闕下并州刺史河闕下其一清白土闕下娉土張闕下張闕下其一楊

子雲司馬相如太守趙下闕共十五人士郎士娉郎聘子
雲相如蓋後人追書者洪氏云字清逸可夔邑子何鴻
近自蜀歸云周公禮殿尚存未及搨諸碑也

漢博士題名

右題字七行亦在高眹石室中可識者五十六字不可
識者五十餘字未有博士二字上下皆闕文以仲舒胡
母生爲比蓋治公羊春秋者

漢太尉劉寛神道

右神道二其一曰漢太尉劉公諱寛字文饒其一曰漢
太尉車騎將軍特進昭烈侯劉公神道夫神道爲表墓
而設一書名字一書官謚詳簡得體漢人書法類如此

他碑太字無下一點而此碑有之劉寬有二碑皆中平二年立在洛陽上東門外復有門生故吏兩碑不知更有此刻爲趙錄所遺信乎舊聞放失卽篤好者不能盡收也

漢宏農太守張君題字

右題字五行亦在高眹石室中末行云宏農太守張闕子陽張叔之子也其首行有故孝廉字闕五陵相闕君伯高又有著德義方襲父經業云云則張叔疑卽伯高而父子皆以經學名家者

漢龍門禹廟宗季方題名

右題名在龍門禹廟自宗季方而下共四十一人洪氏

云尹阿祿郭阿胡王酉子桃他郡左池云數人俱非上
君子名字按東漢無二字名者此或其字也覆姓四陵
仲武一人可以補姓氏書之闕

漢楊氏墓道

右墓道隸書其一曰漢故益州太守楊府君諱宗字德
仲墓道其一曰漢故中宮令楊府君諱暢字仲普墓道
在四川嘉定州夾江縣

漢平陽府君神道殘字

右平陽府君叔神道七字平字上必曰某平其郡縣也
叔之上下必尚有字其字也石缺不全不知爲何人洪
氏云漢隸存于今鮮矣麒麟一毛虬龍片甲皆可貴

漢殘碑十三字

右殘碑四行第二行多一字字爲和弟故修德義休牧伯納康事以也辛酉之冬白下鄭谷口寄子札云故人王山史從華陰來簏中有東漢殘碑十三字高妙醇樸書體酷似酸棗令它碑不及也吉光片羽幸入補錄特摹寄上適山史游吾郡攜此札訪之出搨本相校不失毫髮谷口殆得漢隸之神者耶

漢蒙陰故縣庄碑

右碑在今山東蒙陰縣故縣庄九行行二十一字漢隸之僅存者失其上下截矣戊午秋朱竹垞示所記世閒秦漢以來碑目有此碑云從邑志錄得又五年蕃久弟北

游語之適留蒙陰修志以之屬令劉侯德芳拓本見寄且諭庄人龕置公廨訪補殘缺使千餘年淪棄之物傳示天下不特見東蒙主人政事之暇樂善好古亦竹垞發于前蕃久求于後使予坐獲異寶庸非厚幸第蒙陰雖小置自西漢廢于建武至晉改入新泰復于至正所謂故縣庄者在縣東北必西漢初置之地惜碑文不成句無以考其事蹟卻爲趙氏所遺不敢以渺之甚而不錄也蕃久又云蒙陰書堂社有摩崖古篆傳爲先秦時刻居民苦拓本酬應鑿以填橋然字有存者以水漲不能搨劉侯許續寄然則予錄之成其得同志佽助敢或怠之耶

金石錄補卷五

金石錄補卷第六 跋尾

槐廬叢書

崑山葉奕苞九來著　吳縣朱記榮校刊

漢李剛墓祠畫像

漢金恭墓闕畫像

漢伏尉公墓中石畫像

漢功曹史畫像

漢雍邱令畫像

漢成王周公畫像

漢孔子見老子畫像

漢董君闕畫像

漢路君闕畫像

漢王稚子闕畫像

漢范君闕畫像

漢鄧君闕畫像

漢魯峻墓祠畫像

漢李翕黽池五瑞畫像

漢柳孝廉敏碑陰畫像

漢雙排六玉碑畫像

漢單排六玉碑畫像

漢六物碑畫像

漢是邦雄傑碑陰畫像

漢左右生碑額畫像

漢廣漢屬國造橋碑額畫像

漢李剛墓祠畫像

右畫像所圖車馬之上橫列七字云君爲荆州刺史時前後有騶騎步卒爲導從其閒標榜皆湮沒在後一車失其半榜存東郡二字向前一車榜存郡太守三字前後亦有騶騎步卒及榜而字不存矣又一車僅存馬足前六騎形狀結束胡人也上有榜存烏桓二字其一圖列女傳三事其一三人車一馬一凡三榜無鹽醜女齊宣王侍郎諸字其一四人三榜梁高行梁使者一榜無字其一四人樊姬楚莊王孫叔敖梁鄭女凡四榜後有一榜闕其人洪氏婁氏皆云像之殘闕多矣按水經云

鉅野有荆州刺史李剛墓墓旁祠堂石室三開隱起雕刻君臣官屬龜龍麟鳳之文即此畫像洪氏得之于閩人李丙仲南以爲絶無而僅有恐數十年後紙弊墨渝耽古之士撫卷太息亦猶今日之閲水經予感其意凡闕室畫象彙爲一卷皆從隸續碑圖中錄出蓋隸續二十一卷宋乾道戊子刻十卷于越淳熙丁酉姑蘇范至能刻四卷于蜀後二年霅川李秀叔刻五卷于越明年錫山尤延之刻二卷于江東其板始備景伯自跋尚云欲合數書爲一未能也況今日乎先世藏書甚富僅得七卷聞長洲趙凡夫藏自八卷至末轉借十年不可得趙氏父子没後此本歸吾家林宗又入錢氏述古堂子

從毛氏汲古閣抄成全書然喪亂之餘趙氏本失第九第十兩卷而第十二十五廿一三卷尚多闕葉苟無好事者搜補鋟板不獨原碑久沒卽洪氏所葺名目圖像亦將湮廢豈不痛哉覽者勿謂予襲舊聞而誇爲新得也

漢處士金恭闕畫像

右闕圭首而銳刻一禽三足次題云處士金恭字子一闕字存一筆以恭墓碑及金廣延母紀產碑恭之知其字子肅也次刻一人執扇乘馬兩旁龍虎啣環下則蝕矣

按闕門觀也劉熙釋名曰闕者門旁中央闕然爲道也又曰門闕天子號令賞罰之所出也長安志北闕顏師

古注未央殿雖南嚮上書奏事謁見之徒皆詣北闕未央東門又有東闕建章宮有鳳闕似非墓門神道之所宜名而漢人墓前率造雙闕刻銘畫像于其上按蔡墓誌年廿二而卒弱冠不禄在六極之列既銘于碑復樹之闕漢人喜事夸張乃爾

漢伏尉公墓中石畫像

右畫像凡八石一石横四尺高二尺有半兩巨人偶右有伏尉公三字左有右將軍韓侯子本七字坐後各一奴下有兩禽又一石七人分坐三席題其左曰高陵侯右曰曲闕侯兩螭横其上三席之下舞劍者蹵鞠者胹鼎者使令之人凡二十人物字畫較前差甚小又一立

石高五尺上有朱爵相向右禽之下一人長且三尺衣冠甚偉左右一牛首啣大環又一石有祭樓人坐其下一人前跪後有一器器上有物兩旁一禽四獸又二方石各二尺兩絃僅奴四輩其旁橫畫數路又一石長丈餘車四馬三人六洪氏云出資州内江縣土人謂之燕王墓未知何據凡漢碑書太字皆無下一點字書有伏字與大同音此伏尉郎大尉也按說文伏司也從人從犬徐鉉曰司今作伺風姓伏羲之後爲伏勝毛氏曰從人從犬與伏字不同伏從大音大海中地名洪說本此漢碑隸書減筆者爲省文以太爲泰轉以大爲太是也形聲同者爲假借以大爲太轉以伏爲大是也漢人好

奇故用之非洪氏該博不幾以伏尉公之伏爲姓乎漢志太尉公一人在太師太傅之次官名無尉公者知洪說爲可信

漢功曹史殘畫像

右畫像榜十八有字者五曰功曹史曰門下督曰下賊曹曰曹史曰督郵爲第行者四第一行凡五車車中坐者一御者一次車後一人左執杖右執似扇之狀最後更有一人闕第二行導者二人左吹管右闕共三車最後又一車纔見其馬之半第三行凡兩車導者四人右持鐃左執管最後又一車則見其人之半面第四行一騎前行次二車前車一介在後最後又一車亦見其馬

之半車各一馬有葢左方通下三行可見者二大車車
後馬二奴隸六婁氏引朱希眞云此像與雍邱令成王
二像皆齊魯閒漢公卿墓中物

漢雍邱令殘畫像

右畫像一榜五字泰山爲雍邱令所存者車八馬十有
三最後一車石損車上之人十有六馬上之人四奔走
于車馬之前者亦四人

漢成王周公畫像

右畫像二榜曰成王周公凡君臣侍御九一馬在後洪
氏云政和中歷陽徐兢自濟陽代還所得漢世人物畫
頗多則知兗豫閒冢中畫像不一自功曹史而下凡二

碑前一碑得之張安國叅考米氏畫史疑是朱浮墓壁者後二碑得之朱希眞雖有車馬人物不可得而强名之也

漢孔子見老子畫像

右畫像榜四曰孔子車曰孔子也曰老子後一榜漫滅凡人物七車二馬三孔子面右贄鴈老子面左曳曲竹杖中間又一鴈一人俛首在鴈下一物拄地狀若扇侍孔子者一人其後雙馬駕車一人坐車上馬首外向老子之後一馬駕車上亦一人向首向外太史公曰魯南宮敬叔言於魯君曰請與孔子適周魯君與之一乘車兩馬一豎子俱適周蓋見老子云畫必据此一人俛首

在雁下者必敬叔惜其榜湮矣禮記下大夫相見贄以雁孔子爲季氏史又爲司職吏爲司空蓋從大夫之後故其摯用雁也歟

漢董君闕畫像

右闕文云漢故不其令董君闕其畫像有一冢冢上三物植立若木葉然香爐一二男子拜于前其後一婦人二稚子又有六婦人魚貫于後冢旁大樹一其下繫一馬馬後立一人樹左一婦人前有鼀一若雞鶩者三洪氏婁氏引碑錄云濟州任城有童恢墓雙石闕字一云童恢琅邪人一云漢故不其令童君又引恢傳注云謝承書童作僮兩姓異同史氏所疑蓋未常見此闕遂以

董爲童與宗均相類當以碑爲正此洪氏直以恢之姓爲蕫非董猶均之姓爲宋非宗也婁氏字原載入上聲董字下又以蕫爲董予按說文無童董二字省僮爲童省董爲董漢交趾刺史僮尹鄭夾漈氏族略云卽童姓或從人以別其族而漢內史童仲又從童籀文作童故此闕上從丷下從童丷形似草而豎筆不下垂與董字異杜林曰藕根也爾雅曰蘈蕫董至董姓出隴西濟陰二望恐與僮童逈別其義亦非洪氏又引前漢地里志不其屬琅邪注其音基後漢郡國志東萊郡有不期國故屬琅邪者誤予按其之音基爲語辭詩夜如何其是也又作期詩云實惟何期箋云猶伊何也期音基則不

期卽不其三齊記有不期山鄭元教授山下故以山爲邑名洪氏遽以爲誤何耶趙氏于此闕有目無跋予因畫像故與路君王稚子闕並補入焉

漢路君闕畫像

右路君二闕前闕七行二十一字書其所歷豫州刺史至徵試博士凡八官後闕亦七行二十一字書會稽東部官名及造闕年月日在趙錄中第趙以豫州爲後闕耳字畫兼用篆體前闕八物之後小字一行存馬皆食三字爲趙錄所遺也豫州闕前後各一人執杖負劍向字立後闕之前一人執杖負劍一人正面立腰下垂佩兩手各有所執末一人執杖負劍其前一人側面向字

立手中亦有所執蓋漢人爲二闕如王稚子之類分書官秩每屬國置都尉一人比二千石較州刺史六百石爲優然自建武六年省後不常置會稽邊海復置東西部路君必自刺史爲都尉故以後所歷者書于後闕且以秩之優者另書一闕歟會稽東部又見于衡方碑

漢王稚子闕畫像

右王稚子二闕與路君闕異路闕前後立此則左右並峙也各書官秩已見于趙録而遺掾首額上洛陽先置稚子六字洛陽二字在左闕西面先置二字在右闕南面稚字在北面子字在南面先靈侍御等十六字則在西面也其石四周方數尺上琢樓屋爲蓋如寺觀中經

幢闕之兩角有斗斗上鐫耐童兒又作亜屋四壁刻坐蓮之像四左右一小兒其像若今祠刹中所謂天王者獅象之間僧四乘馬者四人引車者二乘車者以繩曳獸者一中獸而立者亦一耐童兒二十七神體不具者三龍一象一師子八其六在五角獸面四半體者五予見嘉興曹侍郎所藏此二闕銘字今歸白下鄭谷口矣闕至今猶在成都惜無有椎拓之者

漢范君闕畫像

右闕存府君神道四字下人物五飛鳥一次橫一馬最下三方有白紋貫其中似嘗刻字上四人皆向右行又一石其人向左行疑即范君之右闕碑錄云劍州梓潼

縣東有沛相劍門范皮墓闕字不多記姓名而已圖經縣東六里有范伯皮闕洪氏据蜀人云范君有二闕周回十六字多磨滅止存前四字又于闕旁獲甎堅厚如石其重十斤田夫時或得之上有小篆韻語每甎十行行一句其一甎云嗟痛明時仲治無年結僮孳孳履踐聖門知辨賜張 闕 嘸孔言寬博 闕 約性能淵泉帶徒千人行無遺愆又一甎云德積未報昊九乾巛茂而不實顏氏暴顛非獨范子古今皆然想貌睹刑列畫諸先設往有知豈復恨焉闕上姓名雖漫漶而甎文有范子二字乃知范君名皮字仲治圖經伯字衍文也

漢鄧君闕畫像

右畫像三段一則兩褒衣講相見禮一奴傴而侍一則一馬駕車人坐蓋下有御有驂乘一騎先馳皆左向一則三馬駕車人坐蓋下有御者四人前導各有所執一騎殿皆右向蜀人相傳謂之鄧君墓

漢魯峻墓祠壁畫像

右畫像二石並廣三尺崇二尺其一上下三橫首行一榜云祠南郊從六駕出時次有六車帳下騎鮮明騎凡十六榜六車之上一榜三字上兩字畧存左旁似是校尉騎字車前兩旁鮮明八騎步于中者四人一榜鈴下二字三十餘騎如魚鱗然列兩行橫車之後後有駙馬二走榜曰持駙馬又帳下一騎小史持幢四騎次橫一

人榜曰薦士生又奏曹主佐主簿車各一榜有車馬又騎吏僕射二騎鈴下二騎各一榜第三横冠劍接武十有五人一榜蓋闕里之先賢也字而不名其一上横兩榜云君爲九江太守時車前導者八人後騎損其半少前一榜云功曹或導有車馬車前二騎其榜湮没但刻雲氣下横十有六人形象標榜與前石同疑亦先賢也又二石長過于前其一之上横畫圖人物如武梁祠堂畫像主坐客拜侍前後者六人又主客三人列坐侍者四人中横三車如維邸令畫一車導騎二一車兩人在前一車一人在後屋下之人三又五賓主三車榜皆湮滅下横十有七人如前聖門高弟人亦一榜而不可識

其一上横七騎皆右馳中横二車一有一導騎一則倍
之末有五人在屋下二稚子在屋上下横兩軿車皆駕
以一馬一車有導騎二末有五人在屋下立車皆有榜
惟四導騎上下各一字可認上曰君下曰郎水經注金
鄉山司隸校尉魯君冢前石祠石廟四壁皆青石隱起
自書契以來忠臣孝子烈婦孔子七十二弟子形象
邊皆刻石記之按此四石存校尉九江及君郎等字蓋
與魯峻碑中所署之官今惜闕失甚多所存孔門高弟
姓名有與史記異同者洪氏詳加辨正如梁子魚之爲
梁鱣叔魚縣子期之爲縣成子祺叔子其之爲叔仲會
子期左子行之爲左人郢行又据地皇矦鉦七作来韓

敕碑漆作凍而以求子歟之求字近来爲漆雕哆子巽至云子㶊爲言游駟子闕其謂何爲壤駟赤恐未必獨呼言子之名遺駟上之字且史記七十七子無子服景伯而此有子景伯唐劉懷玉作孔聖真宗録以子服景伯在七十子之列與史記不符懷玉當必有據漢人去古未遠其傳述各有所自孔子之徒豈盡于史記之七十餘人也耶象中之庄疑字子慮至子荀子二子闕下一字顏子思襄子魚襄子孺夾子高公子庶闕不得謂非史記外之人若一一執史記以較其異同迂矣鮮明二字見米氏畫史朱浮墓石壁有鮮明隊若因二字而疑此象爲朱墓中物者誤趙氏云曾有是畫象而失載故補之

漢李翕黽池五瑞畫像

右畫像龍鹿禾各一木二榜曰黃龍白鹿木連理嘉禾一人捧盤于喬木之下榜曰甘露降承露人左方題字二行君昔在黽池修崤嶔之道德治精通致黃龍白鹿之瑞故圖畫其像云云此李翕治西狹磨崖頌德之前所刻也

漢柳敏碑陰畫像

右畫像上一禽若鳳下則麟也其中牛首銜環兩旁凡六玉左則琮璋璜右爲瑁圭璧在柳孝廉碑之陰趙氏止錄其碑云

漢雙排六玉碑畫像

右碑額之左狐九尾右烏三足六玉分三行下有二驢一人跨其右最下承一大牛首蜀人謂之雙排六玉碑

漢單排六玉碑畫像

右碑上一朱鳥下元武四玉爲二行琮璧在下爲一行蜀人謂之單排六玉碑洪氏云馮緄墓道中有六物碑上二碑恐亦是馮墓中物

漢六物碑畫像

右碑與六玉同在今渠縣馮緄墓道中土人謂之六物碑上下朱爵元武其中未嘗鐫字非漫滅也

漢是邦雄桀碑陰畫像

右沒字碑是邦雄桀之陰也與六物碑同朱爵在其上

龜蛇在其下

漢左右生碑額畫像

右碑額無字穿上方格中立一朱鳥旁夾龍虎上有雙鳳作翔舞之狀刻畫精新爲左右生題名之碑在成都蓋左學右學諸生也歐陽公以爲漢洪氏以爲晉宋間所刻因江夏寧蜀晉原遂寧四郡爲地里郡國兩志所無也考四郡乃蜀晉所置去東漢不遠重學校廣生徒字畫亦嚴整可愛而趙氏遺之故録焉

漢廣漢屬國造橋碑額畫像

右碑額二人坐于上儼若賓主蓋辛李二君也中列一器如鼎各有使令一人在後辛字通達李字仲曾有碑

在目中

光緒歲在丁亥仲春之月吳縣朱記榮槐廬家塾校刊

金石錄補卷六

金石錄補卷第七 跋尾

崑山葉奕包九來著
吳縣朱記榮校訂

蜀漢闞氏祖宅墻下磚刻

蜀漢張飛八濛山題名

蜀漢張飛刀斗銘

魏太祖湧月臺三大字

魏下豫州刺史修老子廟詔

魏大饗記殘碑

魏三體石經遺字

魏甄皇后識坐板函

吳周瑜散花巖刻石

吳谷朗碑

晉黃庭經

晉王羲之十七帖

晉王羲之快雪帖

晉索靖急就章

晉楊羲和黃庭經

晉顧愷之女史箴

宋文帝神道碑

宋散騎常侍謝公墓銘

宋臨澧侯劉使君墓銘

宋臨澧侯劉使君碑陰

梁永陽太妃王氏墓誌銘

梁孝敬寺刹下銘

梁上清眞人壇碑

蜀漢關氏祖宅塪下磚刻

右磚刻在解州錢唐林璐記曰康熙戊午昌平于昌讀書解州塪廟塪廟者里人傳爲侯之故居也濬井得巨磚有文紀兩世生卒年月字諱昌白于州守王君朱旦乃自爲碑其文云祖諱審字問之漢和帝永元二年庚寅生居解州常平鄉寶池里桓帝永壽三年丁酉卒父諱毅字道遠桓帝延熹三年庚子六月二十四日產侯于故里娶胡氏靈帝光和元年戊午五月十三日生子

平璐又曰其大略如此獨怪王君既爲碑而輒刻全文不錄璐字彪庵吾友陸繁弨之戚也知予集古碑以此記見寄竊嘆侯忠義貫日月肵劉偏纍夏而本傳不載祖父名俗又誤以五月十三爲侯生日雖未見碑刻然發于井碑于王記于林而錄于予千古幸事亦快事也錢虞山尚書亟編義勇武安王集年譜考不載侯之生平但引吳泳鶴林集云張飛卒年五十謂侯傳云長于益德數歲數歲云者不及十年不過六七年五六年耳按飛于章武二年被害爲壬寅上溯五十年當生于孝靈之熹平二年癸丑去侯生桓之延熹庚子盖長十有三年其云數年乃史官約略之詞耳明嘉靖中解州

知州徐作所撰修廟記云州東二十里常平下瀛村爲王故里父老云王舊居有墻墻下有井王避難出亡父母沈棄于内後人立墻表之則前所云瀦井得磚刻必棄時之物第荆楚又相傳侯以六月二十二日生子平生于五月十三日似向來有是説而于昌輩傅會之未可知也

蜀漢張飛八濛山題名

右題名在四川渠縣東七里八濛山崖石上題云漢將軍飛率精卒萬人大破賊首張郃于八濛立馬勒銘凡二十二字是時飛領巴西太守曹操破張魯留夏侯淵張郃守漢川郃别督諸軍下巴西進軍宕渠蒙頭盪石

與飛相拒五十餘日飛從間道要郃破之郃以數騎奔南鄭巴西始安先主入蜀得鼎峙數十年皆于此戰破魏人之膽其功爲第一飛善畫工八分此雖片羽一鱗百世而下猶得想見其擐甲倚馬虎氣騰上時也

蜀漢張飛刀斗銘

右張飛刀斗銘八分書在涪陵之石壁張士環詩云天下英雄只豫州阿瞞不共戴天仇山河割據三分國宇宙威名丈八矛江上祠堂儼珮劍人間刀斗見銀鉤空餘諸葛秦州表左袒何人復爲劉楊用修云張飛刀斗其銘文字甚工飛所書也

魏太祖湧月臺碑

右湧月臺碑正書在武昌黃鶴樓側三字傍題操字陳確庵游楚中搨以見惠初展卷凛凛有生氣可想其運腕時無限鋒鋩也相傳朱考亭學操書所謂不以人廢言者耶

魏下豫州刺史修老子廟詔

右詔云告豫州刺史云云黃初三年十月十五日口子下與漢詔式同此碑凡十三行行八字磨滅大半前有魯爲孔子立廟援先聖以爲比也稱桓帝者再蓋東漢惟威宗尊祀老子故此詔申言之洪氏云紀年月日之下闕子上一字按四分歷是年十月壬戌朔則十五日當爲丙子也

魏大饗記殘碑

右碑額云大饗記乃古文非篆隸也黃初三年□月下闕缶半闕文爲書按魏文帝大饗六軍立碑于譙在是年之前二載此碑饗作嚮假借也受禪諸碑爲鍾繇書而紀年下一字左從缶而闕其右疑是繇書而當時亦謂之鍾繇殘碑

魏三體石經左傳遺字

右魏三體石經左傳遺字古文三百七篆文二百十七隸書二百九十五有一字而三體不具者洪氏曰洛陽蘇望有言曰後漢熹平四年靈帝以經籍文字穿鑿疑誤後學詔諸儒讐定五經命蔡邕書古文篆隸三體鐫

石立于太學今石不存本亦罕見近于故相王文康家得左氏傳搨本數紙其石斷裂字多亡缺取其完者摹刻之凡八百一十九題曰石經遺字卽小歐陽集古目中所有者夏文莊公集古文四聲韻所載石經數十字蓋有此碑所無而碑中古文亦有韻所未收者淪落之餘兩家所得自不同耳

魏甄皇后坐板函

右函文云文昭皇后識坐板函洪氏云紹聖丙子鄴民耕地得一綠石匣廣八寸有半長倍之厚三分之一鹿頂笏頭其上有此八字神坐前之物也按魏書黃初二年楚甄夫人于鄴明帝卽位追上尊謚別立寢廟此云

文昭皇后則刻于太和元年也

吳周瑜散華巖刻石

右周瑜題字八分書楚人顧景星語余云散華巖大于虎邱之石場其平如砥字五尺餘勒于平巖相傳爲周公瑾赤壁之戰散花犒軍士于此手書以識之也夫古人大書深刻其意將垂不朽而漠然徒見山高水清又未嘗不笑古人之愚也東坡云曹瞞之困于周郎而今安在哉集古錄有唐虬怡亭銘在武昌江中小島上武昌人謂其地爲吳王散花灘未知卽此巖否

吳谷朗碑

右谷朗碑云府君諱朗字義先其先出自顓頊葢虞舜

賜姓嬴氏後封秦谷因氏焉弱冠守揚安長升王府郎中尙書令史郡中正遷劉陽令徵拜立忠都尉尙書郎正身率下不畏彊禦交州叛帝思俾乂僉以君往遷九眞太守春秋五十四于鳳凰元年卒按吳志建衡三年陶潢破交阯禽殺晉所置守將九眞日南皆還屬則必以是年守九眞明年改元鳳凰而卒碑云凡百君子莫不嗟痛又云濟濟搢紳靡瞻靡宗則朗必爲朝野所推重而史不立傳其三世皆仕吳爲牧守而志亦無考矣

晉黃庭經

右小楷黃庭經相傳爲逸少書而黃伯思證其誤然陶隱居啓梁武帝云逸少有名之迹不過數首黃庭告誓

等不審猶有存否唐張懷瓘云樂毅黃庭但得幾篇卽爲國寶至李太白詩山陰道士如相見應寫黃庭換白鵞梁虞和論書表云山陰道士語逸少若能自屈書道德經兩章便合羣鵞以奉卽羲之本傳亦云爲道士寫道德經而非黃庭按羲之卒于晉穆帝升平五年後二年爲哀帝興寧二年黃庭始降于世則非王書可知

晉王羲之十七帖

右王逸少草書以卷首有十七日云云故名凡百七行九百四十三字王草書烜赫著名帖也唐文皇購二王書逸少草有三千紙率以一丈二尺爲卷以貞觀兩字印印之開元皇帝又以開元兩字印印之跋尾列當時

大臣姓名黄長睿云世間有二本其一卷尾有勑字及褚遂良校定者爲先唐刻本其一爲本朝侍書王著模勒上石勢殊疎拙按張彦遠法書要録論此帖本末更詳云

晉王羲之快雪帖

右快雪時晴帖王右軍眞蹟藏涿州馮銓閣老家勒石在近時亦王書之神品

晉索靖急就章

右急就章章草也篆隸之作古矣至漢章帝時乃變而爲草或曰秦苦篆隸之難不能捉速故作草書書譜云杜度倡之于漢謂之章草黄伯思云凡草書分波磔者

名章草此帖藏宣和御府元宋仲温摹勒尤爲精妙與月儀帖並著于世

晉錫羲和黃庭經

右黃素黃庭經行楷數千字神采煥發結搆精警董文敏据趙承旨以爲飄飄有仙氣乃錫許舊蹟述書賦云方圓自我結構遺名如虛舟之不繫混寵辱以若驚謂羲和爲書家所重元時眞蹟在鮮于伯機家文敏從韓宗伯摹數行刻戲鴻堂帖中陳氏玉烟堂則全刻之羲和名義即眞誥所謂上清眞人也神仙之蹟不可多得唐時有帶書六行此經多至數千字非異物耶

晉顧愷之女史箴

右女史箴後題顧愷之畫下作押字雲間董宗伯跋云風神俊朗欲與感甄賦抗衡自余始爲拈出快事也寶鼎齋自跋所書又云昔年見晉人畫女史箴云是虎頭筆分類題箴附于畫左方則大令書也此箴後有愷之畫字似與後跋相合但大令書女史箴自唐宋以來不聞所據而是箴亦不類大令則仍宗伯原題而已

宋文帝神道碑

右碑云太祖文皇帝之神道凡八大字集古錄云古人刻碑正當如此又云自漢以來碑文務載世德宋氏子孫未必能超然獨見復古簡質疑非宋世所立按文帝爲元兇劭所弒初謚曰景廟號中宗孝武立改謚曰文

號太祖或更有碑此其神道如漢人墓闕題識也

宋故散騎常侍謝公墓誌

右碑無序文銘辭亦無建碑年月書撰姓名共八行前四行誌祖父母及母之所自出中則誌其爵里名字卒葬年後兩行誌其夫人與夫人之父祖末則誌其嗣孫而已謝公祖父皆顯官身爲常侍雖宋書無考豈得無銘序以紀其生平或如宋劉龔有二碑或如唐郭子儀官爵錄于家廟碑陰也祖瑶字球度夫人琅琊王氏父頤之考闕字景山給事侍郎常侍光祿勳夫人太原王氏父坦之字文度持節都督平北將軍下闕刺史藍田獻侯按坦之爲桓温長史温欲爲子求婚于坦之還家省

父述述愛坦之雖長大猶抱寘膝上坦之因言温意述
大怒遽排下曰汝竟癡耶坦之辭温以他故今適謝者
豈即此女耶坦之薨贈安北將軍與碑平字異中行云
宋故散騎常侍揚州丹陽郡秣陵縣西鄉顯安里領豫
州陳闕陽夏縣都鄉吉遷里謝濤字明遠春秋卌有九
元嘉十八年歲次屠維月依林鐘十七日卒其年九月
卅日窀穸于揚州丹陽郡建康縣東鄉土山里揆申伯
封于謝後以國爲氏即今汝南謝城也過江門第謝次
于王世相婚姻于此碑見之古人入籍則書如秣陵西
鄉爲濤所居之里而陽夏縣都鄉則祖父之原籍也陳
字下缺者必郡字如謝尚謝安輩皆陳郡陽夏人濤必

其族也又汝南郡汝南縣有郡鄉吉遷里見陶宏景眞
通記夫人瑯琊王氏七十有二大明七年歲次單閼月
下闕三字十五日卒十一月十四日合祔父靜之字下闕義
興太守祖獻之字子敬中書令蓋獻之無子以兄之子
靜之爲嗣也碑末云嗣曾孫綽愚意誌墓者應如此式
其人果有卓行宏勲國史邑乘當自立傳何必假謏墓
之文以欺後世令則子孫富貴輒干達官名人爲祖父
作誌卒多譽詞跖柳混淆蔡中郎于郭有道碑自信爲
無媿良有以矣予前跋唐景昭法師碑辨宋板晉書丹
陽郡陽字從阜丹楊縣楊字從木按山多赤柳故名丹
楊則郡與縣楊字皆宜從木閱此碑信然

宋臨澧侯劉使君墓誌銘

右碑題云宋故散騎常侍護軍將軍臨澧侯劉使君墓誌銘并序無書撰人姓名序云君諱襲字茂德南彭城人宋高祖武皇帝弟景王之穆秘書郎太子舍人出爲鎮蠻護軍廬江太守遷明威將軍安成太守皇朝纂除輔國將軍郢州刺史封建陵縣侯俄徵太子右衛率加給事中未拜遷侍中冠軍將軍改封臨澧縣侯遷右衛將軍未拜仍除中護軍春秋卅有八以泰始六年三月十日薨于位詔贈護軍將軍加散騎常侍侍中如故謚忠侯五月二十七日塟于瑯邪乘武岡按史所歷之職視碑甚略封建陵侯時食邑五百戶以建陵屬蒼梧郡

道遠改封乃碑之所遺碑云中流搆釁四表迷逆逆君能以一成之旅剋濟忠節不若史臣直序晉安王子勛爲逆龔據城拒之子勛攻圍不下之爲明暢也史云龔亦庸鄙在郢州晝月露褌上聽事綱紀正伏閤怪之訪問乃知而碑則云神姿韶雅英議獨發兼錄詔文有志行貞純才用理濟之褒夫諛墓者或多飾詞豈王言亦可失實耶抑或史臣毛舉細故而加以庸鄙也歟

宋臨澧侯劉使君碑陰

劉龔有二誌碑題與前同但無銘序二字所誌者其祖父昆弟姊妹與夫人子女也如云曾祖宋孝皇帝卽劉裕父孝穆皇考也祖諱道鄰字道鄰侍中太傅長沙景

王史遺其字妃高平平陽檀氏字憲子謚景定妃父暢
道淵祖䝿稚熊合葬琅邪臨圻莫府山父諱義融字義
融領軍車騎桂陽恭侯夫人琅琊臨圻王氏字韶風父
備長仁祖穆伯遠合葬丹徒練壁雩山所生母湯氏宣
城人葬雩山兄頵茂道桂陽孝侯夫人廬江灊何氏憲
英父愉之彥和祖口叔度合葬練壁雩山第三弟彪茂
蔚祕書郎葬江字闕三夫人河南陽翟褚氏成班父方回
祖叔度第四弟字闕三軌史云名寔太子舍人夫人琅琊
臨沂王氏淑婉父津景源祖虞休仲字闕二江乘白山第
五弟季茂通史名爽海陵太守葬練壁雩山夫人陳郡
陽夏闕氏妙闕父淑陽源太尉忠憲公祖豹士蔚援史

袁淑謚忠憲夫人乃淑之女也第一姊茂徽適陳郡長
平殷臧憲郎父元素祖曠思泰重嫡琅琊臨沂王閔之
希損父昇之休道祖敬宏第二姊茂華嫡盧江灊何求
子有父鎮長宏祖口之彥德第三姊茂姬嫡平昌安邱
孟詡元亮父離靈口祖昶彥遠第四姊茂姜嫡蘭陵蕭
惠徽父思話祖源之君流第五妹茂睿嫡蘭陵蕭瞻叔
文父斌伯儁祖譽之仲緒重嫡濟陽圉蔡康之景仁父
熙元明祖廓子度第六妹茂嫄嫡濟陽考城江遜孝言
父湛徽淵祖夷茂遠重嫡琅琊臨沂王法興父翼之季
弼祖楨之公幹夫人濟陽考城汪氏景姞父淳徽源祖
夷茂遠此龔之夫人也第一男口長暉出後兄桂陽侯

口史云兒第二男旻淵高臨灃世子第三男昌淵華第四男曇淵遂出後弟寶爲史所遺第五男口淵須第六男晏淵平第一女麗昭第二女麗明第三女小字僧歸前碑云武皇帝弟景王之穆而此上承曾祖以下得互見體自兒顗以下及其配配之父祖與楚處自姊以下及其夫夫之父祖茂徽姊妹所適皆大族而夫亡再適何也豈晉宋之際兵戈擾攘名節在所略也耶予見碑誌甚多凡序列族黨未有如是之詳者與史或有證發故盡錄之以傳于世然碑中他姓祖父皆具爵位已不及錄矣

梁永陽太妃王氏墓誌銘

右碑題故永陽敬太妃墓誌銘尚書右僕射太子詹事臣勉奉敕撰碑云永陽國太妃王氏瑯琊臨沂人以天監二年六月十日遣宗室蕭敬寶策命永陽王母王氏爲國太妃以普通元年十一月九日薨詔給東園秘器其月二十八日祔瘞于瑯琊臨沂縣長干里黄鵠山又詔賜嘉謚云云按史天監元年追封兄齊後軍諮議敷爲永陽王謚曰昭王氏爲敷之妃敷子伯游于二年四月襲封爲永陽郡王年二十三薨謚曰恭太妃薨時年五十有九早爲孤孀老爲榮毋梁武加恩宗戚視諸朝爲獨厚矣凡碑題先書國號而此不書豈縁帝族不問而知爲梁也耶即奉敕撰文者亦不書姓徐勉傳先爲

太子詹事尋遷尚書右僕射亦猶今日書現居之職于前也耶

梁孝敬寺刹下銘

右銘題云孝敬寺刹下銘幷序宗士標述序云孝敬寺者公上璡爲亾母楊叔女之所立又云寺初欲豎刹曇誕每有雙舍利降之并諸處所送其數有八大同六年五月十五日建序銘皆能手又有誌叙公上璡捨宅建寺豎刹祝禱之辭說文云刹柱也音與察同王巾頭陀寺碑列刹相望李周翰注列刹佛塔也虞愿傳以孝武莊嚴刹七層帝欲起十層不可立分爲兩刹各五層梁簡文同泰寺立刹啓寶塔天飛魏書釋老志慕建宮宇

謂爲墖墖亦胡言猶宗廟也故世稱墖廟或稱寺曰上刹則刹不止如桂然北齊陸法和攻侯景將任約約逃不知所之法和曰吾前于此洲水乾時建一刹實是賊標令何不向標下求賊果于水中見約抱刹仰頭而禽之亦猶今之旛竿也此碑題刹下二字殊新

梁上清眞人壇碑

右碑云上清眞人許長史壇眞白先生創立篆書十四字按陶隱居眞靈位業圖第二位内左卿仙侯眞君許君諱穆南嶽夫人弟子事晉爲護軍長史退居句曲山此碑應爲後人所立而追署眞白先生也

金石錄補卷第七

金石錄補卷第八 跋尾

槐廬叢書

崑山葉奕包九來著　吳縣朱記榮校訂

後魏賈思伯碑

右賈思伯碑云諱思伯字士休武威姑臧人也太和中

召拜滎陽太守辭不獲又云青龍中出爲幽州刺史齊郡太守其前後已磨滅不可盡識按趙氏録賈思同碑跋云思同與其兄思伯後魏書皆有傳爲青州益都人今其基乃在壽光縣而思伯之碑亡矣此碑官秩與傳合青龍年號則三國之魏非拓拔氏也前魏有賈詡爲姑臧人豈即思伯之高曾列在此碑以殘泐而無考耶德父云碑已亡而尚存于數百年後又一奇也但勸進受禪大饗諸碑皆作漢隸此碑忽開隸楷之漸直似褚河南三龕記筆意乃正書之始歟

後魏周惠達碑

右周惠達碑額云大魏故司空匡穆周公之碑銘篆書

十二字宛然如新按碑多與史傳合碑具贈謚而史逸之史但云開皇初追贈蕭國公耳此碑與豆盧恩碑皆在咸陽縣爲縣令王公家瑞求得之王公有金石遺文載此碑止缺三十三字

後魏神龜造像碑記

右碑魏神龜三年立集古錄云魏孝明神龜三年七月辛卯改元正光而此碑立于是月之十五日未知辛卯是其月何日也予考北史正光元年春正月己亥朔日有蝕之推至七月去小建或二日三日則辛卯當在十九二十之閒立碑前于改元三四日故猶稱神龜也

東魏比邱尼法妃等造佛像記

右記大魏武定造像碑篆額中云大魏武帝五年十一月廿三日比邱邱尼法妃法奇法姜等敬造釋迦石像一菩薩二天龍寶塔八部上爲皇帝中宫云云當時造像碑記率因是語猶今叢林主僧上堂説法開口即云上祝皇帝萬歲其詞俚鄙其意浮僞古今習俗然也書極楷而小得黄庭樂毅遺意殊可愛玩郡人葛君常所藏

後魏永樂十六角題名

右題名爲東魏北齊人所書其後云造十六角鎮國大浮圖葢塔也集古云十六角與常三義七級碑當時俚俗語類皆如此

北齊風峪石刻佛經

右石刻在太原縣之西五里其山曰風峪朱彝尊曰風峪之口風穴存焉相傳神至則穴中肅然有聲風之所從出也愚者捧土塞穴建石佛于内環列所刻佛經凡石柱一百二十有六積歲既久虺蝎居之雖好游者勿敢入焉丙午三月予至其地率土人燎薪以入審視書法非近代所及徘徊久之惜皆掩其三面未獲縱觀其全也又曰通鑑載後唐劉后與李存渥奔晉陽李彥超不納存渥走至風谷爲其下所殺注云風谷恐當作嵐谷唐長安三年分宜芳縣置嵐谷縣屬嵐州非也風谷即風峪北人讀谷爲裕俗加山作峪按北齊書段韶傳突厥從北結陣而前東拒汾河西被風谷大唐創業起

居注煬帝于樓煩置宮因過太原取龍山風谷道行幸則風谷之名已著于前代矣

北齊造銀佛像碑

右碑云天保四年六月二十五日佛弟子李買造銀象一區上爲皇帝陛下下爲亡父母姻緣眷屬善願從心所求如意象卽像區卽軀文旣簡略書復醜惡以一佛像而上爲天子下接父母眷屬殆諂佞之至而忘尊卑之分者耶

光緒歲在丁亥仲春之月吳縣朱記榮槐廬家塾重刊

金石録補卷第八

金石錄補卷第九 跋尾　　槐廬叢書

崑山葉奕苞九來著　　吳縣朱記榮校訂

隋伏波將軍陳府君墓誌序

隋勝福寺舍利塔銘

隋羅處士墓誌

隋李淵爲子祈疾疏

隋滎澤令常醜奴誌

隋梁羅墓誌

隋鉗耳君清德頌

隋緣果道場碑

隋李靖上西嶽書

　北齊摩巖報德碑

右碑燕州仙釋書序云鄉郡鄉縣李青爲儀同文靜公

趙郡李憲下闕司空文簡公李希宗二公父子以禮待青于天保六年七月一日百州路側造報德像碑摩巖刻石又云皇后趙國栢仁縣永寧鄉陰灌里人也祖文靜父文簡按北史文宣皇后李氏諱祖娥趙郡李希宗女而遺其鄉縣王父之名碑在今平定州

北齊龍華寺造浮圖碑

右碑不著書撰姓名序云維冉邨劉顯等于雙井邨造龍華浮圖一區爵離一區爵離者寺之別名北朝習俗語也

北齊常山義七級碑

右碑不著書撰人名氏題云慕容儀同爨常山石氏諸

邑義七級之碑其文云常山太守六州大都督儀同三司綦連公以天保九年爲國敬造七級浮圖一區天統二年使持節都督瓜州諸軍事驃騎大將軍儀同三司瓜州刺史常山太守六州大都督潁陽縣開國子樂平縣開國男慕容樂散騎常侍驃騎大將軍前給事黃門侍郎繕州大中正食新市縣幹麴顯貴功曹石子和等增成之集古錄云北齊書有綦連猛不爲常山太守不知此公爲何人而慕容樂官兼刺史兼封兩縣不可詳也食縣幹入官銜當時之制亦不可詳也按高齊大臣率爲六州都督綦連猛傳云天保九年轉武衛大將軍造塔時或在未轉之先旣自外轉內史館署太守而不

書耶官氏志其連氏改爲綦氏此綦連而非其魏書亦未有姓其連與綦者慕容儼傳後附樂官次甚磬當以碑爲正北齊官制一品至九品皆以帛爲秩其祿一分以帛一分以粟一分以錢而又各給事力一品主三十人下流外勳品遞降諸州刺史守令以下幹及力皆聽敕乃給其幹出于所部之人一幹輸絹十八疋本州大中正率以京官爲之凡食郡幹縣幹或兩郡三郡至五六縣者積幹力而計多少也赫連子悅爲林慮長世宗問所不便于悅對云臨水武安二縣去郡竄遠若東屬魏郡則地平路近世宗笑曰卿徒知便民不覺損幹子悅云不敢以私潤負公心卽此幹也自宋以後有僮幹

之制齊永明五年詔二品清官管幹不得過十張融坐鞭幹錢敬道免官梁王茸坐鞭幹曹申免官豈以徵幹過酷而嚴其罰耶或力役之幹而非輸絹之幹未之詳矣

後周豆盧恩碑

右碑八分書在咸陽縣碑云恩字永恩按北史豆盧寧傳弟永恩而闕其名歷官與碑畧同但碑後截漫滅不可考矣

北齊造石像記

右碑齊武平元年正月二十六日造佛象作記而不言其地以頌都邑主董洪達率邑徒囗人等祈福云云其

署名則有都維那忠正勸化主北面像主都開光明主
囊主邑子之稱姓氏則有馬黄頭張黄頭張虎子石伏
奴之名都維那似係僧官而晉姓總之淪于北方種族
不類名號俚俗如傳豎眼姚黄眉皆列正史黎庶效尤
不足怪也書灋怪誕幾不成字增損任意在篆隸正書
之外无作天𠎝作奇之類世即世字碑在嵩山登封令
長洲張憧𫸩如所惠也

北齊曇始禪師行狀記

右碑武平元年追述曇始禪師行狀云太原之西約一
舍地有山曰虎狠谷乃始棲息之所即于其處立碑按
神僧傳曇始關中人晉孝武太元間賫經律數十部往

遼東宣化義熙初還關中後燕拓跋燾克長安有博陵崔浩少習左道破釋教與天師寇氏說燾廢之以太平七年毀滅佛法統內僧尼追捕梟斬師以元會之日杖錫見燾燾令依軍法屢斬不傷餧飼北園所養之虎虎輒潛伏試以天師虎卽鳴吼燾乃延始上殿始爲說法皆與碑合而傳又云始足白于面雖跣涉泥水未嘗沾濕天下稱白足和尚長安人王胡有叔死數年忽還將胡遍遊地獄叔謂胡曰既知因果但當奉事白足阿練胡徧訪衆僧見始白足事之赫連勃勃破關中斬戮無數始亦遇害而刃不能傷勃勃嗟嘆悉赦沙門不殺爲碑所遺此殆佛圖澄之流以神通示濟度者耶

北齊婁公造無量壽佛像碑陰

右碑陰有唐李北海邕書龍興之寺四大字在青州府北門外龍興寺俗名大佛寺

北齊造石像記

右碑齊武平七年十一月二十三日嵩岳之南邑師僧智都邑主宋始興合比邱邑子共一百八人等造石佛像一區而姓名之異者有訾蘭犢儀子鳳魏阿奴王阿米范山虎陳狗子之類概稱邑子則里巷閒人耳洛陽伽藍記崇眞寺比邱惠凝死一七日還活經閻羅王撿閱以錯名放免具說過去之時見一比邱云是禪林寺道宏自云教化四輩檀越造一切經文中像一區閻羅王

曰沙門之體必須攝心守道志在禪誦不干世事不作有爲雖造作經像正欲得它人財物既得他物貪心卽起既懷貪心便是三毒不除具諸煩惱付司入黑門獄然則世之借造經像以求財者可猛省矣

隋曇詢禪師碑

右碑題隋栢尖山寺曇詢禪師碑銘隸書無書撰人姓名按碑云禪師姓楊諱曇詢宏農華陰人年二十二逢曇准法師于霖落泉寺證悟至文皇御宇敕儀同三司元壽齋信香迎入大內云云開皇十九年年八十無疾而逝弟子瀞休道願慧方等共勒此碑文體整麗字格工好開唐人畦逕亡友王季寫以此碑見示已二十餘

年矣急爲錄入恨吾友不及見之也

隋伏波將軍陳府君墓誌序

右碑題云前陳伏波將軍驃騎府諮議叅軍陳府君墓誌序儀同三司周彪撰無書人姓名序云君諱詡字孟和潁川許昌人祖僧亮齊輔國府行佐父歇前梁儀同君天才儁拔有集廿卷起家爲岳陽王記室梁國蕃周將佐送款武成元年授則都督衛州東征失律同旅督將七十二人浮艦相屬陳王曇頊于望國門並害諸士君于刑所自陳貫死俄而授招遠將軍加伏波將軍還驃騎府諮議 國云亡總管秦王招賢慕士迎還并州辭老還鄉開皇廿年九月卒于檀溪里年七十六以十

二月十八日歸葬高陽鄉遺命不許立銘云云而碑陰則載君叔三人爽子暢孝蘧遺爲梁驃騎大將軍君弟二人某譯息五人孝柴孝騫君卿曜　五敏女五人禮閨藏閨敏閨四閨善才因叔及叔母因女及女夫而息之婦則失載焉君妻瑯琊諸葛氏孝騫所生李夫人文在末行按詡祖父仕于齊梁詡則由梁而周而陳而隋身歷四朝在隋立碑題曰前陳可見古人待舊國之厚故宦之寬元世祖時中書省檄諭中外江南既平宋宜曰亡宋何也碑云詡有集二十卷爲時所重而唐藝文志不錄其姓名古今抱才之士湮没無聞者可勝數哉

隋勝福寺舍利塔銘

右碑題云勝福寺舍利塔下銘孟弼書其略云惟大隋仁壽元年歲次辛酉十月辛亥朔十五日乙丑皇帝普爲一切法界幽顯生靈謹于青州逢山縣勝福寺奉安舍利敬造靈塔願太祖武皇帝元明皇后帝后太子王子孫等內外臣庶六道三塗人非人等生生世世值佛聞法同升妙果云云易曰王假有廟書曰鳥獸魚鱉咸若其道有本其效有漸即孟子所謂親親而仁民仁民而愛物也隋高祖不能累仁積德以貽後人徒託于安舍利建靈塔末矣卒至二世而亡與暴秦無異足爲後世事佛之鑒碑特完好可愛都少卿積數十年訪求僅得隋碑四種而予于汲古毛氏又錄此碑在都氏所錄

之外信乎古碑之湮没者多也

隋羅處士墓誌

右隋處士羅君墓誌云君諱靖字禮襄陽廣昌人高祖長卿齊饒州刺史曾祖宏智晉梁殿中將軍祖養父靖學優不仕有名當代碑字絕類褚河南然父子皆名靖爲不可曉字禮下闕一字洪氏云拓跋魏安同父名屈同之長子亦名屈祖孫同名此胡人無足言者羅君不應爾也余按林邑王楊邁死子咄立思慕其父改名楊邁此胡人習俗而羅君爲可駭已集古後錄云羅君以仁壽四年卒夫人以龍朔二年葬蓋守志五十有九年而以壽終亦可尚也

隋李淵爲子祈疾疏

右疏云鄭州刺史李淵爲男世民目患先于此寺求仏蒙仏恩力其患得損云云大業二年正月八日建按新唐書高祖于大業中□歷岐州刺史滎陽樓煩二郡太守召爲殿内少監衛尉少卿舊唐書大業初爲滎陽樓煩二郡太守徵爲殿内監而于大業之前累轉譙隴岐三州刺史並未嘗云爲鄭州也據疏可以補二書之漏仏字古今字書所無鎮江甘露寺梁鐵鑊銘佛字皆作仏

隋滎澤令常醜奴誌

右常醜奴誌在興平縣崇寧寺壁間摩讀其文竊歎勝

國之臣不能自持出而應新朝之命不得志而死者至于今如一轍也醜奴本鄯善右族祖黑獺父歡爲魏大臣醜奴于周保定元年起家建德初遷天官府入隋引退至開皇十九年詔以周代文武普加復選蒙授都督轉爲榮澤令以大業元年年八十有六而卒追溯奉詔之時年已八十矣豈難守止足之戒高不仕之節而不然者或門戶計深子孫勸切有所不得已耳碑云扶風始平人始平即今興平也

隋鉗耳君清德頌

右碑題云大隋恒山郡九門縣令鉗耳君清德之頌大業六年建序云君名文徹華陰朝邑人本周王子晉之

後避地西戎世爲君長因以地爲姓拔王氏又有後周温州刺史烏丸僧修乃梁太尉王僧辯之弟因父神念爲護烏丸校尉卽以爲姓江東士族首稱王氏淪陷之後姓遂改易如鉗耳烏丸兩君身貴名立不思追改亦可怪也

隋緣果道場碑

右碑題隋江夏縣緣果道場七層磚塔下舍利記無書撰人姓名碑云道場者梁天監十二年長史劉端捨宅爲寺也以大業九年昭陽之歲江夏緣果鄉長劉大懿等遵依勅旨共三鄉仕民奉七層磚塔安鎮此地次有清信弟子黄慧蘢慧俊慧達等兄弟四次感得舍利六

枚以是年六月八日永定之基下也按漢晉以後僧尼爲寺道士女冠爲觀隋改法雲慧日爲二道場金洞玉清爲二元壇至貞觀十二年復寺觀舊名則隋時立寺皆名道場也葉子奇草木子云僧之有舍利由其心源澄寂祕耀含靈貞積力久結而成之及其火化炳然獨存此碑云或于食內或行至途中或于所住宅感而得之斯亦奇矣予何敢盡信

隋李靖上西嶽書

右書無年月自稱布衣李靖則未仕隋殿內直時也藥師嘗謂所親曰丈夫遭遇當以功名取富貴何至作章句儒即書中建義橫行仗劍竭節之意乎劉餗記衛公

以箋訴神請告以官位詞色抗厲卽書中三問不對將焚其廟之說乎餘又云後有聲曰僕射好去顧不見其事近怪朱彝尊曰衛公以高祖起兵上書告變則其心無妄覬神器可知嘗疑此書之僞予謂英雄舉動或有出人意表者姑錄之行書宕逸絕羣自是俊物人間有三本潞州者刻于崇寧爲最佳滕縣者刻于紹聖而獄廟則近年所刻爲最下予所收則潞州本也

隋梁羅墓誌

右碑題隋鷹揚郎將義成子梁君墓誌大業四年八月建今在西安府城外杜曲正書猶帶八分其字率多假借如鷹揚而作陽後作楊宣政元年作正萬頃作傾羽

儀作議不瘳作抽乾坤齊固作個禁旅之禁作欝樊川之樊亦作欝似非達于文義者而其書頗不俗何也至有大漸之期春秋六十有一大漸出尚書顧命恐非人臣所宜稱然列子云季良得疾七日大漸固已先于此志矣而後人通用之者不一如蔡邕作胡公夫人靈表云遂大漸兮速流王儉褚淵碑云大漸彌留任昉作竟陵王子良行狀亦云大漸彌留沈約作安陸王緬碑云頻焉大漸盧藏用作蘇許公碑云大漸之始遺令遵行固未足爲此誌病也

光緒歲在丁亥仲春之月吳縣朱記榮槐廬家塾重刊

金石錄補卷第九終

金石錄補卷第十 跋尾

崑山葉奕包九來著　　吳縣朱記榮校訂　　槐廬叢書

唐少林栢谷塢碑

唐褚遂良枯樹賦

唐從幸九成宫長孫無忌等題名

唐褚遂良陰符經

唐汝南公主志

唐砥柱銘

唐文皇屏風帖

唐温陵侯龍君碑

唐太宗幸慈德寺御製詩

唐晉祠碑陰

唐淤泥寺心經

唐老子西昇經

唐兒寬贊

唐破邪論序

唐褚遂良摹蘭亭序

唐薛稷蘭亭序

唐岱嶽觀造像記

唐冠軍將軍許洛仁碑

唐騎都尉李君墓誌

唐少林寺栢谷塢碑

右栢谷塢碑題云唐太宗文皇帝賜少林寺栢谷塢莊御書碑記開元神武皇帝御書額所謂碑紀者卽少林寺碑上所載太宗爲秦王時討王世充宣諭寺僧之文也此碑前錄告文附賜地水碾還寺敎書武德八年二月十五日兼記室參軍臨淄侯房元齡宣又主簿元道白奉行謹諮則答以依諮二字又陝東道大行臺尚書省牒付少林寺并牒秦府留後則武德八年二月二十二日也又司戸牒少林寺則是月廿七日也皆列錄事錄事叅軍令史主事判屯田史尉丞姓名後附開元十一年十二月四日內品官陳忠牒少林寺一行　則立碑之年月也或云告文非太宗書中間行草世民二字

則御書耳按諮牒後凡錄事令史等姓下皆另一筆書名似與告文相類但告文書法迥出諮牒文上而開元皇帝又御書額以紀之爲文皇書無疑諮牒文必胥史所作而字畫精拔如此宜學士大夫以書知名者之多也

唐褚遂良枯樹賦

右枯樹賦後云貞觀四年十月八日爲燕國公書旁注云肆伯陸拾柒字庚子山此賦有名江左得河南書可稱兩絕晁補之云眞蹟藏壽春魏氏開封丁禹錫毘陵胡承之刻之王元美從華補庵處眞蹟模勒于石按丹陽蘇頌子容引徐浩書品云中宗以二王墨帖三十卷

賜中書令宗楚客楚客裝作屏風十二扇以褚遂良所書枯樹賦爲脚王元美則云武延秀集右軍大令墨跡于屏風以此書裝脚未知孰是

唐從幸九成宮長孫無忌等題名

右題名在九成宮醴泉銘之碑陰太宗命從幸中書門下及三品文武官并學士自書其官名于碑凡四十六人而太尉長孫無忌等七人亦附列焉

唐褚遂良陰符經

右陰符經河南有草正二書草書題云貞觀六年九月廿八日臣遂良奉勑書五十本正書題云大唐永徽五年正月初五日奉台造尚書左僕射監修國史上柱國

河南郡臣褚遂良奉旨寫一百廿卷蘇黃米蔡虞薛諸公題名而不著姓河南書夷猶婉暢姿態橫生此經正書小于顏平原仙壇記嚴整中不乏風致草書步伍秩如滅緐黜怪神品也但荷與符異解陰符作陰荷豈二字有通用之說耶

唐汝南公主誌

右汝南公主誌無書撰姓名宣和書譜海岳書史皆云虞世南書藁本也碑題云大唐故汝南公主墓誌銘又云公主皇帝之第三女也按列傳太宗二十一女汝南公主居第二此云第三豈傳誤耶後云貞觀十年十一月丁亥朔十六日米元章云此藁卒日猶未言葬也眞

蹟在故相張公孫直淸處又有小字赫赫高門云云在裴相家是其銘此碑闕焉有幾元題云崔十八丈綽每送予兄弟下第東歸必云此去獲見汝南帖何減于及第耶所惜者闕其銘文耳咸通二年春于存神室輒獻子凝良足嗇愛也幾元不知何許人此誌在唐已爲時所重況今日乎近于嘗熟錢遵王處見宋搨銘文皆全叩碑題之次有諮議叅軍柳顏言釋智果秘書監虞世南書三行又改添三字古本之妙如此

唐砥柱銘

右砥柱銘貞觀十二年特進魏徵撰秘書正字薛純書董介云其字因山鑱鑿就其窪平隨多少置字故不成

行又云唐以書學相高刻石之文此其最大者也按薛純書辨法師碑又名純陀歐陽公評其書似我家蘭臺當時伯施登善皆讓之至于柳誠懸酷愛其書恐失銘次別書于石後人得此者卽以爲柳書而純之名不甚著于後何也

唐文皇屏風帖

右屏風帖南宋祝寛夫云從兄季平于紹興初爲江西漕屬以重價得于北人南渡者凡十一幅皆素絹也後嘉泰中王允初摹勒于餘杭縣鄱陽姜堯章云屏風帖刻于石稍出鋒鋩故至今猶不乏手致按貞觀十四年四月二十三日上自爲眞草書于屏風以示羣臣多指

述前代理亂得失之蹟去寬夫題跋之歲爲淳熙九年共五百四十三年而眞書已不復見草書僅存此數則自淳熙至今又五百有餘歲卽此草書未知散亡何處而是帖傳流人間猶足爲治朝龜鑑洵模勒之功難泯也至于筆法遒縱神采煥發觀者當自得之石刻在餘杭縣永安寺地中發出置縣廳之左

唐溫陵侯龍君碑

右碑題云唐溫陵侯龍君碑記太常博士歐陽詢撰并書貞觀十五年九月初四日立碑云國家所賴以康黔首與太平者良二千石也二千石之良在盡物理洞入情持廉秉公宅虛懸照又云將惠安之安用武健而慾

睢之又云俗何爲而醇以務實而醇俗何爲而澆以務虛而澆俗之澆虛也士不砥躬行而飾槃帨吏不脩民事而工媕阿議論切至皆中時弊其稱龍君也爲政廉平風裁頗峻而存大體號爲長者莫之敢私俗信鬼公嚴戢之郡城靈門外空地爲豪右築室占有浮梁渡者苦廹迮壅滯輒壞公盡毀豪室民始無患又云公在貴不知有公公去而後知公也此碑從徐學士立齋補入惜系裝成者中有脫簡故失龍君之諱字族里今天下弊極矣安得龍君者數百人散于州縣俾民稍蘇也故節錄其文以見直道在斯民斷無有良吏去而不思者千載之下尚思慕之况當時受其撫綏者乎書爲率更

少年之作娟秀拔俗固自不羣也

唐太宗幸慈德寺御製詩

右太宗詩額云大唐太宗文武大聖大廣孝皇帝御製詩題云貞觀六年幸慈德寺舊宅四韻又云貞觀十六年重幸慈德寺故宫十韻按慈德寺在慶善宫側太宗登極後夢太后若平日既寤潸然不自樂詔有司創寺焉竇太后傳云后于諸子中篤愛太宗後太宗過慶善宫覽觀欷歔顧侍臣曰朕生于此今母后不逮育我之德不能報衆皆流涕詔有司大發倉賑貧瘠爲太后報焉本紀兩至慶善宫與詩合前詩流連故宫後詩鋪揚大業有漢高還沛之思

唐晉祠碑陰

右晉祠之銘碑陰題名云司徒太子太師上柱國趙國公臣無忌太子太保上柱國宋國公臣瑀特進太子詹事兼左衛率上柱國英國公臣勣光祿大夫刑部尚書上柱國鄖國公臣張亮禮部尚書上柱國江夏郡王臣宗道太常卿駙馬都尉上柱國安德郡公臣楊師道正義大夫守中書令太子左庶子兼攝吏部尚書護軍臣馬周凡七行皆當日侍從祠中書者字體不一必無忌等手書也漢鮑昱怪司隸下著姓魏勸進表自華歆而下幾百人皆不著姓唐李綽云左右僕射師長庶僚宰相表狀之中不著姓意王公與僕射同而此碑之鄖國

著姓又何也晉祠在今太原府西南四十里距太原縣八里葢唐叔虞之祠也顧亭林云其廟負山東面者晉水之神南面者唐叔之神後晉天福六年封唐叔爲興安王臺駘爲昌寧公而宋時又封晉水爲顯靈昭濟聖母飾爲婦人之像今之人但言聖母而不復知唐叔爲古先有土之君矣

唐淤泥寺心經

右心經後題云大唐貞觀二十二年三月吉日立勅淤泥禪寺三藏比邱號錦峯禪師又云宮官張功謹敬德監造無書人姓名按貞觀止二十三年碑誤作三十二以三字改成弍字顧炎武曰予見兖州龍興寺修三門

記太平興國七年刻亦以八字改成七字古人碑碣之
文有草草若此者碑在今京師城內西北隅秀峯寺

唐老子西昇經

右老子西昇經褚遂良書後有裴度柳公權跋米芾云
與閻立本畫圖同在馮當世家是唐初書畫與柳跋皆
眞蹟宋熙陵云河南書作正書西昇經與孟法師碑聖
教序爲最著其家傳有緒熙陵應不妄也裴所題云元
和十四年閏正月三日持平記或云持平其初字也蓋
與中立相似云

唐褚遂良書兒寬贊

右兒寬贊褚遂良書眞蹟藏楊文貞士奇家刻于吳門

者其鋒鍔盡露豈關五字乃宋時廟諱于眞蹟中刮去莫能補也河南時以八分爲正書如三龕記孟法師碑皆極嚴重何異大臣冠劍儼立廟廊有不可犯之色此則神遒筆緩風致奕然海岳云如熟馭陣馬舉動隨人時有一種驕色庶幾得之

唐破邪論序

右破邪論序太子中書舍人吳郡虞世南撰并書永興小楷世不多見此序尤爲永興得意書按序有太史令傅奕學業膚淺識慮非長乃穿鑿短篇憑陵正覺法師愍彼後昆撰破邪論一卷夫胡僧呪人奕破其妖妄識者韙之今反以爲邪世南從而和焉何也論載釋氏藏

經中

唐褚遂良摹蘭亭

右蘭亭序米元章書史云蘇耆家蘭亭三本一本在舜元房題爲褚遂良摹子跋云樂毅正書第一此乃行書第一也此書下眞蹟一等非眞知書者未易道也以其本刻板見而求者即與一本世謂三米蘭亭云

唐薛稷蘭亭敍

右蘭亭敍唐之搨本最多而薛本不甚著晉江曾宣靖公收藏李後主御府墨帖有薛稷搨定武本爲墨池水鑑諸家俗筆鉤勒失其神理此本乃曾氏從眞蹟上石猶可想其行筆遺意蓋稷爲褚河南甥絕類同州聖教

序而精警勝之所謂何無忌酷似其舅者耶述書賦云少保師褚菁華郗倍非虛語也

唐岱嶽觀造像記

右記聖歷元年冬大宏道觀主桓道彥奉勑修齋造像兖州團練使高晃等所記也顧寧人曰此記有云設金籙寶齋河圖大醮柰柰古七字後人不知妄于左旁添鑿三點口非一筆予按張參五經文字七作柒而唐碑書七字作柒者甚多後人省筆作柒矣此記柒字三點不甚偏似非添鑿蓋用武后所改數目一二三四等字也寧人又云睿宗先天二年詔凡數目作一十二十三十四十字是知前此皆用一二等字矣予按碑中景龍

三年造記有大德卌九八七日七夜神龍元年記有卌九人九日九夜轉經行道之語當時二十三十必皆作廿卅故先天之詔及之不止爲一二等字可知也

唐冠軍將軍許洛仁碑

右碑題云唐故左監門將軍冠軍將軍闕下公諱洛仁字濟博陵安喜人歷敘其從征討逆取汾州平栢壁破宋老生軍擊蒲州大陳及平京城擒竇德降王充平薛仁杲皆勳高諸將太宗引于內營授之禁旅貞觀二十年中朝夕趍侍驅馳密勿嘗于武軍城下進騧馬一匹聖旨號曰洛仁騧爲之刻石圖像及甍賵贈加于常典謚曰勇公陪葬昭陵故此碑猶在今醴泉縣文皇陵內則

洛仁者亦折衝陷陣之勞臣而唐史不爲立傳卽高文紀中亦無其名（博按洛仁附見許世緒傳葉偶失考耳）微此碑幾不知有洛仁名字然則一代之興攀鱗附翼依日月之末光當時甚烜赫而其後湮没無聞者可勝計哉明末苟好善脩醴泉志云昭陵諸碑其字尚有存者僅二十一片許洛仁姜遐各存九百餘字顧亭林曰苟氏脩志在崇禎十一年又二十六年而余至陵下時值雪後空山無人未及徧訪僅見李衞公一碑其下截俱剗去土人云他碑俱不存存者剗其字矣陝右馮孝廉文錫知予好之篤求之勤遠寄數碑皆二十一片中物爲亭林身至陵下而不得見者予何其幸乎此碑止存上截除題共十

九行行四十五字字之在下隱隱可識而剜蝕者每行約十一二字不等其存者與苟氏之志相符亭林所謂皆不存存亦剜盡特土人紿之耳予雖老而貧猶願一至陵下摩挲諸碑作一詩弔之又按隋唐之際名字混淆而一字字者絕少予初讀唐宰相世系表房京齡字喬竊疑京齡以字行其名乃喬耳證之舊書果名喬輒自快以為此疑可釋及考京齡碑又與新唐書合洛仁之字濟或者亦以字行行之久且著遂相沿以字為名耳王充去世字固避太宗諱竇德亦去建字何也祖虎虎字缺一筆而杖號參墟號字復不缺當時似無一定之例可知已梁師都從父弟亦名洛仁

唐騎都尉李君墓誌

右誌云君諱文字緯隴西成紀人卒于永徽二年葬于麟德元年無書撰人姓名字彷褚河南而結構微弱漢以後一字字者絕少而李君字緯斯亦奇矣

光緒歲在丁亥仲春之月吳縣朱記榮槐廬家塾重刊

金石録補卷十

金石錄補卷十一 跋尾

崑山葉奕包九來著
吳縣朱記榮校訂

右碑額云郭府君之碑書撰姓名殘闕後云乾封二年口月口口建朱縣尊曰首二行斷裂君之名字世系皆闕知爲郭君者碑額在也碑有揮霜戈而斬老生之語蓋從太宗攻霍邑者按舊唐書宋老生棄馬投塹甲士斬之新唐書則稱爲劉宏基所殺溫大雅創業起居注云老生攀繩上城軍頭盧君諤所部人跳躍及而斬之不知揮刃者之爲郭君而君之名以石裂終不傳爲可惜也

唐吳廣碑

右碑不著書撰人姓名集古錄云廣字黑闥與程知節秦叔寶等從太宗征伐與殺建成有功高宗時爲洪州

都督以卒然唐書不見其名字惟會要陪葬昭陵人有洪州刺史吳黑闥亦不知其名廣也子録許洛仁碑謂古來勞臣志士苟非碑碣幸存則名字事蹟無以見于後世此碑當已滅沒得歐公而不朽豈非幸耶

唐徐王元禮碑

右徐王元禮碑崔行功撰趙仙客書元禮高祖子也以碑證傳悉同集古録云傳既簡畧又都無法如碑云持節徐譙泗三州諸軍事而傳獨爲徐州此其失也碑云贈太尉使持節大都督冀相貝滄德棣魏博等八州諸軍事冀州刺史傳云贈冀州大都督葢爲一州刺史而兼督八州軍事都者兼總之名也如碑之書贈官是矣

此特小故而予區區辨之者前史失之久矣蓋歐公與宋公祁同館託云前史其實指新書之失也又云李靖傳爲慰撫使碑云安撫靖時未嘗有慰撫使之官不可不正其封衛國公也授濮州刺史爲世襲後雖不行皆史宜書予考舊史濮州之授未嘗遺漏則專指新書可知以歐宋道合志同猶不能而加詳訂而存其説于集古録者不一然後嘆文章得失知之者旣少校正者爲更難也

唐鄭惠王石塔記

右石塔題云唐故贈司徒荆州大都督兗安二州都督鄭潞絳三州刺史上柱國鄭惠王石記後云咸亨四年

十月八日檢校功德僧洪滿建按敘王諱下闕二字爲高祖第十三子往任潞州日于此山奉爲先聖敬造石舍利塔并安敕賜舍利三七粒造藏經三千卷云云考本傳王諱元懿子璥嗣而碑列十子名曰璥琛珪琰琨璿琳璲珩弟五子樂陵公闕其名唐書宗室世系表樂陵公名球比傳爲詳若兗安二州大都督則又傳之所遺也碑在潞安府

唐亳州錄事泰霍殘碑

右碑八分書錄事姓名殘闕咸亨四年立顧亭林曰中有夫人恒農楊氏恒農本宏農避太子宏名改之予按魏書有恒農郡又有東西恒農隋復改宏農註因魏西

桓農置故李仲琁孔子廟碑曰恒農太守萬鈕于瑾華嶽頌曰恒農楊子所恒農之名自古有之雖唐神龍初避敬皇帝諱開元十六年已復故名矣此碑立于咸亨又何拘忌耶或作文者偶用古郡非爲國諱也

唐九門縣西浮圖碑

右碑題云大唐九門縣合鄉城人等爲國建浮圖之碑應詔四科舉董行思撰淸河傅得節書上元三年建集古云唐有兩上元碑云歲在丙子乃高宗之上元也浮圖在智矩寺中寺已廢

唐兗州修孔子廟詔表

右兗州孔廟碑詔表文四道皆隸書後云儀鳳一年訖

功其武德九年二月詔則高祖以孔德倫爲褒聖侯也
乾封元年正月詔則高宗封宣尼爲太師增修廟貌免
孔氏賦役也其表則太子宏請勒碑而勑依請也其文
則乾封元年二月高宗遣司稼正卿扶餘隆以少牢告
祭也按孔氏侯封漢曰褒成又曰褒亭魏曰宗聖隋曰
紹聖名氏之見于碑者褒成曰損宗聖曰羨紹聖曰嗣
悊德倫嗣悊子也推古人立碑之意以金石壽當不朽
然山有時而童巚水有時而回川峴山之碑今安在耶
雖宣尼大聖無俟旌揚而堯陵禹廟碑已散亡惟孔林
巋然如故金明昌中大風拔屋碑仆而字無害若有陰
相焉趙氏錄有孔宣尼碑崔行功撰孫師範書予亦有

之

唐長子縣白鶴觀碑

右碑額隸書大唐潞州長子縣白鶴觀之碑碑文正書無書撰人姓名并無建碑年月惟文中有垂拱二年長子縣營創崇基造立尊容等語蓋爲則天武后祝釐設也按趙錄有白鶴觀碑註八分書非此碑明矣然是碑爲友人朱悟庵所惠係裝成者恐割去碑之前後無可考也

唐王君墓誌

右碑額王君墓誌四字正書㬎然文君諱師字可法并州太原人晉王濬之後顯慶四年卒與夫人李氏以垂拱

三年合葬予四人英舉英素三朗四朗皆柱國將軍其文云三韓背誕八部挻災君橫戈載路挺劍先鳴以功授上柱國闕字一慎校尉蓋從征高麗將士也夫以唐文皇之雄武親征不得志高宗命將出師一鼓而滅之當時高麗秘記曰不及九百年當有八十大將滅之高麗自漢至唐有國九百年李勣年八十果符斯讖然則帝王舉動其勝負固有數不可微倖者耶王君之從征在貞觀與永徽未之詳矣

唐主簿梁府君墓誌銘

右碑題云大唐故朝議郎行澤王府主簿上柱國梁府君并夫人唐氏墓誌銘四品孫義陽朱賓撰文五品孫

滎陽鄭莊書誌云君諱寺字師暕雍州藍田人咸亨四
年授文林郎日者東風爽候西旅不庭二軍之坐甲之
資七萃興懸磬之嘆君指囷推誠躬親餽餉云云按史
是年大風落太廟鴟尾而西南姚州蠻寇邊以梁積壽
爲行軍總管以代之豈梁君于是時服勞王事乎以垂
拱四年十月終年四十有一唐氏名惠兒先一月卒即
合葬于終南山信行禪師林側梁君壯年徂謝當未有
子朱賓鄭莊異姓稱孫必其母爲梁君之女而襄此慎
終大事也唐制辨貴賤敘勞能則有品有爵有勳有階
官定九品品分正從自正四品以下有上下爲三十等
如同中書門下三品外更無以品字入銜者此之稱品

四品五品而不言其所守何職殊不可解選舉志國子學生以京官四品帶三品勳封之子爲之大學生以五品以上子孫爲之或賓與莊皆四品五品官之孫而未入國子監者耶

周姜遐碑

右姜遐碑姪郕國公晞撰書碑已斷裂失其上半截矣而祖父子姓之名尙備碑云公諱遐字柔遠祖謩父行本子晈晦春秋五十有二卽以天授二年十月十日葬于昭陵神蹟鄉之舊塋按史行本名確以字顯而碑正書其字遐附行本傳云子柔遠武后時至左鷹揚衛將軍攝地官尙書通事舍人內供奉而已未嘗云柔遠名

退也且暮傳止云子確而碑云故伯父太子僕嘗指公謂人云云似暮尚有子而史遺之東宮僕寺有僕一人從四品節所謂太子僕也晞爲簡之子嗣行本爵史亦不載碑雖殘泐猶足以證史之闕如此

周梁府君墓誌

右誌題云大周故珍州榮德縣丞梁府君墓誌銘無撰文書人姓氏亦無建碑年月按碑云君諱師亮字承嶽安定烏氏人萬歲通天元年九月卒二年三月葬序文駢麗初唐佳作也顧炎武日以本朝年號爲字猶漢袁紹之字本初古人之無避忌如此碑在百塔寺

周王方慶萬歲通天帖

右王方慶進晉王右軍已下十帖承傳之詳具岳倦翁跋中文待詔衡山以爲法書第一米之評書家無論及者自建隆以來世藏天府至建中靖國始流傳人間也原本在元岳仲遠處後歸無錫華氏米元章所謂唐之雙鉤下眞蹟一等者

周牧使麻先生祭嶽詩

右詩五言十四韻守博城縣令馬闕作麻先生者久視二年記中所稱神都靑元觀主麻慈力也武后遣之至觀修醮神都郎東都故有伊水萬巖之句詩在岱觀碑朝東側面其文剝蝕不全矣

周高延貴造佛像跡

右碑無書撰人姓名書極醜惡文用排偶疏云濬海高延貴知滅滅之常樂識空空之妙理眷玆朽宅思樹法橋敬造石龕阿彌陀像一鋪具相端嚴云云長安三年七月十五日敬造自梁隋以來佞佛造像倡于宮闈而臣下效之旣知滅滅之樂空空之妙乃執像以爲佛在是何耶多見其不知佛也

周姚元景光宅寺造佛像銘

右碑無書撰人姓名銘詞甚古雅書亦勁秀序駢儷中多警拔語乃朝散大夫行司農寺丞姚元景于光宅寺法堂石柱造像一鋪後云長安四年九月十八日書未知即姚丞手筆否

周百門陂碑

右百門陂碑題云衛州共城縣百門陂碑銘前咸均進士隴西辛怡諫文張元琮記又一行泐二字元長安四年九匝九文泐二字銘後云孫去煩書此碑款式與他碑異古來兩人共爲一碑文者如敘頌之類必分屬之既云張元琮記不明書其所記者何事長安爲武后年號用其所改年月等字而九字下必日廷二字似不應列在銘序之前但碑文洋洋千五百言才子之文也水經注云汲郡共山下泉流百道故謂百門有古碑滅沒信哉

周上騎都尉相里瑞碑

右碑額云上騎都尉相里府君之碑碑文漫滅特甚可

識者諱端字鳳威夫人任氏而已卒葬年月書撰姓名俱無考而中有而埊字知爲武后時人也碑在今汾陽縣小相里之北太師墓太師者卽錄中五代建雄節度使相里金也

周馬元貞淮瀆投龍記

右記云天闕二年辛卯四月一日口臺觀主馬元貞奉勑大周革命爲聖神皇帝五嶽四瀆投龍作功德于此淮瀆云云聖神者武氏也庚寅九月改元天授始定國號爲周此碑天字下所闕乃授字也元貞于是年二月謁曲阜夫子廟有題意卽奉敕而來爲一時題識亦羽流之好事者書却不俗存之

光緒歲在丁亥仲春之月吳縣朱記榮槐廬家塾重刊

金石錄補卷十一

金石錄補卷十二　跋尾

崑山葉奕包九來著　　吳縣朱記榮校訂

唐沂州太清觀造像碑

唐大通禪師碑

唐比邱圓滿碑

唐口部將軍功德記

唐尊勝陁羅尼幢

唐比邱尼法琬碑

唐蕭府君墓誌

唐遣道士楊太希燒香疏勅

唐睿宗賜司馬承禎詩

唐沂州太清觀造像碑

右碑在蒙陰縣南樓社太清觀中唐神龍元年九月清信仕顏文達等造老子三尊像而立然碑題則云沂州判新泰縣按蒙陰卽曾之顓臾漢爲縣唐省入新泰故地理志無之後析新泰復爲蒙陰或南樓社故唐新泰地也予從錫鬯朱氏知此碑屬蕃久弟搨之來向者錫鬯但云聞蒙陰有唐碑實未之見故其雜記亦未明注爲何碑非予好之之篤蕃久不以予之所好爲迂而必致之其不湮沒者鮮矣錫鬯供奉內廷當日見所未見顧不得與予摩挲是碑以慰其向時欲見之心或反羡予未可知也癸亥臘月朔日

唐大通禪師碑

右碑額云大通禪師之碑行書碑文張說撰盧藏用八分書凡三十行行五十二字銘後紀元及題名皆殘泐矣中有神龍二年二月廿八日趺坐化滅之語故編于此禪師諱神秀按禪家所謂五祖宏忍傳于能爲六祖又傳于秀爲北宗即大通也

唐比邱圓滿碑

銘石殘缺不能一半在華嚴寺敗垣中失書撰姓名內有神龍二年及鎮國太平公主等語當是中宗時碑也

唐□部將軍功德記

右碑題云大唐□部將軍功德記郭□□文及書後云

大唐景龍元年十月十八日建序云大唐　兵中軍副使右金吾衛將軍上柱國遵化郡開國公　部珣于神龍二年三月與內子樂浪郡夫人黑齒氏敬造三世佛像又云夫人郡大將軍燕公之中女按諸夷蕃將黑齒常之于垂拱中爲武衛大將軍封燕國公百濟西部人

唐尊勝陁羅尼幢

右幢在常熟縣之興福寺景龍八年二月廿日女弟子徐十四娘爲亡夫許二郎造陸展行書予于順治丁亥過幢下逾三十年而景龍等字已殘泐矣金石必弊信然

唐比邱尼法琬碑

右碑題云大唐故比邱尼法琬法師碑文靈安寺沙門承遠撰後云左衛翊壹府翊衛彭城劉欽旦書景龍二年五月十日比邱尼仙晤迦界等建按碑法師諱法琬神龍皇帝之三從姑鄭王亮之曾孫史稱鄭王元懿爲小鄭王又曰惠鄭王以別于亮亮之子孫皆有謚而無傳法琬奉敕爲尼創建祠宇又剃度女僧三七爲弟子歿則銘碑垂後唐之佞佛此爲尤異録之以示一嘅碑有天分斤極斤應是斗字漢隸升升二字易訛故正書改升爲斗至唐承襲已久不應如此之謬也

唐蕭府君墓誌

右誌題云唐故朝議郎行雍州長安縣丞蕭府君墓誌

銘中大夫行薛王友顏惟貞撰而無書人姓名又云君諱思亮字孔明祖父皆仕于隋唐爲顯官以景雲二年二月葬按顏氏家廟碑魯公之父名惟貞字叔堅受筆法于舅殷仲容氏以草隸擅名此碑字畫工緻當爲惟貞書也惟貞書武承規墓誌與此碑相似碑近出西安府城南神和原土中

唐遣道士楊太希燒香疏

右疏在泰山岱嶽觀碑南面第三層其文有景雲二年六月二十三日皇帝敬憑太清觀道士楊太希于名山燒香且曰惟靈蘊秘凝眞含幽綜妙云云蓋祈禳疏詞也按帝紀是年三月作金仙玉眞觀四月作元元皇帝

廟睿宗之好神仙不啻飲食蓋慼于婦寺而然刊碑勒碣至今未毀後之覽者足以爲戒

唐睿宗賜司馬承禎詩

右睿宗賜子微書及送還天台山詩一首都少卿云予游王屋山陽臺宮爲司馬承禎修煉之所宮中有睿宗與子微書及詩碑刻搨之而歸遂傳于世按睿宗嘗召子微問其學術賜寶琴霞帔還山不云有書與詩此傳之疎脫也

唐契苾明碑

右契苾明碑題云大周故嶺南大將軍兼賀蘭州都督上柱國凉國公契苾府君之碑銘肅政御史大夫上柱

國婁師德製文左肅政御史殷元祚書先天元年十二
月立按史明祖葛爲莫賀咄特勒碑作特勤爻何力碑
作河力十二遷爲本衛大夫碑作奉衛大夫史云子聳
碑作從皆當以碑爲正但碑云公三子長曰從次曰嵩
次曰崇史云從襲爵碑稱凉國公從固矣碑末又云凉
國公嵩立爻碑何也且從古碑文無爻碑二字考開元
改元在先天二年之十一月立碑在前猶稱二年題云
大周者明盞葬于萬歲通天之元年必葬時製文及書
故云大周革命并用武后所製之字也顧炎武曰北史
突厥傳大官有葉護次特勒唐書突厥傳可汗者猶古
之單于其子弟謂之特勒廻紇傳依託高車臣屬突厥

近謂之特勒無君長契苾何力傳父葛隋大業中繼爲莫賀咄特勒隋書高祖紀突厥雍虞閭可汗遣其特勒來朝李崇傳突厥遣使謂崇曰若來降者封爲特勒史傳中稱特勒者甚多而此碑乃作特勤又柳公權神策軍碑亦云大特勤嗢沒斯皆書者之誤

唐安祿山造彌勒像疏

右疏以大唐先天二年七月十五日安祿山造彌勒像而記之也後有清遠居士題詩云妖胡作逆罪滔天翠輦倉皇幸蜀川千載業緣磨不盡却來邀福向金仙居士不知何許人顔魯公于虎邱題詠同游者亦曰清遠未知即其人否新書祿山傳少孤隨母嫁安延偃開元

初延偃攜以歸國與將軍安道買子偕來乃冒安姓更名祿山觀此疏則祿山來歸蓋在開元之前舊書云與安道買男俱逃出突厥中道買次男貞節爲嵐州別駕收獲之年十餘歲以與其兄及延偃相攜而出按造像祈福必非十餘歲時所能爲故新書特去此語而此疏有云弟子安祿山則已在改名之後逆臣覆國千古詬厲其初邀福金仙豈殊於庸衆清遠居士追論于後不覺其言之沉痛也恐祿山造像之時亦未必遽計及此搨本雖數言其年月足以証史之誤毛斧季出以見贈漫書復之

唐軒轅彌明詩

右石刻衡山道士軒轅彌明謁桂林堯君廟詩開元二年十月彌明自書或言石鼎聯句韓昌黎以彌明自寓其姓名今觀此詩是實有其人矣但距聯句時葢百年昌黎且未生昌黎云彌明年九十餘張南軒攷其歲以爲失實又謂此詩比聯句格力未老以爲少作豈亦以年歲推之乎或好事者托彌明以神異其人未可知也

唐少林寺戒壇銘

右碑題云唐少林寺戒壇銘有序三藏法師義淨製括州刺史李邕書開元三年正月十五日建沙門知通立石伏靈芝刻字按趙錄此碑有目無跋注云張傑八分書而予所藏搨本則北海行書豈是銘有二碑耶抑趙

錄刊本之誤耶

唐醴泉寺寶誌公碑

右碑額云大唐齊州章邱縣常白山醴泉寺寶誌公之碑八分書開元三年十二月建而文撰于睿宗時序有今唐太極元年歲次壬子皇帝御天下之三載凡一百九十九年葢潮誌公寂滅日屈指示衆云某月日去乃梁天監十三年甲午至壬子爲一百九十九年也文人喜作隱語乃爾

唐法藏禪師碑

右碑題云大唐淨域寺故大德法藏禪師塔銘八分書京兆府前鄉貢進士田休光撰文正書無姓名或即休

光書也開元四年五月廿七日建按序俗氏諸葛蘇州吳縣人爲瑾之後曾祖譬吳郡太守蘇州刺史大父顗隨閬州刺史父禮皇唐少府監丞以名賢後裔不應舍族披緇但云年甫二六春赦爲濮王度則當時爲后主太子諸王剃染者皆搢紳子弟可知也濮王即太宗子魏王泰泰以貞觀二十一年改封碑云師于開元二年捨生報齡七十有八則剃度在永徽三年正泰開府置僚屬時也泰于貞觀中恃寵搆嫡幾奪位皆太宗有以啟之度僧乃其餘事耳

唐贈潤州刺史馬公墓誌銘

右碑篆額云大唐贈潤州刺史馬公墓誌銘題云故銀

青光祿大夫秘書監昭文館學士侍讀上柱國常山縣開國公贈潤州刺史馬公墓誌銘後云維大唐開元六年歲次戊午十月辛酉朔十三日癸酉葬于洛陽縣古城北五里雙樂村之原按碑與兩唐書異者舊書不及公字新書云字惟白碑云諱懷素字貞規又云年甫弱冠以文學優贍對策乙科爲郡尉丁太夫人憂服闋授鱗臺正字少監京兆韋方直好學愛士善飛白書以公旣及冠禮未嘗立字遂大書飛白云懷素字貞規扶風之學士也封以相貽其爲時賢所推重如此則公決不改字未知宋公何據遽曰惟白至于官秩前後爲史遺者甚多碑云以忠鯁除右鷹揚衛兵曹參軍轉咸陽尉

則天時授左拾遺歷殿中轉授考功員外郎在中書與
李乂同掌黄畫檢校吏部侍郎改授大理卿關畿佇材
除虢州刺史入爲太子詹事判刑部侍郎加銀青光祿
大夫兼判禮部尋正除刑部拜光祿卿遷左散騎常侍
秘書監夫官非要職史傳不載若殿中侍御及吏刑二
部侍郎大理光祿爲政刑所繫茍非其人決不遷改懷
素長于吏職不止校勘四部而新書詳列分校秘書各
官反畧本傳事跡何也焉公爲儒學重臣元宗眷注以
開元六年七月卒十月葬卽以葬日立碑易名之典或
尙未論定故謚公爲文碑不及載耶如此巨碑八分書
不在韓蔡之下而缺書撰姓名盍家羽遐所藏搨本係

俗工褒背語句多訛重加是正前幅必爲翦裁所失惜哉

唐華嶽精亭碑

右碑題云華嶽精亭昭應之碑宣義郎行華州華陰縣主簿平陽咸廙撰殿中侍御史彭城劉升書升素以書名如造觀音像徐州刺史蘇詵碑行于世此碑隸法古勁無唐人習氣可愛也碑以開元八年春曾相尙書許國公蘇頲禱雨于西嶽已事而雨故作頌焉其文刻于後周天和二年頌碑之陰碑之右傍有顏魯公大字題名又太和六年四月姪男宣義郎行華州參軍琡重修在碑之下方題名同時則朝議郎行華陰令裴賁丞柳

升主簿霍晃也另題則銀青光祿大夫檢校華州刺史上柱國李休光也明李地震後古碑大爲俗人所損此碑與韓擇木二通僅存而余所藏又五十年前拓本字字精好更可觀耳

唐岱嶽觀投龍合練記

右記無書撰人姓名中有吾皇有意于神仙內給事梁思陁與道士任無名于泰山投龍合練醮碧巖豐丹竈列星柱亘虹梁棟宇已來莫籌其速開元八年七月廿日畢工蓋煉丹製藥媚上之所爲在宦官羽士亦何足責都督袁君仰祇帝命鄙矣而不著其名予錄開元七年李邕孔子廟碑有兖州牧袁君功曹蓋寡疑與此記

同則袁君名元珪也袁君不能以道事君同于婦寺勒名金石恬不知耻何耶

唐大將軍吳文碑

右碑開元中爲大將軍吳文立宏福寺僧大雅集晉右軍王羲之行書今已斷裂失上截矣後存羽林郎直將作監徐思忠等刻字菩提像一鋪居士張愛造云云字之波磔不及聖教序而結體遒緊勝俗書遠甚傍有碑在京興福寺之語故俗稱興福寺碑又名半截碑趙崡云萬歷末浚西安城濠得之王生堯蕙輩舁寘頖宮傳搨者衆日就磨泐矣顧炎武曰其文有夫人李氏圓姿替月潤臉呈花唐人寫狀婦人猶有碩人詩意今人以

爲嫌豈肯作此語耶

唐陳昭題名

右開元九年進士陳昭等慈恩寺題名昭所書也封氏記神龍已來杏園宴後慈恩塔下題名同年中推善書者紀之柳氏序訓謂韋肇初及第偶于慈恩寺塔下題名後進效之段氏雜俎云慈恩寺題名自張莒于寺中題其同年姓名因爲故事按莒登科在天寶十三載今觀此碑則題名非莒始也此碑在河南石氏載題名制度大備明制禮部刻進士姓名于國子監中今以進士姓名天下所共知停其刻石矣

金石錄補卷十二

金石錄補卷十三　跋尾

崑山葉奕包九來著　吴縣朱記榮校訂　槐廬叢書

唐大盧舍那像龕記

唐長山縣石九級埨頌

唐池州刺史馮公碑

唐淨業禪師埨銘

唐楊將軍新莊像銘

唐高守信造像碑

唐伯夷叔齊碑

唐鄎國長公主碑

唐思恒律師碑

唐東封朝覲頌
唐李邕端州石室記
唐道安禪師碑
唐少林寺碑
唐李府君墓誌
唐砂餔法師墖銘
唐三尊真容像記
唐平蠻碑
唐馮公墓誌銘
唐鄭虔題名
唐北嶽神廟碑

唐北嶽神廟碑陰

唐大盧舍那像龕記

右記進士都仲容撰無書人姓名字從左行咸亨三年高宗造像武后助脂粉錢二萬貫上元二年春置奉先寺中記後有河南縣牒開元十年奉勅龍花寺宜合作奉先寺且有河洛上都龍門山之陽等語按杜工部詩黄鶴注馮翊縣龍門縣俱有龍門山而河南縣有龍門鎮薛仁貴傳云絳州龍門人絳州亦有龍門以魯訔注龍門在東都闕塞山俗名龍門爲疑閲此碑始知奉先寺正在河南縣工部詩題不謬也

唐長山縣石九級墖頌

石頌序前有佛頂呪語次題云長山縣張超村石九級墖頌至大唐開元十年歲次下闕而止共二十九行行書每行存二十餘字上下前後皆缺似勒在墖間非別有碑碣墖主比邱尼王姓失其名祖父皆官族也

唐池州刺史馮公碑

右馮公碑崔尙撰郭謙光書開元十一年十一月十日建碑云名仁泐字太元又云意得元珠謀參黃石同心戴舜以爲天子藎指其子道力與劉承祖占元宗當受命潛布欵誠也開元初封道力爲冀國公贈其父朝散大夫池州刺史開元十一年卒卽以是年葬按開元十年劉承祖坐姜皎事配雷州詔百官不得與卜祝之人

來往而馮氏倘爾建碑直書前事何也此碑分隸圓潤有骨在戴伋胡証之上

唐淨業法師塔銘

右碑題云大唐龍興大德香積寺主淨業法師靈塔銘正字畢彥雄文開元十二年六月十五日建法師闡揚大雄氏之教序之甚詳書亦遒整有歐褚法惜鈌書人姓名碑云師以延和元年六月見微疾而告滅按睿宗景雲三年正月改元太極五月改元延和八月元宗即位改元先天一年之中三次改元故司馬公通鑑冠以先天而太極延和則附見于其後乃紀事法也若此碑直序法師寂滅之時適當延和初改則以爲延和元年

而已碑在香積寺中

唐楊將軍新莊像銘

右碑有銘無序題云楊將軍新莊像銘不具名與字開元十二年十月八日造銘詞温雅有初唐風致

唐高守信造像碑

右碑八分書廿行前云朝議郎行内謁者監上柱國借緋高守信第二行起則贊頌造佛像之詞共百二十字開元十二年十二月一日則正書也無書撰姓名而八分大類韓擇木

唐伯夷叔齊碑

右碑題云古義士伯夷叔齊二公碑安定梁昇卿纂文

及書開元十有三年惟一月既望左衛倘趙禮范謙刊
序云二公諱伯夷叔齊遼東孤竹君之子也按史記索
隱引韓詩外傳呂氏春秋伯夷名允字公信叔齊名致
字公達夷齊謚也伯叔爲少長之字此碑以夷齊爲諱
當必有據又按孤竹城在遼西令支縣應劭云伯夷之
國其君姓墨胎氏也遼東西以遼水爲界孤竹在西不
得云遼東唐去古未遠邦伯縣令猶能以政事之暇搜
訪古蹟表揚義烈如狄梁公治吳毀廢淫祠特留泰伯
季札諸廟可以觀其意矣修此廟者縣令太原王公而
佚其名惜哉朱彝尊曰碑在今平陽府浮山縣顧炎武
曰在蒲州首陽山二賢廟中其文書于碑之兩面云

唐鄎國長公主碑

右碑題云大唐鄎國長公主神道碑銘明皇隸書撰文姓名殘泐而存中書令修國史等字宰相表開元十三年張說以右丞相兼中書令則撰文者必說也碑云公主睿宗之第七女而新唐書傳云第八女與碑異又云母崔貴妃薨公主方三歲不食三日哀如成人下嫁薛儆又嫁鄭孝義皆與碑同碑云求之令族嬪于薛氏有男子四女子五又云改嫁鄭氏均養七子休蔭二宗云云夫公主改適名節所繫而當時大臣勒諸碑板恬不知恥至于乃爾可深嘆也

唐思恒律師碑

右碑額篆書鄱縣尉常闕一字文無書者姓名及建碑年月以裒成之本必多脫遺也碑云俗姓顧吳郡人祖元隋門下上儀同三司徐蕪郡開國公自漢以後開封郡邑皆實有其地惟崇德襃聖則製二字以別之隋郡國志無徐蕪郡而此碑點畫未刓二字無可疑者則何也碑有葬于開元十四年十二月之語故列于此

唐東封朝覲頌

右在元宗紀泰山銘右石崖上蘇頲所撰之文也明季山東巡撫閩人林焞以忠孝廉節四大字鑱于其上毀頌文十之三四觀者無不笑而罵之予同徐季重冢數文坐崖石下俯仰太息謂古人刊碑勒碣蓋欲垂之不

朽而自秦以來邕分斯篆鐫磨倒壓廢爲他用者何可勝數惟此崖壁庶幾永存豈意千有餘年如焞者乎或曰焞欲題名他題何石不可乃加于燕許手筆之上橫招訕於予曰不然使焞題名他石孰有過而視者今若此將與大許公並遠矣所謂不能流芳百世亦當遺臭萬年傳曰其愚不可及信然

唐李邕端州石室記

右記在今肇慶府城北七星巖下唐李邕撰張廷珪八分書開元十五年正月十五日建後有宋乾道己丑秋九月等字先文莊撫廣時搨歸原本也

唐道安禪師碑

右碑在嵩山廣平宋儋撰兼書開元十五年建道安爲宏忍大師之弟子忍受法于達摩所謂一花五葉之一也安以隋開皇四年生唐景龍二年卒百三十有四歲碑云是生如電隨風電盡風如我隨電亦空直瞿曇氏牙後慧耳書法遒緊豊贍爲唐名家按儋字藏諸廣平人高尚不仕呂摠云儋書如暮春花發夏柳枝低葢倣鍾繇而側戾放縱者開元末舉場中多師之

唐少林寺碑

右碑題云皇唐嵩岳少林寺碑銀青光祿大夫守吏部尚書上柱國正平縣開國子裴漼文并書開元十六年建文極排偶之致洋洋纚纚二千餘言書亦整練不俗

亦唐碣之可觀者

唐忠武將軍李府君墓誌銘

右碑題云唐故忠武將軍行薛王府典軍上柱國平棘縣開國男李府君碑工部員外郎賈彥璘撰君諱無慮字思睿隴西人曾祖貴隋大中大夫咸州刺史京國公皇降封隴西公祖斌父曰道皆以州刺史襲封隴西公則宗室也按宗室四十一房隴西渤海二房附見其譜定著二十九房所謂二房仍未見于世系表中惟渤海房始祖名恬而隴西房不著始祖名氏豈卽河東將軍仲翔葬隴西狄道因家而爲隴西之始祖如李府君者乃共系耶碑又云賢王端憂故人啜泣盡宗支之未遠

者府君卒葬在開元中

唐敬節法師塔銘

右碑無書撰人姓名開元十七年七月建法師盧氏葺古刹造長廊于象教中能作有爲功德者窆于神和原亦陝碑之僅存而僻者也

唐三尊眞容像記

右碑題云三尊眞容像支提龕記又述義紭乾壽二師記陳留蔡景撰開元十九年九月建義紭至乾陀羅國迎得三藏鄔帝弟婆將眞容畫像廿鋪舍利千餘粒三藏梵本二部往來四載途經一萬八千云唐時取經西域迎置大寺翻譯意郎元奘諸僧所撰不必盡出于西

域也

唐平蠻碑

右唐平南蠻碑開元十九年劍南節度副大使張敬忠立書撰人姓名殘泐碑云南蠻大酋長樂浪州刺史楊盛典顛爲邊患明皇遣内常侍高守信爲南道招慰處置使以討之拔其九城按此事新舊唐書及野史皆不載夫肅宗以魚朝恩爲觀軍容處使憲宗用突厥承璀爲招討使議者譏其以中人主兵柄不知明皇先用守信蓋有以啟之也

唐馮處士墓誌銘

右碑題云唐故處士馮公墓誌銘并序無書撰人姓名

序云公諱懿字承美高祖子琮齊吏部尚書侍中尚書右僕射昌黎公曾祖慈明齊内史以忠烈贈戶部尚書謚忠武祖怦父騫皆唐刺史以景龍三年卒開元二十年六月葬按傳子琮妻胡后妹也以戚屬輔道太子後出拜鄭州刺史復還鄴授吏部尚書而無侍中俄遷左僕射而非右未嘗封昌黎公似當以碑爲正子慈正而非慈明豈子琮有別子耶碑云慈明忠烈贈謚交至而不爲之立傳史之闕失多矣

唐鄭虔題名

右題名云開元二十三年四月二十三日滎澤鄭虔彪鄉道人智覺同登華山回步而謝于神云云其詞四六

排偶共百五十餘字史子華刻分書仿史惟則骨氣卑下非唐隸之佳者

唐北嶽神廟碑

右碑題云大唐北嶽神廟之碑陳州長史鄭子春纂傳陵崔鐶書凡神字作⿱神旦下從旦郊特牲曰所以交于旦明之義也鄭康成曰旦當爲神篆字之誤也莊子有旦宅而無情死亦讀爲神顧炎武曰昔之傳書者遺其上半因訛爲旦耳又曰畢卯乃是昴字省曰作畢卯已異又加一點則爲胎卵之卵豈古人卯卵通用耶金史斜卯字本並作卯而潞州五龍祠明昌癸丑祈晴碑有上黨尉斜夘温王竟作夕傍從卩與此碑同

唐北嶽神廟碑陰

右碑陰紀段公德政崔鏆八分書段公者前碑字而不名此云諱愔字從簡也顧炎武金石文字記無年月可考者以此碑爲首子按碑陰後云我唐二年歲次乙亥閏十一月壬午朔廿二日癸卯建高宗上元二年乙亥無閏月志云開元二十三年閏十一月朔壬午食斗南十一度合朔與此碑同是年明皇欲相張守珪而張九齡曰宰相非賞功之官前碑極言守珪平定之功立碑應在此時決非上元可知所謂二年者爲唐歷第二次之乙亥也文人好作隱語故上無紀元或前碑已有開元年月而殘泐也顧氏考据最詳何未及此

光緒歲在丁亥仲春之月吳縣朱記榮槐廬家塾重刊

金石錄補卷十三

金石錄補卷十四 跋尾

崑山葉奕包九來著
吳縣朱記榮校訂

唐裴耀卿李林甫等奏

唐進法師塔銘

唐檀法師塔銘

唐無畏禪師塔記

唐本願寺造準提像記

唐本願寺銅鐘銘碑陰

唐大房山碑

唐石臺道德經

唐周府君墓誌銘

唐山頂石浮屠後記

唐曹娥碑

唐開元寺陁羅尼經

唐張旭肚痛帖

唐張旭千字文殘碑

唐張旭書庾子山詩

唐褒封四子勑

唐元元靈應頌

唐薛君壇銘

唐隆闡法師碑

唐裴耀卿李林甫等奏

右奏後云開元廿三年二月十二日禮部尚書同中書門下三品上柱國臣李林甫中書令集賢院學士修國史上柱國曲江縣開國男臣張九齡侍中宏文館學士臣裴耀卿爲征契丹凱旋請宣付史館勒頌紀功未有臣耀卿等不勝區區之語按李傳帝欲廢太子九齡切諫林甫曰天子家事外人何與二十四年帝在東都欲還長安耀卿建言農人場圃未畢須冬盡可還林甫曰二都本東西宮車駕往幸何所待時則張裴與林甫如冰炭之不入獻媚頌功林甫所爲豈張裴與之並奏耶裴傳二十三年閒已拜黃門侍郎同中書門下平章事並無侍中宏文館之銜且古來署名以前貫後安有棣

甫居首而奏章末語反以耀卿爲辭竊疑此屬贋本但行楷精妙得大令神理自宋以後名流賞鑒授受有緒勒之貞珉已非一日存之以俟深考者

唐進法師塔銘

右進法師碑題云大唐大温國寺故大德進法師塔銘并序太子司議郎陳光撰開漢寺沙門智詳敬寫開元廿五年七月八日建按法師姓高氏餘皆磨滅僅存形似銘七言四語殊矯拔唐時名寺住持僧無不立碑文與書不必皆出名手故可愛者絶少也

唐檀法師塔銘

右檀法師碑題云大唐京崇聖寺故翻譯大德檀法師

墖銘并序殿中侍御史姜立祐撰開元廿五年八月八日建後刊弟子十數人作八分書按法師字檀子姓朱氏聖歷元年召入洛陽宮補崇福寺大德改名塵外翻大寶積經一百廿卷著大無量壽經金剛般若經等疏維摩涅槃元章各一部撰經論總章三十餘道金剛經章門兩卷行於世行書筆圓而骨勁當亦其時之知名者

唐無畏禪師墖記

右墖記在咸陽原不空禪師墓前作于開元二十五年書法似顏平原敘述無畏過龍河一駝負經入龍宮講法留三宿又師子國象奔逸見無畏跪伏多與嚴郢所

撰碑合叉辨西域僧奏咒傳奕事曰此好事者爲之詞若果爾則邪說不足以疵吾教也佛制戒律不踐生艸况咒斷人命乎其文可觀錄之

唐本願寺造準提像記

右記鹿泉縣丞北平田垂棘造準提像一軀于銅鐘銘之碑額又造二侍菩薩于像側而爲之記八分書係開元廿六年建碑時造

唐本願寺銅鐘銘碑陰

右碑陰乃鹿泉縣本願寺都維那慧仙于開元十七年同邑里清信士曾義纂等造鐘十九年二月八口鑄成十月鐘樓亦就至廿六年建碑八分書凡諸信施皆正

書而曾義纂以俗士稱五戒何也鹿泉即今之獲鹿縣

唐大房山碑

右大房山碑原無題額張湛詞序云開元廿七年己卯三月府城西南有大房山孔水自廿三年內供奉呂愼盈奉敕投龍璧廿四年又投璧至是而三矣按道家有金龍玉簡學士院撰文具一歲齋醮投于名山洞府則龍璧爲二物金石錄所載雲門山投龍詩北海太守丁天寶元戰歲下元日投金龍環璧于此山是也元宗崇信道家之說祭祀無秩碑云法師平步風濮大高味盧童子延忠等三日三夜登壇投告僕恐陵谷推移封山刊焉不僅糜資祈福爲無謂使封山出于臣下尤可

嗌也山在順天府良鄉縣唐志云大防山似當以碑爲正

唐龍興觀石臺道德經

右道德經唐元宗注開元二十三年用道門威儀司馬秀令天下應修官齋等州皆于大觀中立石臺刊勒邢州龍興觀開元廿七年三月刺史李質立石摹勒如制宋端拱初觀已廢沒知軍州何纘始修復之明嘉靖中觀復廢僅存半畝之宮有尼居之太守徐衍祚改爲社學而石臺隱于屋內人少知之者吾邑歸震川先生爲邢州別駕見此經出之跋云千年之物莫知愛惜計亦不能久矣

唐周府君墓誌銘

右碑云君諱貞字處廉汝南郡人也祖度父玩君廣談八解之門高斷四禪之域以開元廿八年正月廿日卒二月九日窆于郊西北九里武邱東山則處廉當爲吳郡人而云汝南者從周氏郡名之望也避諱故以虎爲武祝京兆允明雜記云都元敬得此石于虎邱殿中之佛後石可二尺許四周斵平如面題云唐故周府君墓誌銘始知其姓石在南濠都氏

唐山頂石浮屠記

右記王守泰撰并行書開元二十八年四月建記云金仙公主奏譯經四千餘卷并范陽縣東南五十里上垡

村趙襄子淀中麥田莊并果園一所及環山林麓碑在
房山縣

唐曹娥碑

右曹娥碑題後漢孝女曹娥之碑漢邯鄲淳誤唐刺史
李邕書開元壬子季冬鐫勒附蔡邕題碑云黄絹幼婦
外孫齏臼三百年後碑當墮不墮遇王叵另作隸書形
方而樸如魏初諸碑體又一碑字絶大而結搆麤疎與
此碑絶不類然崛强之致仍似北海本色或北海愛尙
之文屢爲書之也故兩存之

唐開元寺尊勝陀羅尼經碑

右尊勝陀羅尼經碑在邢州開元寺西廡下吾邑歸震

川先生云其西面剝落書人姓名與立石之秊月皆不可攷予按其序唐高宗永淳二年始自葱嶺而來此經能滅衆惡業廣利羣生云云蓋寺建于開元當是開元時人書也

唐張旭肚痛帖

右張旭肚痛帖共二十九字極縱處却極緊嚴知草書之狂怪者非至也駱天驤長安志云碑在張金紫宅

唐張旭千字文殘碑

右張旭草書千字文復古碑錄云自學優登仕至卒章凡六百九十五字存者六百七十三復者五亡者二十二又從大觀别本得薄溫凊而下四十六字乃併刻之

今已殘缺過半縱横奇詭不可名狀東觀餘論評之詳矣

唐張旭書庾子山詩

右詩石刻在西安府學相傳爲謝靈運書心竊疑之以靈運不應見庾詩也嘉興曹侍郎溶云見真蹟于項氏是張旭書宜其奔放如駿馬下坂虬龍入雲固是書家神品

唐褒封四子勑

右碑褒封四子者莊子文子列子庚桑子也天寶元秊二月日建按舊唐書禮儀志天寶元秊正月癸丑陳王府參軍田同秀稱于京永昌街空中見元元皇帝以天

下太平聖壽無疆之言傳于元宗仍云桃林縣故關令尹喜宅旁有靈寶符發使求之十七日獻于含元殿二月丁亥御含元殿加尊號爲開元天寶聖文神武皇帝辛卯親祔元元廟丙申詔史記古今人表元元皇帝升入上聖莊子號南華眞人文子號通元眞人列子號冲虛眞人庚桑子號洞虛眞人改莊子爲南華眞經文子爲通元眞經列子爲冲虛眞經庚桑子爲洞虛眞經今人稱莊子書爲南華經本此新唐書禮樂志止載文宣王武成王釋奠之儀而不及元元升祔之詔見于元宗紀天寶二秊正月作昇仙宮加元元皇帝曰大聖祖與舊書異不及封四子通鑑元秊二月辛卯上享元元皇

帝于新廟與舊書同或以褒封四子非祀典之正故削而不錄微此碑幾以舊書爲可疑矣李肇國史補曰天寶中天下屢言聖祖見因以四子列學宫遂有僞爲庚桑子者其辭俚俗非古人書

唐元元靈應頌

右靈應頌碑倉部郎中戴璇撰序戸部郎中劉同昇撰頌開府儀同三司右僕射曾孫戴伋書天寶元秊七月十五日建河南史榮刻分書絶類史惟則而去漢遠甚漢人無意而皆意不法而皆法也按宗聖龍郎尹喜宅元宗夢老子眞容得于此玉眞公主居之碑序頌皆鋪揚其事以欺後人也元宗侈談隱怪志業荒淫卒召安

史之禍如戴仮者位居僕射不能格其非心又從而附和之宜正史之逸其名也與

唐薛良佐塋銘

右碑題云唐故翊麾副下闕十餘字騎都尉薛君塋銘右監門衛長上上柱國良史書再從兄鈞撰序云龍集協洽月缺于皐朔已亥日辛酉君奄然卒于太平里之第春秋廿八惜也人到于今悲之草木衰日月逝覩天地之蕭瑟感幽冥之慘慼欲見之不可得將捨之不可得爰起茲塋因誌于行是百二之論也君諱良佐字堯臣河東聞喜人文殊娟秀情亦婉轉塋建于終南山施陁林善知識之次實天寶二季閏二月也夫薛君身入仕林

死依僧葬其昆季從之何也書有虞褚風味洵非俗筆

唐隆闡法師碑

右隆闡法師碑題云大唐實際寺故寺主懷惲奉敕贈隆闡大法師碑并序開元二年癸未十二月景寅朔景子建無書撰人姓名按碑云法師諱懷惲族姓張氏南陽人大足元秊十月二十二日神遷春秋六十有二神龍元年敕贈隆闡大法師弟子大温國寺主思莊等敬想清徽勒茲元石云云則爲惲之徒所撰無疑王弇州竟以爲懷惲撰及書者謬也葢以碑題下有懷惲及書四字耳郭允伯金石史云唐又有懷惲禪師姓謝謚大覺元和初憲宗召居上寺元和十二秊十二月示滅建

埨灞水此云及書豈後懷惲追及書前懷惲碑而以爲幸耶此亦臆度之見也唐時寺主碑題必曰大德無直書其名者或此係奉敕故名之也行書秀潤圓潔得聖教遺意在半截碑之上

光緒歲在丁亥仲春之月吳縣朱記榮槐廬家塾重刊

金石錄補卷十四

金石錄補卷十五跋尾

崑山葉奕包九來著

吴縣朱記榮校訂

槐廬叢書

唐石敢當碑

唐崇仁寺尊勝陀羅尼幢

右碑小而方額作八佛像題云佛頂尊勝陁羅尼神呪天寶七載五月建集賢院待制張少悌行書後列燈臺主中散大夫守內侍上柱國賜紫金魚袋太原縣開國男王尙客及姚承慶李孝忠楊敬順張如意四人皆兼議郎朝散將軍其後則直官果毅鷙士扶車王待慶等六十人李唐晥季制于家奴天寶開元已兆之矣

唐封恒山碑

右碑題云大唐博陵郡北嶽恒山封安天王之銘左羽林軍兵曹參軍直翰林院學士供奉上柱國李荃撰契

朱氏槐廬校刊

郡戴千齡八分書天寶七載五月廿五日建序云開元天寶聖文神武應道皇帝登太山歸社首于上元庚寅先封東西二嶽其三岳典禮猶闕北嶽封爲安天王後列范陽節度安祿山博陵太守賈循及從吏馮承相張元璘鄭昈郗懷玉等職銜皆有頌揚之語而于安賈則云常樂安公曰祿山國之英也八柱承天三門出將武威賈公曰循時之傑也夫以國英時傑出于自稱李荃阿諛必小人之尤況傳稱祿山陽爲愚不敏其姦工于媚上以天寶七載正月羣臣上尊號而祿山即樹碑恒岳僭封爵爲辭而致其上號之意且夸揚已烈有風順遼海霜明寒秋等語不臣之漸於此可見後附杜南金

韓休烈刻字與碑陰同按天寶五載正月封北岳安天王寶應二年五月改封寧天王

唐章仇府君碑

右碑題云大唐贈東平郡太守章仇府君闕下學士知史官事韋口撰翰林院學士內供奉左衛率闕蔡有鄰書天寶七載十月二十日立府君諱元素字立素兼瓊之父也兼瓊著績西蜀兩書無傳其祖父名字非此碑幾不聞于後蔡八分書在韓擇木張庭珪之上而此碑巋然標樹于大道之旁西去濟寧州三十里車塵馬矢堆積其下更無有拂拭之者予命工人搨之從游者無不笑其癡而不知世之不癡者視予所得爲多焉否也

唐靈運禪師墖碑

右碑題云唐少林寺靈運禪師墖碑宣德郎試大理評事崔琪譔聖善寺沙門勤洌行書天寶九載四月十五日門人堅順建按碑禪師俗蕭氏蘭陵人武帝之後也碑在少林寺中

唐永泰寺碑

右永泰寺碑題云大唐中嶽永泰寺碑靈昌郡龍興寺沙門靖彰撰潁川處士荀望書天寶十一年壬辰閏三月五日建按魏正光二載孝明帝妹入道爲尼敕置明練之寺度尼廿一人唐貞觀二載議以尼寺居山恐非人侵擾移置于偃師縣神龍二載嵩嶽寺僧道瑩奏請

爲故永泰公主寘寺一所卽以此寺名爲永泰許之按公主爲中宗第六女不嫁武延基忤張易之爲武后所殺帝追贈改葬極其哀憫故道瑩奏中有二后深玉碎之悲凡屬含情莫不悽惻云云且唐制僧尼一七二七三七而止今吳下叢林累百及千去古制遠矣

唐施燈功德碑

右碑題首缺二字下云施燈功德經空五字又云齋世卿舍譯後云天寶十三載正月十五日左驍衛漁陽府折衝下闕姜如珍等同建按經文義勸人施燈于墖院者有金照一階道二階三階四階或及墖身一級二級以至多級一面二面乃至四面等語且有不空羂索經云

云字畫近褚河南碑在香積寺中

唐心經

右心經後云天寶十五年二月一日朝議大夫行尚書武部郎中上柱國徐浩書浩父嶠之善書至浩而益工此經莊嚴中不乏風致所謂怒猊抉石渴驥奔泉者消融始盡華亭董尚書云太宗柏谷塢告文開李北海徐會稽之漸信然也

唐張萬頃恒嶽題名

右題名八分書殘泐已甚存博陵郡諸軍事守闕軍使張萬頃奉闕四載十月十六日按唐天寶于四秊始稱載十五載止至至德復稱載僅二秊此非四載即十四

載也故附于天寶諸碑中

唐旌儒廟碑

右碑賈至撰廟在臨潼縣西南二十里驪山半原橫阬村舊名阬儒鄉引漢書注顏師古曰新豐縣溫湯之處號愍儒鄉西南三里有馬谷谷之西岸有阬相傳爲秦阬儒處衛宏詔定古文官書序云秦既焚書患苦天下不從所改更之法將諸生到者拜爲郎七百人乃密令冬種瓜于驪山阬谷中溫處瓜實成詔博士諸生說之人人不同乃命就視之爲伏機諸生方相難決發機從上填之此則愍儒之地也唐天寶中改爲旌儒鄉立旌儒廟按史記始皇三十五秊因盧生侯生亡去遂疑諸

生在咸陽者爲訞言以亂黔首于是使御史悉案問諸生諸生轉相告引乃自除犯禁者四百六十餘人皆阬之自除云者猶自首免罪也則所阬者在四百六十餘人之外竝無數目未知衛宏所云種瓜冬實七百餘人決難等有何据也碑在廟前

唐授杜甫左拾遺誥

右勑襄陽杜甫爾之才德朕深知之今特命爲宣義郎行在左拾遺授職之後宜勤是職毋怠命中書侍郎張鎬齎符告諭至德二載五月十六日行蓋用黃麻紙高廣皆可四尺字大二寸許年月有御寶寶方五寸許今藏湖廣岳州府平江縣裔孫杜富家見錢謙益杜詩注

而子所見石刻則宋紹興中也按少陵年譜至德二載在賊中五月竄歸鳳翔拜左拾遺上疏救房琯上怒詔三司推問張鎬救之仍放就列與此勅年月同

唐憫忠寺寶塔頌

右憫忠寺碑題云范陽郡憫忠寺御史大夫史思明奉爲大唐光天大聖文武孝感皇帝敬无垢淨光寶塔頌范陽府功曹參軍蘇靈芝書至德二載十一月十五日建憫忠寺者在今京師昔唐太宗征高麗回念忠臣義士歿于王事建此寺以薦之按史至德元載十一月思明寇太原二載十二月乙丑思明降此碑建于十一月則思明將降悔過之舉也但上皇天帝御宣政殿授肅

宗傳國受命符冊號曰光天文武大聖孝感皇帝在乾元元年之正月建碑時尚隔三月不應預書尊號且本紀大聖二字在光天文武之下二年正月復上尊號曰乾元大聖又在光天文武上碑以光天文武四字分開何也又按思明既爲歸義郡王復殺烏承恩父子而反使耿仁智張不矜上疏請斬李光弼疏入函仁智獨易去思明捶殺之則不矜者固甘爲逆者也以其文詞斐然靈芝書名籍甚存之

唐通微道訣碑

右通微道訣七十五句前云御製後云大唐乾元元年六月十五日于大同殿奉詔賜無書人姓名按訣爲明

皇製碑爲肅宗敕道士達觀大師楊重巒于渭北大化觀立石歲久字沕知觀楊思聰補上此石訣云善本破惡不合邀名施本濟人不合求報又云以心爲舟以信爲車車用在于運舟用在于虛常取不足勿求有餘又云爾當慎汝身洗汝心內養五神外合一氣去萬惡增萬善眞經之旨不死之方盡于是爾其勗哉此皆五千言之糟粕演而成訣耳王者寡欲清心納身軌物自然清明在躬志氣如神安用孜孜于眞經之旨不死之方也哉

唐祈雨疏

右碑隸書前金州刺史李權書也碑云大唐中興尅復

朱氏槐廬校刊

兩京後乾元元年自十月不雨至明年春朝散大夫使持節華州諸軍事檢校華州刺史平原郡開國公賜紫金魚袋張惟一與華陰令劉暠丞湖峋丞員外置同正員李緩主簿鄭鎮尉王崇尉高珮尉崔季陽于西嶽金天王祠祈請云云按華陰一縣于令之外設二丞一簿三尉有唐官制之濫史所備載語云一羊九牧民生曰蹙天寶之亂所由來也在述聖碑之左旁

唐王宥等華嶽題名

右華嶽題名上元元年三月華陰令王宥前令王紓丞王沐尉李齊權頌鄭縣簿張彬尉竇彧下邽丞李演尉邢岦處士王季友張彪著作郎孟昌原法曹叅軍李樞

同謁年月上方用小篆姓名下方用八分皆李樞書不作俗筆今與顔魯公題名並存云

唐心經石幢

右石幢廣德二年少府裴監施造朝請郎趙偃書般若心經一部在今順天府吉祥庵中萬歷丙午西吳僧眞程葺庵發古甃下得此幢式如鐙臺改名石幢庵云

唐郭敬之廟碑陰

右郭敬之廟碑陰記汾陽兄曰琇弟曰子雲子瑛子珪幼賢幼儒幼明幼冲皆列顯位而本傳獨載幼明一人且汾陽初授左衛長上改官封拜至尚書令兼中書令凡二十四考序次歷歷本傳初授左衛長史而非長上

或云累遷或云又兼多畧而不録碑記實封二次止四百戸本傳則七百戸碑云拜尚書令在廣德二年十一月而傳云辭尚書令在十二月宜以碑爲信是年汾陽年六十八尚未攝冢宰尊尚父故碑缺焉碑銘爲顔平原撰碑陰行書趙氏失録故收之并記其與本傳異者如左

唐李寶臣碑

右碑題云成德軍節度使開府儀同三司檢校尚書右僕射兼御史大夫恒州刺史充管内支度營田使淸河郡王李公紀功載政碑頌李公者寶臣也予讀其傳每嘆屬奚附逆反覆不常朝廷輒以僞署爲眞賜姓名授

鐵券唐之不振至于如此然竊計當時强藩互結不如
此不足以慰來投之心招未歸之賊按碑建于永泰二
年七月追頌其功則曰壬寅歲寶應皇帝嗣位冬十一
月我亞相張公忠志率東諸侯復命兩唐書無月日而
代宗紀與碑合九節度之圍相州也寶臣懼而來歸封
密雲郡公爲舊書所遺新書云擢寶臣爲禮部尚書封
趙國公又與碑異碑云授禮部尚書兼御史大夫成德
軍節度使封淸河郡王賜姓改名此恒州耆老賈審祥
等頌之之碑立于當時必無疑誤何兩書俱不之及而
末載隴西郡王豈寶臣王封有二次耶抑兩書誤以淸
河爲隴西耶如寶臣以五州來獻開東門納王師而止

封趙公則加于密雲無幾豈足以酬其志似當以碑爲正碑在今眞定府公署中巋然巨碣也豈劉宋二公未之見耶

唐承天軍城記

右碑題云承天軍記道士胡伯成撰大歷元年闕月建名山記平定州鵲山上有扁鵲廟其峯高峻唐置承天軍城碑云開府張公至鸛鵲洪中頂四顧在目遂冠小城于峯巔云云朱錫鬯云城踞險隘有一夫當關千夫莫過之勢巉崖峭壁多唐宋人題名

唐鐵元始讚

右碑題云鐵元始讚并序潛邱道士胡伯成譔河東節

度旣築承天軍城復鑄鐵元都聖容天尊仙衛故伯成
爲讚在大歷元年記城成時作也

唐孔子廟殘碑

右碑程浩撰顏眞卿書大歷二年立顧寧人曰此文舊
部郎中程浩爲扶風縣文宣王廟記載于唐文粹而今
西安府學有僧夢英書與此記文正同但去扶風古縣
也以下半篇其跋云此記刻石原在湖州臨安縣夢英
愛而書之豈舊部作此于扶風魯公又書之于湖州而
去其以下之文耶考唐地里志臨安屬杭州不屬湖州
得非夢英之誤耶今華州有殘碑數十字其文同

唐石敢當碑

右碑云石敢當鎮百鬼壓災殃官吏福百姓康風教盛禮樂張唐大歷五年闕縣令鄭押字記王象之云碑在莆田按今人家用石刻此石敢當三字鎮于門首不謂當時已有之矣信乎物必有所自也然此在南方爲多

光緒歲在丁亥仲春之月吳縣朱記榮槐廬家塾重刊

金石錄補卷十五

金石録補卷十六 跋尾

崑山葉奕苞九來著

吳縣朱記榮校刊

唐臧希晏碑

右碑銀青光祿大夫行兵部侍郎上柱國淸河郡開國

公張孚撰孚字殘泐嘉興曹侍郎溶所藏本隱隱可識
乃揚工之優也朝議郎守衛尉少卿淮陽縣開國男賜
緋魚袋韓秀弼書希晏爲懷恪子字恭靖以太僕卿兼
寧州刺史拜金吾衛將軍廣德二年卒大歷五年葬碑
中止列弟希讓而佚其兄希崇希旭希恍希愔希景蓋
懷恪七子皆貴顯趙氏云臧氏世墓在三原有數碑盡
得之此碑應在得中而遺之何也豈以其隸書與文庸
下爲不足存也邪

唐上元縣福興寺碑

右碑題云大唐上元縣福興寺碑尚書金部郎中兼侍
御史許泐撰大理評事張從申書并題額後云大唐二泐

字歲次庚戌六月二日建按寺爲梁大同二年造有禪師道融于上元辛丑移舊額肇新居云云自辛丑推至庚戌爲大歷五年也從申行書酷似北海麓山寺碑但北海善變化耳此碑雖漫漶其神理風格奕然動人歐公云初得從申書王師乾碑不以爲佳及問秦玢知李西臺亦學從申又云從申書絕不行于世止得吳季子崔圓并師乾三碑耳而予復得此碑不亦快乎

唐永仙觀碑

右碑丹州別駕蕭森字從政撰集王右軍行書觀在唐京兆府美原縣即今之富平縣觀主田名德同令柳升奉天寶二年詔書葺治永寧鄉古廟至大歷六年三月

落成建碑也自明皇夢見老子眞容之後承奉風旨者獻符瑞興土木千文肆起幾至亡國恬不知悔田名德爲中宗時景龍觀所度道士秊八十餘刻清淨智慧觀身經亦集右軍書襲五千言之糟粕殊不足觀與此碑並傳于世

唐公孫杲贈道士詩

右五言律詩一首題云贈諸法師乃行博城縣丞公孫杲所作在大歷七秊正月廿三日修齋醮記之後詩平平書特秀勁有法其上層有徂徠山人高季良岱嶽山人王寓等題名書更超逸得北海會稽神髓尤爲可愛

唐泰山造碑樓記

右記大歷八秊九月內府丞劉元信等奉勅于東嶽脩金籙行道七日夜告高宗元宗紀號并造碑樓六所而附刻于岱嶽觀碑中也唐之封禪於岱宗爲最穹碑巨碣森峙琳宮故造碑樓至于六所今摩崖紀銘而外惟此碑尚存然歐趙兩錄俱未之及即于奕正金石志亦在所遺非予搜訪之勤將與寒烟衰艸共滅沒而已天下之如是碑者可勝計哉

唐勅祭使孟皞等恒岳題名

右題名五人而泐其一孟皞以散騎常侍平昌縣開國子奉勅主祭王士則以知州事亞獻王巨源以太僕少卿爲勾管祠祭官盧碁以監察御史奉勅爲監察使後

題云大歷九年二月六日王士則書于諸題名中行書矯健不羣翩翩獨秀爲可觀也

唐華山禪院洪鐘記

右記將仕郎試秘書省校書郎李翺撰沙門懷用集晉王羲之書大歷十一年乙卯歲之六月望日記予竊疑之翺集有泗州開元寺鐘銘甚古雅此記拖沓絕不類一也翺傳貞元十四年進士授校書郎未聞于二十年前已爲此官二也通鑑及紀年諸書大歷十年歲在乙卯此碑爲十一年三也趙氏凡夫藏此碑後歸家石君云

金石録補卷十六

金石録補卷十七 䟦尾

崑山葉奕苞九來著

吳縣朱記榮校刊

唐誌公畫像贊

唐吳嶽祠堂記

唐咸宜公主碑

唐顏眞卿移蔡帖

唐景昭大法師碑

唐幽州新置文宣王廟碑

唐賀蘭夫人墓誌

唐高力士碑

右碑止半截題云唐故開府儀同三司內寺監泐駕部員外郎知制誥韓泐大歷十二年五月奉敕建姓名雖殘闕然碑中有馮之先自北而南者宋懷化侯以至于

蓋知爲高力士碑傳云力士潘州人馮盎之曾孫也碑
云智戣爲高州刺史智戴爲恩州刺史　智垈爲潘州
刺史卽家潘州則力士爲潘州之子後贈潘州廣西大
都督傳云李千里以二閹兒上進曰金剛曰力士武后
以其彊悟給事左右碑云公以名賢之後遭亂來歸則
天矜其覆巢知必成器選內官而母之卽傳所謂高延
福收爲假子也力士幼與母麥氏相失嶺南節度使得
之迎還碑亦載及以内侍監歷官至冠軍鎭軍輔國驃
騎大將軍比傳爲詳嗣子正議大夫前將作少監渤海
郡開國侯承悅禮謂猶子等語傳之所遺力士在官者
之中處決大事悉當上意配流黔中會赦歸聞上皇厭

代北望號慟嘔血而卒代宗以其耆宿保護先朝特贈揚州大都督陪葬泰陵豐碑屹然至今猶在長安不知趙氏何以遺之也

唐平蠻頌

右碑韓重卿譔韓秀實八分書李陽冰篆額大歷十二年　月建按西原諸蠻自肅宗正德以後百餘秊互相結約作服作叛攻桂管十八州所至殘破元道州所謂城池井邑但生荒草登高極望不見人烟者此也碑云大歷十一年賊帥潛長安自稱南安王誘脅諸蠻連跨州邑流毒彌甚隴西縣男昌巙持節招討手擒賊帥并將卒八十四人生獻闕下俘獲二十餘萬盡給牛種令

還故籍云云勳烈可謂雄矣而史無傳歐趙集古亦未之及鄉非此碑其名湮沒久矣惜哉

唐妒神頌

右碑題云妒神頌并序判官游擊將軍守左清道率府率賜紫金魚袋上柱國李諲撰行書姓名殘缺大歷十三年五月十六日建按序神爲介之推妹以其兄死焚火乃于冬至之後日積一薪烈火焚之其言曰兄則焚火以示誠吾則焚柴以見志殁而爲患于一方鄉人立祠祈賽輒應天寶中遭祿山之亂遺廟巋然故山南東道節度經畧副使黨公昇修廟祈秋乃爲此頌云云夫古之以死勤事以勞定國有功德于民者則祀之貞女

義婦載在祀典未聞女以妒名而廟食者當在淫祠之列黨公不爲之去而頌之何也祠在河干相傳武后幸此懼欲別開道避之狄仁傑曰一人行幸雨師灑道風伯清塵何妒女之避哉遂止其役則唐之習俗蓋已久矣册府元龜龍星木之精也春見東方心爲火火盛故爲之禁火俗傳介之推以此日被焚而禁也今之所謂寒食一百五日者熟食斷烟謂之龍忌本此予觀左傳史記竝無子推被焚之事以琴操所記子推之死乃五月五非三月三日也況清明寒食初無定日必指爲上己妄矣碑陰自同經略副使王曇而下二十一人其官將太常卿及節度隨身官之名其姓有僻誾珣之異

唐段行琛碑

右段行琛碑張增書李同系篆額無撰文姓名大歷十四年閏五月建按碑行琛爲忠烈公秀實父行琛四子長祥穎次秀實次秀成次同穎史多逸之琛爲汧陽人碑在汧陽按趙氏錄行琛碑爲楊炎撰蕭正書當是段公有二碑也增無書名而遒逸豐滿如此

唐景教流行中國碑

右碑題云景教流行中國碑頌并序大秦寺僧景淨述後云大唐建中二年歲在作噩太簇月七日大耀森文日建立朝議郎前行台州司士參軍呂秀巖書碑下及東西三面皆列彼國字式下有助檢校試太常卿賜紫

袈裟寺主僧業刹檢校建立碑石僧行通雜于字中字
皆左轉弗能譯也按碑三一　玅身元元眞主阿羅訶者
教之主也大秦國上德阿羅本者于貞觀九年至長安
也京兆府義寧坊建大秦寺度僧廿一人貞觀十有二
年也此卽天主教始入中國自唐至今其教徧天下矣
予讀西域傳拂菻古大秦國居西海上去京師四萬里
與扶南交阯五天竺相貿易開元盛時西戎冒萬里而
至者百餘國輒貢經典迎入内飜經殿遂使異方之教
行于中國然惟建寺可以度僧計當時寺五千三百五
十八僧七萬五千二十四尼五萬五百七十六凡兩京
度僧尼御史一人涖之僧尼出踰宿者立案止民家不

過三宿九年不還者編諸籍甚嚴也今天下寺不常建而僧尼遂至無筭何耶

唐吉逾題雲居寺詩

右五言律詩五首七言絶句一首范陽縣丞吉逾序云辛酉歲秋八月僕與節度都巡使王潛曁客軒轅偉僕猶子駒駼播潛息益同躋攀于此勒四韻于後刻在山頂石浮圖碑記之下人各爲書書左行行書字勢多斜葢因其空而刻之也碑立于開元二十八年庚辰詩後有元和四年四月八日范惟清呂臣十三字則此詩序所謂辛酉歲者乃建中二年後于庚辰四十有二年而前于元和四年己丑二十有八年也

唐顔眞卿送劉太沖序

右敘載魯公集行書筆筆作折釵股法爲顔書之冠按宣城戴綬跋云得劉太眞墓碑于縣庖下同郡李兼經因出顔公送太沖眞蹟遂刻石同置縣齋此碑蓋刻于慶元間趙氏已不及見肰眞蹟猶藏于陝西東氏吾邑宋閔叔過東孝廉于京師獲見之紙碧如玉墨黝于漆歷數百年如初落筆者亦闕劉太沖彭四字與刻本合沖弟太眞史有傳登天寶上第文集三十卷神道碑文裴度撰蔣瀍書史既不爲太沖立傳而太眞傳又不及其兄微此碑沖幾湮没無聞矣米元章書史云此序碧牋書王欽臣故物也華陰王宏撰云此序眞蹟爲渭上

大宗伯南子興先生故物一孝廉借觀未還而逸其姓豈即東孝廉也耶

唐顏魯公遺子帖

政可守不可不守吾去歲中書言事得罪又不能逆道徇時爲千古罪人也雖貶居遠方終身不耻汝曹當須謂吾之志不可不守也洪容齋云魯公忠義氣節史策畧盡此帖是獨赴謫地而與其子孫者無由攷其歲月千載之下讀之尚可畏而仰也按魯公于代宗時爲檢校刑部尚書爲元載所惡坐論祭器不修爲誹謗貶硤州而湖州放生池碑陰又云貶硤州旬餘再貶吉州靖居寺題名云永泰二年真卿以罪佐吉州則此帖在大

歷二秊蓋永泰二年之十一月卽改爲大歷元年也

唐顔眞卿奉使題字

右魯公行書云眞卿奉命來此事期未竟止緣忠勤無有旋意朕中心悢悢始終不改游于波濤宜得斯報干百年間察眞卿心者見此一事知我是行亦足達于時命耳又云人心無路見時事只天知按唐重跋云觀此筆蹟不顯歲月以事實考之蓋使李希烈時也公奉使陷賊庭者逾二年度無還期書此以自表云重旣摹公之像于祠又訪得石本刻而寘之祠室靖康元秊七月書令同州有此碑上勒公小像未知原刻在何處

唐誌公畫像贊

右像吳道子畫李白贊詞顔眞卿書誌公即寳誌此碑燬于宣德中後靈谷寺僧本初以舊搨勒石去原本遠矣石在揚州

唐吳嶽祠堂記

右記于公異譔令朝陽書爲李西平于興元元年十月有事吳山而作也按晟傳德宗遣張少宏口詔進晟尚書左僕射同中書門下平章事此記云鳳翔隴右涇原四鎮北庭兼管內副元帥司徒中書令西平郡王而不以僕射平章入銜豈敘後之官爵略前所加而不書耶抑進至三公則解僕射平章耶唐制率以僕射平章遥授藩鎮殆爲虛名晟拜鳳翔則爲節度以中書令出鎮

與僕射平章迥別矣舊書兼鳳翔尹新書遺四鎮北庭皆當以碑爲正記又追述李抱玉鎮鳳翔日以中軍委晟禱嶽雨降令晟亦鎮鳳翔復舉祠事文筆之工只三四語盡西平偉績通鑑載公異草露布至梁州上覽之感涕即其人也朝陽書遒媚可愛非俗手可及

唐咸宜公主碑

右碑鄜州節度使武元亨撰蘇州常熟縣令袁中孚書集賢院學士李陽氷篆額公主元宗第十八女降秘書監崔嵩而新史列在第二十二當以碑爲正史云貞順皇后所生下嫁楊洄又嫁崔嵩碑爲之諱耶

唐顏眞卿移蔡帖

右帖爲宋人忠義堂所刻云貞元元年正月五日眞卿自汝移蔡天也天之昭明其可誣乎有唐之德則不朽耳十九日書按德宗紀眞卿被害在貞元元年八月三日舊書傳同而不言自汝移蔡新書有所以移蔡之故而無月日覩此帖知眞卿至蔡又逾半年忠貞之志至死不改或謂顏公大臣當早自引決不宜被賊臣刀刃之汚不知公奉命宣慰與守土異蓋希烈悔禍一也或事機可乘二也拘縶之所賊黨守伺三也想公下筆時精光直沖霄漢故至今猶奕奕射人也

唐景昭大法師碑

右碑題云華陽三洞景昭大法師碑并序朝議大夫檢

校國子司業兼御史中丞吳縣開國男陸長源撰朝議大夫檢校尚書兵部郎中兼侍御史上柱國竇臮書并篆額貞元三年四月口日建碑云紫陽眞人字懷宣丹楊延陵人按西漢丹陽郡則治宛陵丹陽縣則今之建康也東漢史皆作丹陽如費鳳巖訢碑亦然惟丹楊太守郭旻碑作楊西晉移都建業元帝改太守爲丹陽尹而宋板晉書則丹陽郡爲陽丹楊縣爲楊註云山多赤柳故名丹楊如顏平原乞恩表祭姪文皆云丹陽縣侯也唐天寶中以京口爲丹陽郡改曲阿爲丹陽縣皆非漢舊壤他書所載此郡字無從木者而此碑郡名亦作楊似郡縣俱宜作楊後人傳寫之誤卽縣亦作陽矣法

師姓茅氏蓋茅山三洞之間道者書極壯偉不在元靜碑之下

唐幽州新置文宣王廟碑

右碑題云幽州盧龍節度觀察等使工部尚書御史大夫幽州大都督字闕八使劉公新置文宣王廟碑新置云者天下郡縣皆有文宣王廟范陽獨無而劉公創建之也碑不著其名字按史劉濟父子爲盧龍節度怦卒子貞元三年又二年而碑始建碑云建中初公宰是邑特與斯廟又云時公年始弱冠與濟傳合濟以貞元五年充幽州節度卽以是年立碑追頌其牧守時事也夫子之教能使蠻貊盜賊感而爲善故唐之藩鎭擅自繼襲

者皆驕蹇不奉法濟特恭順朝獻相繼殆本崇奉先師之一念而後能遵王度守臣節歟

唐賀蘭夫人墓誌

右賀蘭夫人墓誌題曰秘書監陸公夫人墓誌銘姪曾孫贄撰或曰贄昔也秘書名齊望贄之曾從祖也按爾雅女子謂昆弟之子曰姪喪服傳曰謂吾姑者吾謂之姪賈公彥疏曰姪者對姑之稱故春秋傳曰姪其從姑以兄弟之丈夫子曰姪者非也顏之推家訓曰兄弟之子北土多呼爲姪自晉以後始呼叔姪古人稱兄弟之子皆曰子朱子語類自曾祖而下三代當稱從子此云姪曾孫者亦俗稱也

金石錄補卷十七

金石錄補卷十八 跋尾 槐廬叢書

崑山葉奕苞九來著 吳縣朱記榮校刊

唐僧懷素聖母帖

唐張氏墓誌

唐李說進甘露表

唐李公墓誌

唐懷素千字文

唐普光明殿碑

唐蘄府君墓誌銘

唐鑄鼎原銘碑陰

唐劍州長史李公神道碑

唐許夫人祈氏墓誌

唐時傑墓誌銘

唐懷素藏眞帖

唐懷素聖母帖

右聖母帖素書于貞元九年五月而左拾遺裴休試大理評事柳乘鄉貢進士柳槃大和四年十月十二日同登則觀此帖署名也董尚書謂孫過庭草書難讀如食多骨魚得不償失因爲注釋予于此帖亦云

唐張氏墓誌

右碑序云氏年二八適于范氏春秋五十九卒以貞元十一年葬于州北泉谿村據長洲徐淳孝云蘇之葑門

外皋陶邨耕者得古銅瓿二古鏡一古甆器數十皆應手碎忽得此志其文字古僻因搨以貽好事

唐李說進甘露表

右表在石壁寺甘露義壇碑陰表云臣說言臣所部太原府交城縣石壁山寺今月二十二日夜甘露降於寺内戒壇西及寺外栢林上大枝小葉無不周徧凝泣垂滴甘甜如蜜當寺臨壇大德僧慎微與僧惠廣等一十五人咸共觀嘗覆問如狀云云貞元十二年九月二十五日按臣說者河東節度使北都留守太原尹李說也甘露碑立于元和中而此表勒于碑後蓋追溯其事而存之也歟

唐李公墓誌

右碑題云唐故寧遠將軍守左金吾衛大將軍隴西李公墓誌銘并序從姪鄉貢進士藝通撰貞元十三年夏五月十一日建序云公諱宗卿字同系錄中有叚行琛碑乃李同系篆額豈宗卿常以字行耶抑偶同也耶

唐懷素千字文

右素書千字文名千金帖以一字直一金也後題云貞元十五年六月十七日于零陵書時年六十有三正其晚年之作脫去狂怪漸趨平淡趙子函以爲促而無韻者謬也

唐普光明殿碑

右碑題云尚書李公造華嚴三會普光明殿功德碑太常寺協律郎支喬字好古撰書貞元十六年四月十日建尚書者李說也說在鎮六年遇疾不能錄軍府之政故爲此增造佛宇以邀福祐卽以是年十月卒碑中頌夫人任氏極其揚厲有如月之亘森菌桂以馨香如山之容賓大椿之壽笄顧寧人云蓋用詩如月之恒恒音古鄧反作亘按詩傳恒弦也陸德明釋文恒本亦作緪同古鄧反沈音古恒反考工記弓人恒角而短鄭司農云恒讀爲裻緪之緪是緪恒亘同爲一字陸氏讀爲去聲而此碑用之耳碑在交城縣西北萬卦山天寧寺唐時以太原爲北都交城去府八十里說傳以北都副留

守代李自良而爲河東節度使檢校禮部尚書碑則云河東　節度觀察支度營田等處置使北都留守銀青光祿大夫檢校禮部尚書兼　御史大夫太原尹隴西郡開國（下闕八字）可以補傳之漏行書追蹤二王亦藝苑之傑出者

唐靳府君墓誌銘

右碑題云大唐故靳府君墓誌銘朝議郎試少府監丞張遇撰并書府君諱英希字英希族靳氏西河人也楚有大夫靳尚即其後矣以貞元十六年七月十八日卒即以十七秊二月四日與夫人魯氏合葬今少宰孫退谷先生名承澤號北海跋云此誌近出漷縣錠子邨字

仿蘭亭法其石在予硯山齋中聞近日秦豫之閒新出覆閣僊志尤佳惜未之見也

唐鑄鼎原銘碑陰

右鑄鼎原銘金石錄載王顏撰袁滋篆書而此則華諷于貞元十七年識其碑陰也有云得玉珮于原上地深四尺黃帝去今六千四百三十年此上升時小臣遺墜物者其說怪甚司馬遷曰余讀諜記黃帝以來皆有年數然稽其歷譜五德之傳古文咸乖異靡同夫子之弗論次豈虛哉予觀邵堯夫經世一書年代世數斷自堯始而此云黃帝至唐貞元中爲六千四百三十年者漢季緯書也緯書出于臆說可盡信乎

唐劍州長史李公神道碑

右碑題云唐故劍州長史贈太僕少卿汝州刺史隴西李公神道碑銘并序書撰人姓名殘缺貞元廿年甲申十一月壬申十三日建按公諱廣業字次淵我景皇帝爲公之五代祖曾祖淮安王神道祖淄川王孝同烈考雲麾將軍璲子國貞爲王振所害以國貞子錡貴始樹此碑又五年而錡敗據孝同碑云子璵此云璲豈孝同有二子耶抑璲有二名耶國貞原名若幽與弟若水新唐書附見李復傳然不云若水爲國貞嫡弟且遺國貞原名其闕略處不及舊史遠甚王弇州謂書撰人竟不可攷而碑中有雲逵常學舊史之語撰文應是鄭雲逵

逵與錡同時以禮部侍郎爲李晟軍司馬而碑之署撰處隱隱有侍郎字信爲雲逵也陝西趙子函石墨鐫華及馮孝廉文錫皆云相傳爲徐浩書觀其筆致頗似會稽而無渴驥怒猊態已而發先世廢簏得此碑楮墨工好波磔未泐署撰處確然爲雲逵撰并書等字後一行則袁滋篆額也近搨殘闕過半不可句讀較之此碑殆如霄壤先文莊碑甚富此爲其一王尚書去先公時未百年而碑已難辨況今日乎

唐許夫人祈氏墓誌

右碑題云唐故許氏夫人祈氏墓誌銘并序鄉貢明經李師聖述序云夫人字芳太原人也先伊耆氏之胄遠

祖居毗陵今爲毗陵人祖觀父昇子仲宣仲康而不及其夫子之名何也以貞元二十二年安厝于震澤里說文厝厲石也引毛詩佗山之石可以爲厝今詩作錯而孝經借七互韻爲措江左用沈韻乃不從藥而從遇何也祈姓太原徵音堯伊耆氏之後歐陽公祈衛尉墓碑云黃帝之裔豈溯堯之所自出也耶

唐時傒墓誌銘

右碑題云唐故鉅鹿時公墓誌銘并序鄉賦進士劉通明述序云公諱傒字鑑其先鉅鹿人家于武清壽不永年以貞元二十一年卒一子未勝喪禮妻鄭氏弟艮鍔壟公云云此碑在薊縣海王邨岸圯而出唐制取士之

科由州縣者曰鄉貢升于有司此曰鄉賦豈即貢之之意耶唐書裴休從鄉賦登第能爲謌詩鄉賦之年諷誦多在人口當時固有是語也

唐懷素藏眞帖

右藏眞帖云恨不與張長史相識逢顔尚書自云頗傳長史筆法然後知平原亦宗顛旭如爭座位祭伯祭姪文行草皆極自然也此帖似張伯英以一筆書行斷則再連續眞有霆不暇擊電不及飛之妙

金石録補卷十八

光緒歲在丁亥仲春之月吳縣朱記榮槐廬家塾校刊

金石録補卷十八

金石錄補卷十九 跋尾

崑山葉奕苞九來著
吳縣朱記榮校刊 槐廬叢書

唐李諒跋胡證少室詩

唐春城院建華嚴道場碑

唐懷素律公帖

右素貽律公者即今之尺牘也歐公以懷素之徒棄百事而學書爲可笑米海嶽云初永硯成日乃到右軍若穿透始到鍾索則歐公之言似非篤論此帖作游絲筆法若懸崖墜石驚電遺光觀止矣

唐酆都宮陰眞人詩

右陰眞人詩唐貞元中刺史李貽孫書按眞人名長生新野陰氏其學類左元放嘗授太清神丹世傳丹經贊文甚古雅葛洪曰長生服金液半齊止世閒幾千年然

後仙去宋元豐四年轉運判官許安世于祠下盡閲石刻謂此三詩乃陰氏作餘皆後人托之屬知夔州吳師孟書送觀中于是盡毀諸石惟此本爲貽孫原刻也

唐胡證題少室詩

右唐檢校祠部員外郎胡證汝州北樓晚望少室詩詩云峭拔烟霞外雄居造化工三山慙海上五嶽讓天中積翠當華甸騰標占太空周臨萬里暮猶掛夕陽紅永貞元年仲夏記按新舊書證傳皆云貞元中登第辟渾瑊辟爲從事自殿中侍御史爲韶州刺史而已據此碑先爲祠部員外郎可以補史之闕漏

唐爛柯山石橋記

右記衢州刺史陸度撰言簡氣舒多物外之致王象之輿地碑記寂爲廣備此獨見遺

唐脩諸葛武侯祠碑

右碑題云蜀丞相諸葛武侯祠堂碑節度掌書記侍御史內供奉賜緋魚袋裴度譔營田副使檢校尚書吏部郎中兼成都少尹侍御史賜紫金魚袋柳公綽書元和四年己丑二月廿九日建碑云或秉事君之節無開國之才得立身之道無治人之術兼而行之則諸葛公其人也陳壽崔浩之徒皆以變詐論節制之師以進取語化成之治謬甚余思考亭朱子猶目武侯爲笨況其它乎唐史武元衡帥西川表度掌書記碑中所稱相國臨

准公者元衡也公綽亦爲節度判官故與晉公相得尤甚唐人去晉未遠書法皆本二王但離去臨仿之蹟便自成家米海嶽云柳與歐爲醜怪惡札祖公綽乃不俗于兄觀此碑固是書中俊鶻名不虛得洵然

唐太原王公墓誌銘

右碑題云唐故江南西道觀察判官監察御史裏行太原王公墓誌銘并序表姪前諸道轉推官將仕郎試大理評事許志雍譔猶子鄉貢進士楚卿書序云公諱雅字元宏太原祁人也少季爲秘書郎嚴維所知又爲禮部侍郎劉太眞舉登甲科爲山南東道嗣曹王皋從事調補左衛率府兵曹參軍爲嶺南連帥韋公丹表遷左

金吾兵曹　叅軍韋公節制東川奏遷廷尉評兼監察御史府韋公再遷慈晉俄領江西復隨鎮拜監察御史裏行以南康缺牧假行刺史事盡閭里之情袪疲苶之疾元和四季正月終于洪州南昌之官舍以其年十月歸窆京兆且有以公之德可以反澆漓以公之仁可以厚風俗等語蓋韋丹治行當時所稱丹之所舉必屬循吏碑文非諛詞矣丹傳河南少尹未至徙義成軍司馬以諫議大夫召授劍南東川節度使代李康召還拜晉慈隰州觀察徙江南西道觀察使碑云丹爲嶺南連帥可以補史之闕

唐范希朝恒嶽題名

右題名云河東節度支度營田觀察處置等使開府儀同三司檢校司空太原尹御史大夫北都留守上柱國成紀郡王范希朝奉詔領馬步五萬人與義武合軍赴恒州討叛得虔誠于安天王闕領叅佐三人大將一百一十五人故拜壇下用祈靈贊遂于縣城南屯軍闕二字而還元和五年二月六日鐫乃行書之逸品按希朝爲當時名將比之趙充國封成紀郡王而新舊唐書皆不載新書謚忠武改宣武而舊書遺之非此題名則希朝之封爵幾湮沒矣中宗封兒千里亦爲成紀郡王

唐麟臺碑

右碑文韋表微撰元和五年十一月表微以滑之從事

使于郎陽停驂訪古得獲麟之舊壤後人築臺于此云云其文感先聖之不遇悼麟出之非時大約附會先儒以麟爲仲尼而至善乎正義之言曰防風之骨肅愼之矢季氏之羵羊楚王之萍實皆問仲尼而後知豈爲仲尼而至乎按左傳西狩于大埜注在鉅野縣大澤此碑云郎陽訪古得之唐之鉅野爲麟州廢隸鄆州後復置鉅埜今因之

唐建周孝矦府君碑

右碑首曰晉故散騎常侍新平廣漢二郡太守寺除楚内史御史中丞使持節大都督塗中京下諸軍事平西將軍孝矦周府君之碑晉平原内史陸機撰文右軍將

軍王羲之書唐元和六年歳次辛卯十一月廿六日承奉郎義興縣令陳從諫重樹前試太常寺協律郎黄應書平原華明素篆額瑯琊丞仕榮鐫勾當造廟廿一代孫故湖州司士息瑰副元恒宗錄同晁宗典士琳惟艮與諸宗子同構造云云子于庚子之春過宜興謁孝矦廟下訪是碑于徐太守映薇以此本相贈乃舊搨本剝落無幾中有元康九年周疾加增奄捐館舍春秋六十有二天子臨軬至建武元年冬十一月追贈平西將軍雖詳述弦絶矢盡力戰不退並無致危授命之言所弗解也平原在建武初已及成都王穎之難即右軍與平原亦不同時其僞可知也顧炎武曰此碑本唐人之書

故業字晉諱而直書之其于唐諱則世虎基豫等字皆缺畫或改用它字至塗中之名亦有可疑晉書王㖷詐言吳人寇涂水琅琊王伷出涂中桓温自山陽及會稽王昱會于涂中謝石率舟師屯涂中譙王尙之衆潰逃于涂中並作涂唐人加阝爲滁卽今之滁州也而碑作塗非是按文選任昉彈曹景宗東關無一戰之勞涂中罕千金之費李善本作塗中通鑑嘉平二季吳王遣軍作堂邑塗塘辯誤云塗塘卽涂水今滁州之滁河也涂之作塗蓋已久矣顧氏非之何耶

唐馬氏墓誌銘

右碑題云大唐扶風馬氏墓誌銘并序無書撰姓名序

云廿三娘郞郞姹姹扶風人也故侍中太原尹子曾王
父故太子諭德兼兵部郞中子大王父故鄂州州從事
子之先父也子生于珥貂之家育在紈綺之室笄年廿
歲灼如舜英何華而不實祉福不臨以元和八年七月
三日洪水蜀來浸溢夏汭合郭爲患假官航以虞墊溺
豈巨舟云覆相次淪沒以八月四日窆于先父塋側云
云初疑郞郞姹姹非廿三娘字諱又稱之爲子及讀銘
文云伏波有女青娥豔陽馬氏有男白眉最長豈春華
之煜景同淪沒于舟航始知大水驟至殁者非一故概
呼之爲子歟郞郞爲男姹姹爲女姹訓少女也又美也
唐人多以姹名其女者適閱唐陳直誌女孫二人姹娘

春娘是也憲宗紀八年六月辛卯渭水溢温公通鑑亦云夏六月大水上以爲陰盈之象出宫人二百車碑云七月未知孰誤

唐内侍李輔光墓誌

右誌題云唐故興元元從正議大夫行内侍省内侍知省事上柱國賜紫金魚袋贈特進左武衛大將軍李公墓誌銘并序朝議郎行尚書刑部員外郎崔元略撰宣德郎前晉州司法參軍巨雅書按序諱輔光字君肅其祖父皆仕族而爲内侍何也碑内宫掖作官踐阼作祚士君子作仕皆誤顧寧人曰碑文云門吏晉州司法參軍巨雅此輔光爲河中監軍所除唐時士人出于内侍

之門者蓋不少矣輔光少選入內而有夫人輔氏子四人唐之宦官有權位者則得娶婦史載高力士娶呂元晤女李輔國娶元擢女皆奉敕爲之而楊復光至假子數十人後漢劉瑜傳言常侍黃門亦廣妻妾周舉傳言豎宦之人亦復虛以形勢威侮良家取女閉之至于白首歿無配偶單超傳言四侯轉橫多取良人美女以爲姬妾則固不始于唐時也

唐中天王廟碑

右碑題云新修嵩嶽中天王廟碑河南縣尉韋行儉撰河南縣尉攝登封縣令揚僔書元和十二年二月八日建按唐祀事之盛莫如中西二嶽蓋華近長安而嵩在

東都境內也中天王之秩封自天寶碑中所序天王洎夫人纓緌冕服首飾步搖皆開以金翠章用五色而施于啟毋少姨之倫又有操大屈注僕姑執殳秉鉞環列廡下者首如鎖目如矌臂如戟吻如相稽之類其文怪險歷落一洗排偶之習傪雖無書名而波磔督策之閒殊有逸氣

唐羅池石刻

右石刻云龍城柳神所守驅厲鬼出匕首福四民制九醜元和十二秊　月　日柳宗元書按韓昌黎柳州羅池廟碑序宗元與其部將魏忠謝寧歐陽翼飲酒驛亭謂之曰明年吾將死死而爲神後三秊爲廟祀我及期

而死三秊夢翼而告曰館我於羅池云云子厚於羅池流連不忍去也如此觀此石刻行書放縱詞氣壯厲其生前固有没而爲神之意宋陳思書小史引臨池訣云宗元與劉禹錫得筆法于皇甫閲以柳爲入室劉爲及門宗元頗自矜其書肰亦不甚工此刻漸入狂怪似非工于書者

唐季氏都夫人墓誌銘

右碑今在常熟縣梅里鎮王古樵家按序以都氏之女而歸于季長慶元年十一月葬于常熟之珍門邨在縣東五里蓋墓中石也未知何時始見于世石君兒得搨本載楊五川跋乃嘉靖乙巳歲云

唐承天軍裴度題名

右碑云有唐長慶元年秋七月趙人亂其帥宏正爲下所弑我公奉詔率諸侯之師問罪冬十月師次于承天軍十有二月入貴泉下缺天子下哀痛之詔下缺庭湊爲師以息人也是月班師晉陽公命掌書記元輿錄其名爵洎參佐將校凡五十九人刻于承天軍城西石壁公有舅有弟自他府來有二子從行咸附列于後廿一日癸未舒元輿題鎭州四面行營都招討河東節度觀察處置押北山諸蕃等使太原尹北都留守司空兼門下侍郎平章事晉國公裴度其五十九人皆平列而元輿在屬吏第六弟名庾子名諴謨按傳記此事在穆宗卽位

之下有王庭湊名而未嘗顯言田宏正被殺因其加度鎮州招討兼押北山諸蕃使與題合故悞及之傳殊不詳也予識諗各有傳附後而非詡譔度蓋五子云唐宰相勳名赫著令終如度者絶少覩此題名能不起敬

唐邠國公功德銘

右邠國公碑護軍中尉宏農郡開國侯楊承和撰并書朝議郎權撫州長史陸邳篆額長慶二年十二月一日建邠國公者内侍梁守謙也此碑以守謙造經於興唐寺而立且謂淮蔡之功十居其七當時諂諛遂至于此碑在西安府學今已劃去承和姓氏豈以惡其佞而劃之者耶

唐李紳端州石室題名

右題名云李紳長慶四年二月自戶部侍郎貶官至此寶歷元年二月十四日將家累遊按先公跋云此刻至今成化壬午六百三十八年兩廣有唐人名蹟亦僅見云

唐左僕射李光進碑

左碑題云大唐故朔方靈鹽等軍州節度副大使知節度事管內支度營田觀察處置押蕃落等使銀青光祿大夫檢校刑部尚書兼靈州下缺都督府長下缺史大夫安定郡下缺尚書左僕射李公神道碑并序門下侍郎中書門下平章事令狐楚撰嗣子季元書按碑云安定郡王

諱光進字耀卿年五十七其先阿跌氏出於南單于十二姓貞觀初祖賀内屬父良臣爲雞田州刺史光進以隴西公説榮陽公儋大司空嚴公綬大司徒范公希朝薦云云新唐書有名無字年六十五加封安定郡王及其祖父皆在所遺表薦者王承宗與范希朝而已檢校工部尚書與碑題刑部尚書異皆當以碑爲正至兼御史爲代州刺史及光顔先娶母死光顔婦藉貲財貯納管鑰光進泣而反之碑亦遺焉子季元燧元穀元綬元吉元夫人史氏以乙未六月薨越十一年葬而無紀元傳云元和四年表薦爲都將俄振武節度遷靈武當薨在元和十年葬在寶歷元年也唐有兩李光進一爲光

弼之弟此則光顔之兄也

唐峽石寺遠法師碑

右碑題云大隨峽石寺遠公遺蹟後云寶歷元秊四月沙門紫羽請刻石臺上河東薛重元刊錄故志薛唐夫書按遠公亦名慧遠爲燉煌李氏之族殁于開皇十二秊在京淨影寺是日輟朝高祖曰喪我國寶矣遠公修涅槃義疏絶筆後人名爲絶筆臺臺在峽石寺中

唐卜將軍墓碑

右碑在吾邑馬鞍山南北山下掘地得碑方知爲墓其略曰府君姓卜名珍字文超西河人敬宗時蕃戎騷然將軍奮孤忠爲世所重寶歷元年葬于崑山西鹿城銘

日森森孤栢宛轉龍岡孤雲垂蓋日月懸光千秋萬古嗚呼夜長云云前後磨泐無書撰人姓名嘉靖末年倭寇攻城若有神兵出于卜山助戰寇平表而祠之

唐李諒跋胡證詩

右汝州刺史李諒跋胡證少室詩云寶歷二年冬公自戶部尚書判度支推轂受脤出鎮交廣麾旌過汝言訪舊題諒易公所濡翰之板琢于石而志之按證傳寶歷初以戶部尚書判度支證固辭讓拜嶺南節度使觀此跋自戶部尚書判度支則未嘗辭也史家之言可盡信乎

唐春城院建華嚴道場碑

右華嚴道場碑書撰姓名俱已殘闕後云大和元季丁未九月庚申朔癸亥建碑題春城春字上闕三字其中敘述南陽張公分鄉僧之錢及寺在山陽邑東可三四里云云按漢山陽郡在昌邑縣在河內晉山陽府今淮安唐之山陽在楚州今之山陽縣也唐人侫佛每借佛事以頌揚守牧之德故其書撰人必極工故所傳最久後之人無所托而止工諂諛書譔有所不擇宜去思亭内諸碑昔立而今亾也

金石錄補卷二十 跋尾

崑山葉奕苞九來著

吳縣朱記榮校刊
槐廬叢書

唐天水姜夫人墓誌

唐太尉李光顔碑

唐寂照和上碑

唐尊勝呪石幢

唐曹汾題東林寺詩　跋見後弟廿二卷

唐重藏舍利記

唐韋瓘晤溪題名

唐周公祠靈泉頌

唐衡州記

唐顔魯公事蹟敘

唐嵩嶽靈勝詩

右詩題云府尹王侍郎准制拜嶽因狀嵩高靈勝寄呈三十韻朝散大夫守衛尉少卿尉遲汾後云大和三秊六月十日刻字人薛元詩中多自註註引白虎通虎作武廟諱也無書人姓名必汾筆也大梁王紳裒被詔禱雨嶽祠獲此碑于圮牆下移寘壁閒則湮沒已久歐趙二公弗及錄耳

唐模集金剛經序

右金剛經前云新集金剛經序宏農楊翱述太和四秊正月十五日建翰林待詔朝議郎行楚州司兵叅軍上柱國賜緋魚袋唐元度篆額朝請郎前行右衛倉曹叅軍唐元序模集將仕郎試太常寺奉禮郎上騎都尉邵

建刻附讚八人則鄭覃王源中許康佐路羣宋申錫崔鄲李讓夷柳公權進呈一人則楊承和也詞翰皆一時神品按石經在上都興唐寺中初刻八分體讀者多誤故翻集晉王右軍書經文與今本小有同異趙氏録六譯金剛經係唐元度集羲之書乃太和六年立石則此經翻譯甚多卽集王書亦不一也

唐僧靈澈詩

右詩云相逢盡道休官去林下何曾見一人此靈澈于東林寺寄陳侍郎絶句也古今稱爲絶唱後云太和四年正月下闕宋慶歷中江淮發運使許元修江岸得此碑于池陽江水中

唐陁羅尼經序碑

右碑題云佛頂尊勝陁羅尼經序内供奉僧徽川文白閣僧無可書大唐太和六年四月十日建序述婆羅門僧佛陁波利于儀鳳元年自西國至五臺山思見文殊大士向山頂禮忽有一老人謂僧曰曾將陁羅尼經來否僧曰未老人曰空來何益僧還取經至永湻二秊迴具以上聞請日照三藏法師及典客令杜行顗共譯留在内廷僧復請梵本流行天下遂有二本小小不同後云行律比邱願證以先大師茶毗哀慟樹是幢而徽川復爲之銘按唐人樹幢多勒是經序托老人尤爲恠誕爾時佞佛卽達官大人賢人正士有不免者習俗之汚

爲可笑至無可善詩文書寂照禪師碑體極堅秀而此碑庸下殆疑有異或他人托其名未可知也

唐武元衡楊嗣復題名

右題名在諸葛武侯祠中乃劍南西川節度使臨淮郡公武元衡也附列者王良會裴堪柳公綽張正宣崔備裴度盧士玫李虛中楊嗣復宇文藉韋同訓裴儉李文悦渾鉅羅士明史洞王顒李儋劉武韋良金陳孝陽李虞誠韋端李鍠王日華湯立志趙東義其二十七人是時嗣復爲節度推官試太常寺協律郎碑陰云予以元和初爲臨淮公從事因陪刻石時序荏染二十有七年今謬膺戎寄仰繼前烈謁拜祠宇顧瞻遺刻省躬懷舊

不勝感幸太和九年八月八日劍南西川節度觀察處置雲南安撫等使檢校戶部尚書兼成都尹御史大夫宏農縣開國伯楊嗣復記附列者郭勤張洙崔沕李宏休帛綖也

唐贈吏部尚書馮公碑

右碑題云大唐故銀青光祿大夫檢校禮部尚書使持節梓州諸軍事兼梓州刺史御史大夫充劍南東川節度副大使知節度事管內觀察處置靜戎軍等使上柱國長樂縣開國公食邑一千五百戶贈吏部尚書馮公神道碑銘王起撰柳公權書并篆額書法爲公權諸碑中第一自授華州刺史以父諱不拜徙左散騎常侍兼

集賢殿學士而後皆殘泐其幸存者證之新舊二史多異如碑云冀州長樂人史云婺州東陽人豈宿之始祖漢光祿勛奉世立功于燕奉世之後文儉爲婺州糾曹掾遂家東陽耶文儉者宿之高祖也五代祖惠大父道儀皆史所遺碑云年廿六舉進士爲兵部侍郎陸贄門人拜比部郎中時爲持權者忌以韓愈切諫迎佛骨表誣宿實爲之出爲歙州刺史舊書與碑同至碑題所謂梓州刺史及劍南川東副大使知節度事即舊書亦未之詳也宿拜河南尹時洛苑使姚文壽縱部下侵欺百姓吏不敢捕宿于大會日遇而杖之死新史尚不之載其闕略亦云多矣子三人圖陶韜皆登進士揚歷清顯

新史止錄圖何也序之首云開成元年十二月三日宿薨于東川以明年五月歸葬于京兆萬年崇道鄉白鹿原之先塋則馮氏雖家婺州以宿之貴祖父俱葬咸陽其子孫或有存者豐碑巨碣磨滅殆盡矣

唐光福寺尊勝陁羅經幢二

右幢在吾郡吳縣光福山光福寺前之東唐大中五年五月五日里人王眞善邵昇張揖朱口建并書按寺爲梁天監中建屢燬于火寺前東西二幢皆刊尊勝陁羅尼經在西者惟建碑之歲月可識其餘名字皆磨滅蓋大中六年十二月二十七日也予往來山中三十餘年未識此寺有古碣壬戌十月之望同姪九齡掃墓過此

拂拭苔蘚搯剔塵膩見大中二字爲之色喜喜補錄中又得一二親見之幢也

唐楊嗣復題武元衡舊碑詩

右碑云丁巳歲八月祠祭畢因題臨淮公舊碑嗣復詩五言六韻和之者乃劍南東川節度使檢校禮部尚書兼御史大夫楊汝士也按嗣復爲於陵子與裴度柳公綽皆爲武元衡所知汝士爲嗣復族昆弟汝士傳云汝士嗣復分鎮東西川對擁節旄世榮其門考太和八年爲乙卯又二年丁巳則開成二年也

唐國子監石經

右石經今在西安府儒學九經并孝經論語爾雅字樣

等都計六十五萬二百五十二字後云開成二年丁巳歲月次于元日維丁亥書石學生前四門館明經臣艾居晦書石學生前四門館明經臣陳玠書石學生前文學館明經臣闕四字書石官將仕郎守潤州句容縣尉臣段絳校勘兼看書上石官將仕郎守秘書省正字臣柏暠校勘兼看書上石官將仕郎守四門助教臣陳莊上覆定字體官翰林待詔朝議郎權知沔王友上柱國賜緋魚袋臣唐元度校勘官兼知都勘定經書檢校刋勒上石朝議郎守國子毛詩博士上柱國臣章師道朝散大夫守國子司業騎都尉賜緋魚袋臣楊敬之都檢校官銀青光祿大夫闕十字國子祭酒同中書門下平章事

大清宮使監修國史上柱國滎陽郡開國公食邑二千
戶臣覃舊唐書開成二年正月中書門下奏起居舍人
集賢殿學士周墀監察御史張次宗禮部員外郎孔溫
業兵部員外郎集賢殿學士崔球同勘校經典釋文又
云率更令韓泉充詳定石經官新唐書亦列墀等四人
而碑不載顧寧人曰文宗紀宰臣判國子祭酒鄭覃進
石壁九經一百六十卷時上好文覃以經義啓導折文
學之士遂奏置五經博士依漢蔡邕刊碑列于太學創
立石壁九經諸儒校正訛謬上又令翰林勒字官唐元
度復校字體又乖師法故石經立後數十年名儒皆不
窺之以爲蕪累之甚舊史之評如此愚初讀而疑之又

見新書無貶詞以爲石壁九經雖不逮古人何遽不賢于寺碑冢碣及得其本而詳校之乃知經中之繆戾非一而劉昫之言不誣也略識于左兹不能盡錄寧人博學多聞考據不苟即石經辨析處一點畫未或輕易放過眞古善讀書人也惜相去數千里不能縮地就正之

唐中書門下下國子監牒

右牒係國子監奏覆定石經字體官翰林待詔唐元度狀准太和七年十二月五日勘定九經字體者今所詳覆多依司業張參五經文字爲准云云蓋因古今篆隸體異驚俗而近代文字傳寫乖訛故此狀又云與校勘官商較是非取其適中纂錄爲新加九經字樣一卷請

附于五經文字之末奉敕宣依後云開成二年八月十二日中書門下牒按九經字樣一卷凡七十六部四百二十一字此唐元度所定也劉禹錫國學新脩五經壁記云大歷中名儒張參爲國子司業始詳定五經書于論堂又云積六十載崩剝汙衊淢肰不鮮今天子尚文章而祭酒皡博士公肅再新壁書懲前土塗不克以壽乃析堅木負墉而比之又云申命國子能通書注者分章揆日懸其業而繕寫焉則唐之刻五經也自土塗而木板自木版而石壁凡三易矣禹錫稱參爲名儒而唐書無傳此記當作于太和中而祭酒皡博士公肅皆缺其姓古人之湮沒者可勝道哉

唐故天水姜夫人墓誌

右碑額云大唐故新平公主女姜夫人墓誌序云大唐故駙馬都尉天水姜慶初女適故殿中侍御史劉元質按新平公主爲元宗之女下嫁裴玲又嫁姜慶初其女適劉應云劉氏姜夫人而額冠以新平豈女以母貴可不必從夫也耶

唐太尉李光顔碑

右碑題云唐故河東節度觀察處置等使開府儀同三司守司徒兼侍中太原尹北都留守贈太尉李公神道碑河東節度觀察處置等使金紫光祿大夫檢校吏部尚書同中書門下平章事兼太原尹北都留守上柱國

彭原郡開國公食邑三千戸李程譔夏綏銀宥等州觀察判官登仕郎監察御史裏行雲騎尉郭虔書序云相國晉公之文書公盛績永誌元堂李之甄述得以略焉光顔之傳覩其兄加詳功烈偉矣碑之所述其大凡耳雖有裴晉公文不應若是之略但傳云年六十六而碑則六十五子昌元扶元繼元誠元建元與元榮元奉元播元安元卒于寶歴二年塟于三年碑立于開成五年刻字者翟文制也書仿顔柳而無其跡洵爲上品

唐寂照和上碑

右碑題云大唐安國寺故内外臨壇大德寂照和上碑銘宣德郎守秘書省著作郎充集賢殿脩撰上柱國段

成式撰少華山樹谷僧無可書處士顧元篆額開成六年正月六日建刻玉册官李郢刻字碑文險怪用内典字極夥樊宗師之流亞也有云西方聖人設戒二百五十魏書釋老志爲沙門者初修十誡而終于二百五十則具足成大僧婦人道者曰比邱尼其誡至于五百隨事增數在于防心攝身正口古之僧尼未有不從律戒入者今則以禪悟爲上乘置戒律于不復道矣書特峭拔秀勁學柳誠懸而姿態過之碑在咸陽西馬跑泉地中武功康子秀遇而識之樹于道傍子秀康對山海之子也

唐尊勝呪石幢

右石幢在西洞庭山包山寺前之左唐會昌元年建沙門契元書書侶張從申徐浩頗不俗吳下古碑絶少此幢在荒山斷澗中惜未有知而搨之者摩挱久之不能去云

唐重藏舍利記

右碑題云重藏舍利記采師倫書會昌六年九月立記云隋仁壽四年幽州刺史竇抗于智泉寺創木浮圖五級安舍利于其下寺爲後魏元象中幽州刺史尉萇命所造號尉使君寺後改爲智泉寺唐則天時改爲大雲寺開元中又改爲龍興寺太和甲戌歲八月廿日火延寺浮圖颯爲烟燼會昌乙丑佛寺盡廢毁節制司空清

源張公准敕于管內留寺一所明年有制度凡三十八秋八月廿一日于浮圖下得石函寶瓶舍利六粒九月廿八日藏之樓記有今丙寅八月之語以長歷考之丙寅爲會昌六年此記在憫忠寺所謂憫忠高閣去天一握是也

唐韋瓘浯溪題名

右永州浯溪題云太僕卿分司東都韋瓘大中二年過此余太和中以中書舍人謫康州逮今十六年去冬楚州刺史今年二月有桂林之命纔經數月又蒙除替行次靈川聞改此官分司優閑誠爲忝幸按史瓘仕累中書舍人與李德裕善李宗閔惡之德裕罷相貶爲明州

長史終桂觀察使以題名證之乃自中書謫康又不終于桂新唐書之誤也由大中二年逆數十六年前爲太和七年是時德裕當國八年十一月罷相不知瓘之被謫坐何事也

唐周公祠靈泉頌

右碑題低二字云鳳翔府岐山縣鳳棲鄉周公祠靈泉頌碑係鳳翔節度崔珙所上附宣宗批答手詔及珙謝表後云大中二季十一月廿日鳳翔隴州節度觀察處置等使銀青光祿大夫檢校尚書右僕射兼鳳翔里御史大夫安平郡開國公食邑二千戶崔珙狀新唐書珙傳宣宗立以太子賓客分司東都起爲鳳翔節度使正

在大中初年淇貝奏靈泉之日何爲削其封郡食邑舊書所載與碑同夫靈泉係湎而復通者乃過爲褒頌勒石紀銘唐末大臣謟諛成風朝廷反加獎勵論世者能無慨嘆耶

唐衡州記

右衡州記刺史李侗于大中四年立無書撰人姓名必侗所作也記言侗爲刺史治郡署立通門刻石記其封域所由來至云衡陽當五領門領卽嶺字其說互有同異裴瀋以大庾始安揭陽桂陽爲五嶺陸機請伐鼓五嶺表道九眞則以南康始安臨賀爲北嶺臨漳寧浦爲南嶺五都界內各有一嶺以隔南北之水俱通南越佀

與潛説相近至于徐廣雜記以剡松陽建安康樂爲五嶺而鄧明德又云五嶺皆在南康者謬甚郎韓康伯以晉興所統南移大營九岡爲五嶺之數者亦謬此云衡州當五嶺之門戶也

唐顔魯公事蹟敘

右敘在宋州八關齋會記石幢後幢爲顔魯公書立于大歷七年會昌中有詔大毀佛寺此幢尋廢宋州刺史崔倬訪求前賢事蹟郡從事涂君因言此幢石久湮沕文義乖絶得原模本于前刺史唐氏之家爲之補書云云則今之屹然垂後者乃崔君補書之幢而殘缺處猶多八關齋于顔書後詳著之茲不具錄

唐宣州重建小廳記

右碑題云大唐宣州重建小廳記沈顏撰乾寧二年九月八日記有云宏農王方作肥水又云宏農允憫是誠按宏農王者楊行密也行密之進爵爲王不見于紀傳但光啓二年三月朱全忠爲沛郡王大順二年二月李克用爲隴西郡王景福元年茂貞爲隴西郡王皆在乾寧以前安有行密之爵反下于全忠克用諸人者其後楊渥亦授宏農郡王本于父爵可知已況顏爲吳臣殆可信勿疑也則此碑可補史傳之缺

唐包山寺陁羅尼幢

右幢經後序云吳郡信士陸珣身爲居士心慕覺王加

滅高低重修樹立咸通四年歲次癸未四月二十二日
建列妻子助緣人姓名中有畫人甘貞想以幢蓋有佛
像而及之也予過包山寺見五幢二在山門外之左右
爲冣大二在天王殿前此其一也其一冣小在僧寮內

光緒歲在丁亥仲春之月吳縣朱記榮槐廬家塾校刊

金石錄補卷二十

金石錄補卷二十一　跋尾　槐廬叢書

崑山葉奕苞九來著　吳縣朱記榮校刊

唐法雲禪院碑
唐王亘鏞碑
唐主簿范隋告
唐尊勝陁羅尼經
唐脩文宣王廟碑
唐碧落碑釋文
唐卧龍寺大悲陁羅尼經
唐孫自牧校勘石經題名
唐李義先孔林石臺題名
唐黄府君墓誌銘
唐張府君墓誌銘

唐張曙擊甌賦

唐孫府君神道碑

唐李白酒樓記

唐勑買莊宅牒并記

右牒題云敕内莊宅使牒牒云萬年縣滻州鄉陳郁安國寺金經臺一所及地畝准敕出賣價錢納訖其莊交割分付仍貼買人知任判牒爲憑又署判官内僕局承彭泐副使内府局令賜緋泐劉行宣使兼鴻臚禮賓等使知泐田紹宗又云其價錢入門悉是僧正言衣鉢所出云云大中五年正月十三日承泐記按萬年爲京兆府畿縣長安志萬年有洪固龍首少陵白鹿薄陵東陵

苑東七鄉而無滻州鄉安國寺在皇城外朱雀街東第一坊爲睿宗藩邸舊宅景雲元年立爲寺以所封安國爲名原屬萬年治内此牒係安國寺僧正言出價承買後列俗弟子姓名若今之市券也當時十六宅各有莊地以内官主之所謂莊宅使也

唐杜順和上行記

右碑題云大唐華嚴寺杜順和上行記鄉貢進士杜殷譔朝議郎試左武衛長史上柱國董景仁書大中六年闕月二十四日記鐫玉册官邵建初刻碑文不足觀景仁行書清勁絶俗存之按神僧傳法順姓杜氏雍州萬年人碑云京兆人與傳合僧冠以姓與裴大智碑相似

而朱長文碑帖考又有華嚴寺法順大師碑許康佐書此碑今在長安縣開佛寺中

唐閩遷新社記

右新社記濮陽宁撰其文云大中十年夏六月關西公命遷社于州城凡築四壇社稷廣倍丈有五尺高倍尺有五寸主以石風師廣丈有五尺高尺有五寸雨師廣丈而高尺云云唐時州縣社稷皆有主惟此碑見之唐書楊發自蘇州刺史爲福建觀察使至大中十二年遷嶺南節度以歲月推之關西公者楊發也愚按今之郡縣卽古之矦封皆得制社傳曰國無大故不遷社關西公不請于天子而自命遷社何耶況遷社爲何等事而

記中止稱關西公不書名當時賓從諂佞爲可笑矣

唐陁羅尼經碑

右碑題云佛頂尊勝陁羅尼經大中十一年三月建後云男內莊宅使判官王公稚次男內養登仕郎王齊璪爲先代婆父亾妣敬立按長安志驪山圖皆有婆父聖磴在天華宮下石婆父墓在露臺祠東建陵中有石婆父廟而無註不得二字之解

唐魯府君墓誌銘

右誌銘題云唐故某州刺史銀青光祿大夫上柱國衛尉卿兼監察御史扶風魯府君墓誌銘銀青光祿大夫檢校太子賓客劉可度撰并書序云君諱某字宗源扶

風人徙家于燕今爲燕人唐左領軍大將軍兼御史大夫南陽郡公曰炅至德初驟獻忠略亟挫孽寇克復宗社尋加戶部尚書兼鄭潁節度使府君之四代祖也按新舊唐書炅傳互有同異新傳云安禄山反拜上洛太守將行于帝前畫攻守勢即碑所謂驟獻忠略也而舊傳略之新傳遷南陽太守兼防禦使封金鄉縣公舊傳不載見策勛行賞詔中詔曰特進太僕卿南陽郡公兼御史大夫權知襄陽節度事上柱國金鄉縣公魯炅可開府儀同三司兼御史大夫封岐國公兼京兆尹新傳止云封岐國公舊傳乾元元年兼鄭州刺史充鄭陳潁亳等州節度使上元二年爲淮西襄陽節度使鄧州刺

史新傳云乾元元年又加淮西節度使鄧州刺史其脫落多矣且淮西節度在上元中而即註于乾元元年之下覩舊傳紕繆殊甚然兩傳俱無加工部尚書其右領軍碑爲左領軍當以碑爲信碑云魯君有三子皆貴一女適淸河張公貞爲名族以大中十一年卒某州諱某二某字以紙斷爛故

唐崑山石井欄遺字

右石井欄在予舍西鄰爲顧相公廢圃後屬葛今屬陳從池中旱後得之八角皆有字已鑱去矣止存唐大中十二年二月初七日及次角内鄭貞二字制極壯偉與景德寺前井欄相類未知此圃有井耶抑從他處移至

而湮沒耶唐宣宗大中十二年歲在戊寅至今康熙庚申爲八百一十九年石理如新字畫未蝕惜爲庸夫劖削致此舊物失其出處而鄭貞何幸獨存姓名于天壤間予特以一金贖之將歸薦嚴寺常住云

唐吏部題名石柱

右石柱題名自唐初迄宣宗諸名臣多在焉　大中十二年十一月書鐫上石柱柱八面每面爲三段或四段曰左司郎中曰左司員外郎曰吏部郎中曰吏部員外郎曰司封郎中曰司封員外郎曰司勳郎中曰司勛員外郎曰考功郎中曰考功員外郎曰戶部郎中曰戶部員外郎曰度支郎中曰度支員外郎曰金部郎中曰

金部員外郎曰倉部郎中曰倉部員外郎曰禮部郎中曰禮部員外郎曰祠部郎中曰祠部員外郎曰膳部郎中曰膳部員外郎曰主客郎中曰主客員外郎按唐制六部二十四司以左右丞分領之左右司爲之副此皆左丞之屬題名不及左丞者自五品以下也郎中改隋諸司員外郎改隋承務郎在武德元年而貞觀龍朔永昌神龍中或改或省或復實此皆從舊制也愚意右丞所屬必別有石柱今不可得矣此柱在西安府文廟門内

唐鄭府君夫人崔氏合葬誌

右誌題云唐故滎陽鄭府君夫人博陵崔氏合祔墓誌

銘給事郎試太常寺奉禮郎攝衛州司法參軍秦貫篆
無書人姓名敘云恒字伯常試太常寺協律郎高祖世
斌新鄭縣開國男曾祖元嘉祖有年皆襲封考探賢魏
州昌樂朝城縣令君之夫人博陵崔氏令門清族內則
可師子六人頊珮瑾玘瓚琬咸繼遺芳克修至行以大
中十二年合祔府君夫人于先塋之側云云孫北海侍
郎云萬歷初年此誌石出于石門土中其文其書非唐
人佳者以伯常令族崔氏淑德當日著會眞記者何乃
造此犁舌業耶按鄭恒姓氏偶見于西廂傳奇世遂以
此碑爲鶯鶯崔氏夫婦之誌宋王銍辨張子野詩云詩
人老去鶯鶯在註言張生卽張籍爲謬乃元微之託而

云厥引微之所作姨母鄭氏誌云其旣喪夫遭亂軍微
之爲保護其家備至與傳奇之言合而元氏古豔詩中
春詞二首皆隱鶯字或隱作雙文以二鶯字爲雙文也
予考微之陸氏姊誌云外祖父授睦州刺史鄭濟白樂
天作微之母鄭夫人誌亦言鄭濟女則鶯鶯者乃崔鵬
之女于微之爲中表會眞記果爲微之所託何疑此碑
未詳崔氏家系豈必卽爲鶯鶯況會眞記雖謂鶯鶯委
身于人未嘗言某氏王實甫關漢卿所作乃烏有之辭
也今以碑中名姓適與烏有之辭同而恒配又適與鶯
鶯之氏同遂欲舉而實之恐失古人闕疑之義予故詳
録而辨焉王山史曰崔鶯鶯鄭恒夫人也恒字行甫碑

爲衢州參軍陳貫篆述成化間出于舊魏縣廢冢恒之字貫之姓與此碑不同未知山史何據卽以此崔氏爲鶯鶯也予在都門與山史游最久未嘗及此碑爲質次末丁事後過吳門遇山史示金石史跋此碑甚詳山史名宏撰華陰人

唐法雲禪院碑

右碑題云唐蘇州華亭縣顧亭林市新創法雲禪院記大中十四年十月廿五日吳興沈珹述并書今在松江亭林鎮法雲精舍石蓮房其地近顧野王冢又于寺基見斷碑曰寺南高基顧野王曾于此脩輿地志凡十四字故市名有顧字碑陰載慶歷七年重修伽藍神梁賢

顧君祠堂僧靈鑑爲侑神詩序云寄顧亭林法雲精舍云云則今之市鎭去顧字者爲俗人忘其所自也

唐王巨鏞碑

右碑翰林學士中散大夫守中書舍人劉瑑撰先石林公燕語云唐翰林學士結銜或在官上或在官下無定制如太和中李藏用碑云中散大夫守尚書戶部侍郎知制誥翰林學士王源中撰則在官下與此碑異而瑑不稱知制誥殊不可曉不應當時官名升降龐雜乃爾也

唐主簿范隋告

右告告身也首一行云將仕郎知幽州良鄉主簿范隋

次行云右可柱國三行云敕朝散大夫尚書水部郎中
穆栖梧云云行慶策勳于是乎在可依前件四行云咸
通二年六月十一日後三行低六字平列檢校司徒兼
中書令使爲一行中書侍郎兼工部尚書平章事臣杜
審權宣奉爲一行駕部郎中知制誥臣王鐸爲一行奉
字爲一行又敕如右牒到奉行爲一行又咸通二年六
月十一日爲一行後三行與咸字平列檢校司徒兼侍
中使爲一行左僕射兼門下侍郎平章事悰爲一行給
事中三字爲一行無姓名又云告將仕郎前權知幽州
良鄉縣主簿杜國范隋奉爲一行又敕如右符到奉行
爲一行後列員外郎其下三行平列主事吳亮令史楊

鴻書令史姓名欠後云咸通二年六月　日下此碑嘗刻在朱性甫鐵綱珊瑚集中唐司封掌官吏勳級十二轉爲一柱國据此先書官秩可加何勳繼以敕命敘其才能功績合諸人于一敕王言不能單及也牒至中書門下加以告諸本人謂之曰符使信驗也唐制如此詳録之以備參考悰者杜悰也宰相例不著姓而審權著姓殊不可觧然宰相表審權爲中書侍郎兼工部尚書在元年九月不帶平章事二年無審權名字與此告異者表之漏也

唐尊勝陁羅尼經

右尊勝幢前有序宣義郎前建州司戶叅軍劉鏞書無

撰序姓名後有朝議郎使持節漳州諸軍事崔袞立則此碑在閩中今秦陝石幢皆書此經出自唐人名手此碑建于咸通四年八月鐫字人湯惟晟又作八分書唐自太宗命三藏求取心經後異方之人必貢經典迎入內殿內外臣子以營創古寺剃度僧人爲例譬之漢興以秦焚書下令訪求則諸儒僞作以應書已盡而書愈多六經之旨晦矣唐時翻經何以異此韓吏部所以有火其書之說乎

唐修文宣王廟碑

右碑題云新修曲阜縣文宣王廟記攝鄆曹濮等州館驛巡官鄉貢進士賈防撰無書人姓名後附鄆濮等州

觀察使孔温裕請修廟奏及中書門下牒鄆濮觀察使奉勑牒咸通十一年三月十日建記云温裕夫子三十九代孫魯國公也蓋兖州非温裕本境雖出俸貲必由奏請唐之制也按百官志下之達上其制有六曰表狀牋奏辭牒諸司相質其制有三曰關刺移中書門下似應以相質者報温裕而亦云牒者據温裕所奏牒于上得勑而後下之也歐公讀漢孔廟卒史碑知三公奏事與諸司異以爲集古未嘗無益余于此碑亦云左傳王子朝之亂晉命諸侯輸周粟宋樂大心不可晉士伯折之乃受牒而歸此行牒之始也

唐碧落碑釋文

右碧落碑釋文鄭承規書咸通十一年七月六日立按碧落碑在絳州其書雜出頡籀鐘鼎款識非釋文莫之辨也碑名有數說段成式謂碑中有碧落二字故名而李肇則以爲碧落乃觀名也李漢謂終于碧落字故名而歐陽公則以爲其宮有碧落尊像文刻像背而名之也董逌攷其地原名碧落觀改龍興宮則李肇之說爲有據其文唐宗室李譔撰或以爲陳惟玉書或以爲李譔書或以爲譔自書洛中紀異錄又云刺史李諶爲母房太妃追薦造像成有二道士來請書之閉戶三日化二白鶴飛去其說似誕董弅云原刻石像背州將以不便摹搨別刻置廟中與歐說及紀異錄相符碑云有唐

五十三禩歲集敦牂歐陽公謂爲高宗總章三年而趙德甫云咸亨元年考之史總章三年三月改元咸亨也趙氏遺此釋文遂以爲大篆當時罕見妄有稱説者誤矣

唐臥龍寺大悲陁羅尼經

右碑題云千手千眼觀世音菩薩廣大圓滿無礙大悲陁羅尼咸通十二季孟春弟子王元諗建吾邑張孝廉鴻一曰觀世音以佛出世時應跡西乾現菩薩身助揚佛化實則過去古佛號正法明蓋影響化儀法爾如是互爲主伴大轉法輪凡普賢文殊諸菩薩皆然又不獨觀音也亦名觀自在華嚴經偈云勇猛丈夫觀自在也

稱爲女人者齊東之論如經所稱三十二應若凡若聖若男若女隨類現身同時攝化又何獨女人也楞嚴圓通章云八萬四千清淨寶目八萬四千母陁羅臂實則盡大地皆是菩薩手眼碑云千手千眼據成數而言猶約畧之詞也

唐孫自牧校勘石經題名

右題名在五經文字三卷之末云乾符三年孫毛詩博士自牧以家本重校勘定七月十八日書刻字人魚宗會顧寧人曰其字別體與朱梁所刻相類而本文不同當是開成中所刻其中有磨改者意自牧所爲也

唐李義先孔林石臺題名

右題名在夫子墓前石臺下殘泐過半可見者乾符丁酉歲正月十七日奉詔祭東岳迴祇謁先聖節度判官兼殿中侍御史李義先其餘尚存十餘字不成文矣昔孔子殁弟子于冢前以瓴甓爲壇方六尺至漢永壽元年魯相韓勑易之以石方三尺凡四十有九四面向外者俱有題名而剝落已盡此爲東南角第一石苞叩謁俯首見隱隱有字跡呼張太和搨之張曰某搨碑四十年未嘗及此石今日開生面矣乾符二字幾不可識以唐歷考之凡丁酉五細審字形則乾符四年也

唐黄府君墓誌銘

右碑題云唐故處士江夏黄府君墓誌銘并序鄉貢進

士張琪撰府君諱公俊字子彥以乾符五年十月殁于義興縣善拳鄉按宜興有善卷洞在國山西南拳與卷說文异解雖卷有先韻　未嘗與拳字通也此云善拳鄉非即善卷洞之鄉耶俟與宜興友人陳其年問之

唐張府君墓誌銘

右碑題云唐故宣義郎侍御史内供奉知鹽鐵嘉興監事張府君墓誌銘并序前荆南觀察支使將仕郎試詹事府司直泖蒙撰無書人姓名府君諱中立其先范陽人司空華十五世孫而翰林侍書懷褱之曾孫懷瓌與兄懷瓘皆以能書著名中立于乾符六年卒于常州義興之私第即以其年四月葬于許墅村之南娶汝南周

氏歷官武進尉麗水令永康宰以左丞韋公薦爲臺主簿有韋公卽君之親外丈人之語讀者似不可解按史記刺客傳註小司馬引劉氏云丈人謂主人翁也又韋昭云古者名男子爲丈夫尊婦嫗爲丈人故漢書宣元六王傳所云丈人謂淮陽憲王外王母卽張博母也此云親外丈人必張爲韋氏之所自出然亦長者之通稱如杜少陵詩題寄韋尹丈人之類自俗子呼婦翁爲丈人故今日詩文中不常用此二字至以泰山有丈人峰轉呼婦翁爲泰山者尤可笑也

唐張曙擊甌賦

右張曙擊甌賦序云宋玉九辯曰悼余生之不時今余

不時也甲辰歲身已南避許讚師郡刺史甚懽接春一日登郡東樓下臨巴江餞酒簇樂以相爲娛言閒有馬處士未至善擊甌者運動節奏出鬼入神太守請余賦之援賦共六百餘言皆警句也嚮于樽俎頃刻閒作此等大篇文字而姚鉉所編唐文粹及文苑英華唐人花木音樂賦俱失載甌小盆也俗呼盌之深者爲甌擊甌爲戲豈卽鼓缶之遺意耶碑在巴州郡樓下予于甲午歲見碑刻于江寧承恩寺前吾邑陸進士鑑近爲巴州守歸問之云樓已倒塌碑亦殘泐不可拓矣惜哉賦載學齋佔畢中

唐孫府君神道碑

石碑潁川叅軍孫照撰敘孫氏得姓自衛武公之子惠孫而詳列康叔以下較史記世家考伯卒子嗣伯立碑遺嗣伯一人府君諱士林字茂卿幽州內衙副將試殿中監去官侫佛之流也碑立于光啓四年五月自夫人而下新婦孫新婦姪男新婦姪孫新婦孫女無不載凡唐碑偶列刻字人而不及造碑者此有造碑人陳闕亦僅見也書法甚朴勁眞行草閒出爲可異焉

唐李白酒樓記

右記沈光撰篆書在今濟寧州南城上予于戊午八月奉薦赴京師便道訪仲兄次日登南城樓詹倚雉堞俯視南池遙想李杜雖往遺跡猶在令人慨慕不絕不止

地勝固以人重也此碑在破壁閒積穢不可近請家兒出之磨洗竟日始得句讀其文起語云有唐咸通辛巳正月壬午吳興沈光過任城題李白酒樓極言酒之能弱强夷險甘毒柔猛而歎白雖不遇獨斯樓也廣不過數席瓦缺椽蠹雖樵兒牧豎過亦指之曰李白常醉于此文頗詭而健家兒見予摩挲不已呼曲阜拓碑人至搨數本而歸兼有修葺斯樓之意葢自予發之云

右太白酒樓記唐沈光撰書則元人楊桓所篆也碑後題云至元癸巳楊桓書監州朝城龔泰知州眞定董珪同知泗原劉庭玉州判陽穀和洽同立石九來先生收入唐碑錄內豈未之見耶抑以唐人文桓之書而錄之耶桓精于篆學著六書統二十卷是碑駸駸入少溫庾公碑之室矣漢蜀楊氏有兩族子雲之揚從手是碑篆从从屮其子雲後人乎戊戌夏五晉齋識

元史本傳桓字武子兖州人由濟寧路教授名爲太
史院校書郎至元三十一年拜監察御史成宗即位
陞秘書少監博覽羣籍尤精篆隸之學著六
書統六書泝源書學正韻行於世是日又書

光緒歲在丁亥仲春之月吳縣朱記榮槐廬家塾校刊

金石錄補卷二十一

金石錄補卷二十二跋尾

崑山葉奕苞九來著　吳縣朱記榮校刊　槐廬叢書

唐池州銅陵縣孚貺侯廟碑

唐臧府君墓誌

唐李克用題名

唐孫府君神道碑跋見前卷

唐中書門下江西觀察使牒

唐重藏舍利記

唐宣州重建小廳記跋見前廿卷

唐濟安侯廟記

唐王審知德政碑

唐棲霞寺碑

唐乾陵石人姓名一

唐乾陵石人姓名二

唐宗聖觀主尹文操碑

唐鄭萬鈞草書心經

唐淸淨經

唐虎邱劒池二碑

唐杜牧之贈張好好詩

唐景照大法師碑 跋見十七卷

唐陳居士殘碑

唐褚遂良潭州斷碑

唐心經序

唐玉枕蘭亭敘

唐虢國公揚花臺銘

唐楊師謀題名

唐池州銅陵縣令覡侯廟碑

右碑云勑宣歙池等州都團練觀察使牒當道先准詔旨許行墨勑授管內諸州有功刺史大將等憲官具件如後晉朝故晉陽太守兼揚州長史張寬牒奉處分當道先准詔旨許行墨勑奬勸功勳雖幽顯不同而褒昇一致又云軍都顒請是行權制謹議褒贈游擊將軍宣州都督後云中和二年闕又云使檢校工部尚書兼御

史大夫裴押案此則唐時藩鎮得行墨勅申言晉張寛事例以示墨敕非始于唐也斜封墨勅出于臣下不止録人而以褒神尤爲僭竊之漸乎既侯無姓名不知爲何人而裴字下無名有押相傳以爲裴休非也

唐戴府君墓誌

右碑序云府君諱芳魯國郡人温良儉讓志惟清雅琴酒不仕春秋六十三中和三年八月廿五日終其年季冬之月初五日窆于吳郡東南華亭縣北廿二里去張管墩五里莞治鄉城山里進賢護洞涇西一百卌十步新宅之東南凡碑誌葬地未有如此之詳者銘詩有是誰書雙鯉魚是誰讀雙白鶴之語尤爲奇創

唐李克用題名

右李克用題云河東節度使檢校太保同中書門下平章事隴西郡王李克用以幽鎮侵擾中山領蕃漢步騎五十萬衆親來救援與易定司空同伸祈禱翌日過常山問罪時中和五年二月廿一日克用記又一行云易定節度使檢校司空王處存看題後云至三月十七日㠯幽州請就和斷遂却班師再謁晬容兼申賽謝便取飛狐路却歸河東廿一日克用重記按中和五年即光啟元年僖宗以二月至鳳翔三月還京改元之詔未下也五代史不及克用援處存事而見于唐書李茂勳傳葢克用與處存厚相結李可舉惡其將窺山東遣李全

忠圖易州以王鎔攻無極揚言易定本燕趙屬得其地
且參有之處存求援太原克用自將赴之鎔人懼退保
新城克用急攻之鎔引去追破之九門並未言及幽州
請和也然傳中止云鎮人懼而不及幽州則請和可知
矣又按通鑑載克用遣將康君立救之而題名則云領
蕃漢步騎五十萬衆親來救援與通鑑異是時唐綱不
振藩鎮橫行自相攻擊不奉朝命克用大書深刻略無
顧忌如此豈知千百年後有指而訴詈之者乎

唐中書門下下江西觀察使牒

右碑云光啟三年十一月中書門下牒江西觀察使其
後列銜者二十四人曰中書侍郎兼兵部尚書平章事

杜遜能門下侍郎兼吏部尚書平章事孔緯又檢校僕射一人檢校司空二人檢校司徒八人檢校太保三人檢校太傅一人檢校太尉二人檢校太師一人皆帶平章事書姓太保中書令昭度不書姓檢校太師兼侍中一人太師兼中書令一人亦不書姓除杜孔韋三正相之外餘皆小書使字益使相也又有節度鍾傳兩牒字畫端勁有法非臺省吏所書二十一人者乃張濬朱玫李福李可舉李罕之陳敬瑄王處存王徽曹誠李康威李茂正王重榮楊守亮王鎔樂彥禎朱全忠張全義拓跋思恭時溥王鐸高駢也按僖宗紀及實錄自三相與思恭彥禎溥濬全忠茂正諸人外如李克用朱瑄王行

瑜皆是時使相不應遺其名而朱玫王鐸王重榮李福皆已死所謂太師中書令者史策不載惟陳敬瑄檢校此官最後者其是歟他皆不可究質矣

唐重藏舍利記

右碑題云唐重藏舍利記題下空處有葬舍利僧復嚴六字景復元年十二月十八日記僧守因鐫街內殿講論兼應制大德沙門南敘述僧知常書按此即前會昌六年重藏之舍利而遷于閤內也聞舍利爲高僧荼毘後所遺光彩瑩耀其質如石崇禎末先大夫觀阿育王舍利其色微黃大如小豆客皆稱賀蓋舍利神異各隨其人之福量而爲之大小紅白無一定之形色先兄亦

至阿育王寺觀舍利色微量而卒于亂中先大夫年八十有六無病預知時至坐而遷化亦足見其神異已

唐宣州重建小廳記 跋見前卷

唐濟安侯廟記

右碑諫議大夫李巨川撰拾遺柳懷素書大唐光化二年四月立碑在華州按碑唐昭宗自華還京改華州爲興德府封少華山神爲佑順侯華州城隍爲濟安侯此文述韓建之功稱太傅許國公而不名褒建而及于城隍神也朱彝尊曰巨川爲建掌書記撰許國公勤王錄以媚建方昭宗幸華建請誅李筠圍十六王宅皆巨川敎之後爲朱全忠所殺新唐書附叛臣之列

唐王審知德政碑

右碑額篆書云敕賜琅琊郡王德政碑題云大唐威武軍節度福建管內觀察使處置三司發運等使特進檢校太保同中書門下平章事使持節福州都督諸軍事兼福州刺史上柱國琅琊郡王食邑泐戸食實封一百戸王審知德政碑并序銀青光祿大夫行尚書禮部侍郎上柱國臣于兢奉勅撰將仕郎守京兆府鄠縣尉直宏文館臣王倜書天祐三年丙寅閏十二月一日進敕建立鐫字節度討擊使兼御史中丞臧允拔天祐三年錢鏐楊渥朱全忠李克用攻陷州郡節度刺史皆叛附之審知立碑奉勅猶書正朔雖曰具文然有不可掩者

歐公以審知列世家爲其不終爲唐臣而又非鏐渥全忠克用之叛盡與之也予就碑書題則直以審知爲唐臣而已又按乾寧四年潮卒審知代立碑云三年潮遘疾付臣軍旅史或誤也碑載曾祖友名王父玉玉字下缺一畫仲兄審邽圭字下缺一畫皆史所遺史云固始人碑云瑯琊人觀其郡封碑可信矣碑高二丈餘極穹偉間有一二殘泐尙精好唐共十六帝金石錄闕哀宗天祐予得是碑補入以志快焉

唐棲霞寺碑

右碑記云陳侍中尙書令宣惠將軍參掌選事菩薩戒弟子濟陽江總持撰陳翊前會稽王行叅軍京兆韋霈

書賜紫沙門有朋篆額碑後有宋康定元年跋云此碑經唐會昌中毀廢重立至今石斷文缺寺僧契元捨貲購石依本再建刻字袁文雅按碑題之次列書撰人官秩姓名無更書國號者此曰陳侍中必爲唐人所加蓋唐明崇儼爲梁山賓三世孫碑中齊居士明僧紹卽山賓之父崇儼碑鋪揚祖父于攝山高隱至會昌重建斷碑而加之也王象之輿地碑記載此碑曰唐棲霞寺記陳江總撰高宗御書額故予姑置于唐碑中然此碑云沙門有朋篆額而非高宗何也總持爲江總之字豈以字行耶宣惠將軍加于後主至德四年去陳之亡不遠豈此碑立于開皇之初總持不忘故國而書之耶然予

有陳伏波將軍誌立于開皇中者其碑題書曰前陳此無前字非隋時立明矣

唐曹汾題東林寺詩

右絕句一首刻在曇珖碑陰題曰去東林寺詩曰峯頭不住起孤烟池上相留有白蓮塵網分明知束縛要須騎馬别雲泉會昌三年秘書省正字曹汾題按汾開成四年崔蠡下進士後爲中書舍人戸部侍郎忠武軍節度使乃丞相確之弟也

唐乾陵石人姓名

右姓名在唐高宗乾陵石人背上順治己丑之春予偶檢從兄晼若書簏中閲先文莊所遺碑刻得兩紙各長

二尺許字潤二寸一曰吐蕃大酋贊婆一曰十姓可汗
阿史那元慶適休寧族人石農翁至示之石農曰此唐
太宗陵上石人蕃酋姓名也華亭陳徵君藏宋搨碑刻
甚多歿後散亡畧盡而予于徵君之孫齋中見大兩幅
一則蔡京所書元祐黨人碑一則蕃酋姓名幾四五十
人當以酒兩甕爲君易之別去三年石農再至貽我一
卷乃抄録黨人及蕃酋姓名也問其原碑果爲他人攫
去而徵君之孫祇博一夕醉耳録此卷者已許石農換
酒姑以是示不負云又十年予爲録補而從兄前卒贊
婆兩紙亦失之矣及考唐陵園記宋游師雄唐陵圖趙
楷記而知石農所謂蕃酋姓名者乃高宗乾陵而非太

宗之昭陵也太宗貞觀中以諸蕃君長琢石肖形止十四人惟乾陵之葬諸蕃來助者衆武后錄其酋長六十一人勒之琬琰皆以姓名刻在石人之背立乾陵獻殿之前左蕃酋二十九人右蕃酋三十二人元祐中游師雄以石人姓名漫滅訪奉天縣舊家所藏搨本完好者摹刻四碑每碑十六人各寫其衣冠像貌元至正中進士張敏編長安圖志已亡其一而三碑殘缺之餘存三十八人陳氏所藏即游公重勒之碑從兄所藏乃石人背上原刻也趙氏昭陵六馬圖贊跋云諸降將名字乃殷仲容書附于卷末故于補錄乾陵蕃酋姓名無使其不聞于世即游公勒碑之意也口都少卿穆使西記云

乾陵石人爲回紇狀者六十有四與游碑合

唐乾陵石人姓名

游公四碑左第一碑亡左第二碑十八故左威衛大將軍兼金微都督僕固乞突左威衛將軍字缺二都督鼠尼施處毒勤德右領軍將軍兼于泉都督泥步設小阿悉吉度悉波故左威衛大將軍兼燕然大都督葛塞匐故右威衛將軍兼潔山都督突騎施傍靳故右衛將軍兼頡字闕一都督拔密幹藍羨故左武衛將軍兼雙河字闕四舍提欲護斯故左威衛大將軍兼匐延都督處木昆律啜阿史那盎路故右金吾將軍兼俱蘭都督闕傍汗阿悉首鄂靳大首領可汗頡利發闕右第一碑十二人故

大可汗驃騎大將軍行左威衛大將軍崑陵都護阿史
那彌射故右驍衛大將軍兼龜茲都督龜茲王白素稽
故右武衛將軍兼（闕一字）龜茲（闕一字）白回地羅徽疏勒王
裴夷捷密施康居王泥涅師十姓可汗阿史那斛瑟羅
吐谷渾青海王駙馬都尉慕容諾曷鉢右驍衛大將軍
兼波斯都督波斯王卑路斯十姓可汗阿史那元慶吐
谷渾樂（闕一字）徒耶鉢于闐王尉遲琡吐谷（闕三字）子石忽
那右第二碑十四人故左武衛大將軍（闕二字）十姓衛官
大首領吐屯社利波斯大首領南昧木俱罕（闕二字）斯陁
勒左威衛大將軍兼堅昆都督結釁蠶匐膚莫賀咄吐
蕃使夫論悉曩然吐谷羅葉護咄伽十姓大首領監泊

都督阿史那忠節右金吾衛大將軍兼本洵都督五姓囚麴葉護昆職默啜使移力貪汗達干播仙城（闕一字）河伏帝延吐蕃大酋長贊婆默啜使葛邏啜達干龜茲大首領那力自阿力碎葉川刺史安車鼻施撥諸酋姓名見于唐史者數人皆助祭之臣故史官不能詳記也唐之治不及兩漢而土地之廣雖三代無以過焉太宗嘗謂房元齡等曰曩之一天下克勝四方者惟秦皇漢武耳朕提三尺劍定四海遠夷率服不減二君然彼末路不自保公等宜相輔弼毋進諛言置朕于危亡也審如是太宗可謂明主矣而自營昭陵琢降將以夸示來世又何也武后效尤亦刊像乾陵元宗繼之淫亂頗承唐

祚始弱然碑中所見皆東西與北諸國之人南詔在海外無廣土堅城王師不能時至無積威未必有深怨而唐之亡也反以南詔所謂禍叢于所忽信已要之窮兵及遠本人主好勝一念啟之漢文賜南越王几杖豈力不足哉亦有所不爲耳

唐宗聖觀主尹文操碑

右碑員半千撰八分書無書人姓名趙崡曰敘文操游太白覩異像以爲奇蓋太白名山至今多見靈異不足奇也至謂老子降于壇閒萬衆共睹則近誕矣

唐鄭萬鈞草書心經

右心經石刻世謂右軍書王尚書元美云書雖遒逸而

疎縱不入格不中懷素作奴况右軍乎此爲駙馬都尉鄭萬鈞書按張說序云萬鈞學有傳僻書成草聖萬鈞之能書固矣必以心經爲萬鈞書恐并州無所據也

唐清淨經

右清淨經柳公權書字字藏鋒書家共賞米海嶽所謂小字要如大字有尋丈之勢者此也誠懸之論曰尖如錐捺如鑿不得出只得却是非極工于筆者不能但骨力有餘却無變换同一柳書而李西臺愛柳尊師誌歐陽公愛高重碑蔡忠惠公愛陰符經序人之好尚不同固若此乎

唐虎邱劍池二碑

右二碑在虎邱劒池上顔眞卿書縱橫三四尺極其壯偉信非魯公不能虎字末筆少缺避高祖諱也歲久殘泐萬歷甲申于土中復得劒池二字樹崖壁間有馬之驥者將虎邱二字重摹而虎字末筆竟不復缺失其義矣

唐杜牧之贈張好好詩

右詩載樊川集中書載宣和書譜末有灑盡滿襟淚短歌聊一書二句漫滅不可摹此董宗伯手摹也牧之書瀟灑流逸深得六朝人風韻宗伯云顔柳以後若温飛卿杜牧之亦名家也予觀小杜流連旖旎放浪低徊讀其詩歌使千載下有情人驚魂動魄何況雲烟滿紙筆

致絕塵乃爾耶

唐景照大法師碑 跋已見十七卷

唐陳居士殘碑

右殘碑額篆書云大唐潁州陳居士塔銘下止數十字有云居士諱生字善慶其姓名尚可識餘磨泐殆盡此碑武功縣人耕而獲之居士必武功人也

唐褚遂良潭州斷碑

右褚遂良湘潭偶題詩云遠山酉萃翠凝烟爛漫桐花二月天游徧九衢燈火夜歸來月挂海棠前後尚有字皆莫辨遂良貶潭州都督行部至道洗筆池上後人立祠榜曰唐大都督褚公洗筆池咸淳閒邑人趙必穆于

池中得斷碑上刻褚公此詩也酉萃即嶒崪漢碑多用之省文也

唐心經序

右心經序題云唐南陽忠國師述九華山僧省言書書全出虞伯施幾于亂眞矣碑在報恩寺壁間

唐玉枕蘭亭序

右蘭亭敘相傳褚河南歐陽率更縮而入石者柳文肅云賈秋壑家有蘭亭數本如玉枕者其客廖瑩中叅校命工王用和以靈壁石刻于悅生堂又謂悅生蘭亭也楊文貞云玉枕蘭亭有二一在南京火藥劉家一在紹興府文衡山云沈石田家藏玉枕本有秋壑印右軍像

極精按桑世昌蘭亭考備著傳刻本末所疏不下百本而畢少董所藏至三百本並不言玉枕何也

唐虢國公揚花臺銘

右銘題云虢國公揚花臺銘并序判官亳州臨涣縣尉申屠液撰而無書人姓氏及建碑年月日碑係裝成銘詞脱落殊爲可恨按序云輔國將軍虢國公楊等皆天子貴臣忠義盡節爰抽淨俸中莊嚴之事也又云華旛覆像盡垂交露之珠玉砌連龕更飾雄黃之寶似非一人獨鐫佛像而不具姓名卽虢國公有姓不名而題額中揚花二字連及殆所弗解然臺名揚花亦風韻可喜不必深求之也

予友趙君晉齋有此碑題云虢國公楊花臺銘并序
而銘曰之後即署判官亳州臨渙縣尉申屠液撰原
無銘詞非脫落也揚花揚字不從木葢即散花之義
碑云花雨依微灑輕香于世界是已前又有一碑即
此錄第十三卷中楊將軍新莊像銘也後云開元十
二年十月八日無書撰人姓名書仿褚河南與臺銘
如出一手而碑之大小亦相等予疑像銘之楊將軍
即臺銘之虢國公楊因檢舊唐書宦官楊思勗傳開
元初安南首領梅元成叛詔思勗討之卒斬元成十
二年五谿首領覃行璋作亂思勗復授詔討之生擒
行璋以軍功累加輔國大將軍後從東封加驃騎大

將軍封虢國公則此二碑均屬思勗明矣像銘刻于開元十二年在討行璋之後故云受聖寄任聞難經綸英謀貫古韜畧通神一蒙金鉞屢建華勛善代不伐功成不居功歸天子善託眞如蕃紀其事也考元宗本紀討行璋時思勗官書鎮國將軍故此碑題曰楊將軍其臺銘稱輔國大將軍虢國公及云牛車鹿裘驃騎滅中人之產當刻于十三年東封以後也按顧氏金石文字記云虢國公主花臺銘在西安府南門內華塔寺以揚作主亭林親至其碑所不應舛謬至此當由亭林文集刻于身後校讐疎畧偶然筆誤耳近時秀水李氏光映刻金石考畧引用古林金石

表遂引唐書順宗女虢國公主以實之竟以申屠液爲順宗時人訛以滋訛幾成信讞此孟子所以有不如無書之歎也碑中布衣脫粟有丞相之風相字失寫旁添想字又銘曰之後戛然而止殊不可解思勖本姓蘇羅州石城人爲內官楊氏所養因姓楊氏史稱其殘忍好殺奉命殺牛仙童至探取其心截去手足割而啖之其慘酷至此乃建塔造像以邀冥祐亦愚矣哉乾隆三十五年十一月初二日歙鮑廷博識于知不足齋

唐楊師謀題名

右題名云昔漢丞相蕭何邀淮陰公韓信至此山大唐

刺史楊師謀記按世家列傳信同諸將于南鄭逃亡何追信還豈南鄭固有山爲昔時追及處耶玉堂閒話與元之南有竹路通于巴州其路則深谿峭巖惟措大嶺稍似平處行人徐步而進若儒之布步其項謂之孤雲兩角彼中諺云孤雲兩角去天一握淮陰侯廟在焉昔漢高祖不用韓信信逃歸西楚蕭相國追之及于茲山故立廟貌耶

光緒歲在丁亥仲春之月吳縣朱記榮槐廬家塾校刊

金石錄補卷二十二

金石録補卷二十三 跋尾

崑山葉奕包九來著　　槐廬叢書

吳縣朱記榮校訂

唐李貞登北嶽詩

唐楊君墓誌銘

唐汾州刺史朱邪公墓誌

唐太保李公碑

唐代州刺史李公碑

唐劉光俊墓誌

唐兜率天經石幢

唐夔州都督府記

唐石鼓經呪

唐生公講臺碑
唐元結窪尊題名
唐樂安郡府君孫公墓誌銘
後梁鎮東軍牆隍廟記
吳越崇化寺尊勝石幢　誤入後卷
後梁開化寺陁羅尼經幢
後梁僧彥修草書擣衣篇
後梁吳郡陸夫人墓誌
後晉重修法門寺塔廟記
後梁吳越王題名
後梁尊勝陁羅尼經幢

後唐李存進碑

南唐祈澤寺碑

唐李㒷登北嶽詩

右詩題云秋祭恒嶽晨坐有懷定州司馬李㒷詩云二儀均四序五嶽分九州靈造良難測神功匪易酬恒山北臨代秀崿東跨幽瀕洞鎭河朔嵯峨冠嵩邱禋祠彰舊典壇廟列平疇古樹侵雲密飛泉界道流從官叨佐理銜命奉珍饈薦玉中誠效鏘金諒有由郊原照初日林薄委徂秋塞近風聲厲川長霧氣收他鄉饒感激歸望切祈求景福如宏願私門當復侯

唐楊君墓誌銘

右碑題曰楊君之志序云君諱悊字仁悊漢太尉公十七代孫以大唐己巳歲八月葬按唐總章二年開元十七年貞元五年大中三年皆次己巳楊君生不逢時無所表見祖父皆仕王府亦無可考不能定其爲何時人也銘序古雅書法遒勁而逸其名惜哉

唐汾州刺史朱邪公墓誌

右碑額云汾州刺史朱邪公墓誌篆書在晉王墓中止存此額按朱邪赤心賜姓李氏後其子孫俱諱稱朱邪而見于史者惟執宜歸唐從大將軍康承訓討龐勛而爲太原行營招討沙陀三部落軍使不言其刺汾州也餘則無可考矣

唐太保李公碑

右碑額云唐故左龍武軍統軍檢校司徒贈太保隴西李公神道之碑篆書題與額同書撰姓名建碑年月殘闕序云公諱國昌字德興世爲隴西沙陁人偉姿容善騎射蔭克用之父朱邪赤心所謂赤馬將軍火生頭上者也按唐紀其先本號朱邪出西突厥後號沙陁而以朱邪爲姓拔野古爲始祖自序曰沙陁者北庭之磧也唐太宗時置沙陀府歐陽公曰非也朱邪部族之號耳拔野古與朱邪同時人非其始祖太宗時亦無沙陁府高宗永徽中朱邪孤注爲契苾何力所敗後百五六十年當憲宗時朱邪盡忠見于中國赤心者盡忠之孫執

宜之子也

唐代州刺史李公碑

右碑額云唐故代州刺史李公神道之碑書撰姓名年月殘缺序曰公即太保之次子也其名僅存克字又有公前躍馬彎弓及徐方等數字可識按史克用弟四人次曰克讓爲振武軍校從討王仙芝以功拜金吾衛將軍宿衛京師賜親仁里第自克用稱兵雲中殺守將段文楚詔捕克讓讓與僕數十騎彎弓躍馬突圍出犇鴈門與碑合則爲克讓無疑但史不言其爲代州刺史又云與黄巢兵戰敗匿南山佛寺中爲寺僧所殺有不可曉者朱彝尊曰太保代州二碑在代州柏林寺東晉王

克用墓上土人相傳舊有碑十三今十一已亡其二存者又散埋土中蓋金石之文自歐陽永叔趙明誠後世無篤好之者宜其斷裂漫漶不可復識如是也永叔去五代甚近沙陀世次已不得詳唐家人傳謂太祖四弟皆不知其父祖名號至國昌字德興紀亦遺之是十三碑者永叔亦未之見也更六百年而予得睹其二非幸與同里曹先生秋岳有歐趙之好出二碑于土而摹之遂書其後

唐劉光俊墓誌

右志高肅撰無書人姓名趙崡曰光俊無殊績可稱肅文亦卑冗書行草習聖教如不能縛雞人學扛鼎者

唐兜率天經石幢

右石幢在明藩邸中趙崡曰此經大有歐率更書法志川宗尉掘地得之一字不損可玩也

唐夔州都督府記

右碑集古錄云唐世人人工書故其名湮没者不可勝數如貝靈該繆師愈今人尚不知其姓名况其書乎此記究未知貝繆二君誰書之也

唐石鼓經呪

右尊勝經呪以石爲鼓而環刻之書遒健有法存者不能强半鼓下作石山山上作天王鬼神以戴之斧鑿工甚奇在醴泉縣趙村廣濟寺後是初建寺時物

以上四碑及儼尊者塔額劉愼徽書尊勝經石幢見于盩厔縣趙子函石墨鐫華爲趙錄所遺者予雖未見諸碑以子函身歷碑下其言可信存之

唐生公講臺碑

右生公講臺四大字篆書相傳爲李陽冰筆在虎邱千人石上乃生公說法石爲點頭處也

唐元結窪尊題名

右窪尊在今永州　石上穴以受酒可三甕許約五斗尊旁題云方外子爲元子作次山之友必高人逸士惜不得其姓名而方外子七字大書深刻與窪尊長留天壤閒觀者爲之裵徊不忍去云

唐樂安郡府君孫公墓誌銘

右碑額云孫公墓銘篆書題云唐幽州衙前討擊使樂安郡府君孫公墓誌銘并序公諱緒字宗緒五世祖伏伽大理卿大父世元雲麾將軍左驍衛幽州衙前兵馬使檢校太子賓客父諱殘闕有鄉貢進士高哲一行在邊書之次不言書撰人意即哲也先文莊公日記云襲陽武侯家鑿地得石二方一尺二寸四分其蓋四角削稜刻螭文中方七寸篆額四字石在今通判黃諫家按陽武侯薛祿築獨石隆慶諸城洪永間人也

後梁鎮東軍牆隍廟記

右碑題云重脩牆隍神廟兼奏進封崇福侯記大梁開

平二年歲在武辰　曰　啟聖匡運同德功臣淮南鎮海鎮東等節度使檢校太師守侍中兼中書令吳越王鏐記記中有敕云敕鎮東軍牆隍神麗王前朝名將劇郡良材豈獨遺愛在人抑亦垂名終古況錢鏐任隆三鎮功顯十臣云云按唐亡于天祐四年丁卯梁太祖朱温稱開平元年後梁紀開平二年八月吳越王鏐遣甯國節度使王景仁奉表詣大梁景仁即茂章也温曾祖名茂琳父名誠故此碑以城爲牆以戊爲武而茂章亦改名焉薛史梁記元年六月司天監上言請改月辰內戊爲武戊本音茂爲茂之嫌名至今相傳以戊爲武而作茂音者絕少舊唐書哀帝紀天祐二年七月辛巳敕

全忠請鑄河中晉絳諸縣印內有城字並落下如密鄭絳蒲例單名爲文九月己巳勅武成王廟改爲武明王十月癸丑敕改成德軍曰武順臺城縣曰槀平阜城曰漢阜臨城曰房子十一月甲申敕改潞州潞城曰潞子黎城曰黎亭河南告城曰陽邑蔡州襄城曰苞孚同州韓城曰韓元絳州翼城曰澮川鄆州鄆城曰萬安慈州文城曰屈邑澤州晉城曰高都陽城曰護澤安州應城曰應陽洪州豐城曰吳高皆避全忠父名也哀帝以天子而諱臣下之名況吳越終其世奉中原之正朔者乎

顧炎武曰曾子固跋韓公井記襄州南楚之故城有昭王井故城今謂之故牆即鄢也子按城爲成同音在所

必改而以城爲牆又見于此炎武又曰茂字有讀爲武
者漢執金吾武榮碑云天降雄彥資才卓茂仰高鑽堅
允文允武然則戊之改武非無自矣

後梁開元寺陁羅尼經幢

右陁羅尼經幢在邢州開元寺後院題曰大佛頂隨求
尊勝陁羅尼經之幢寺中別有尊勝碑云罽賓沙門佛
陁波利奉詔譯此曰特進試鴻臚卿開府儀同三司蕭
國公食邑二千戶贈司空謚大辨正廣智大興善寺三
藏沙門不空奉詔譯後云梁乾化五年正月日建無書
人姓名按翻譯此經俱在永湻間其文微有不同梁太
祖乾化元年六月被弒再歲均王誅友珪自立復稱乾

化三年四年此云五年卽貞明元年也是年唐莊宗入魏梁晉夾河之戰方始邢州未嘗一日安而閻寶等尚能及此此以見晉宋以來至于五季崇奉佛教卽兵戈擾攘猶不廢也

後梁僧彥修草書擣衣篇

右僧彥脩書宋嘉祐中刻石司農少卿李丕緒跋云乾化中僧彥脩善草書得張旭法惜其名字不振模刻以貽好事石在西安府學

後梁吳郡陸夫人墓誌

右碑云時大梁貞明五年正月廿九日上蒼降禍終于此晨夫人娶蘭陵郡蕭府君諱章子七人女二二娘娶

李氏五娘娶吳氏于二月廿八葬于先府君同丙首壙元買妙淸院西地哀子珂等立誌云云按妙淸院在常熟縣尙湖之南蕭梁時建汲古閣主人毛鳳苞别號子晉于崇禎末重脩大殿發腐柱得此誌石字殊醜惡志云夫人娶蕭府君二女娶某氏古來男曰娶女曰嫁未聞以婦人而曰娶者文字俱不足存特以毛先生好義布金寺院此誌久作柱礎忽著于世不能無感云

後梁吳越王題名

嘉靖庚申春吾邑張石川先生寰登吳山徙倚上方懸崖見數字類顔魯公命從者搨之乃錢王題名也題曰梁龍德元年歲辛巳二月戊午一日朔天下都元帥吳

越國王錢鏐題無錫趙駿烈紀元彙考云梁五月改元龍德與通鑑同而此于二月已稱龍德何也吳任臣十國春秋是年爲錢氏天寶十二年于三月梁王詔王大舉兵伐吳豈鏐于梁改元詔到之時卽題名奉新號以示恭順耶或石屋殘泐字畫訛異耶

後晉重脩法門寺塔廟記

右碑薛昌序撰王仁恭書在扶風縣按天祐止四年此碑稱十九年史臣以李茂貞能奉唐正朔而此記後雖一稱天祐其中歷序前事並以天復紀年至二十年止與史不合次年莊宗取梁茂貞稱臣又一年茂貞死戰爭之時得舉佛事以梁晉搆兵茂貞偷安也茂貞傳先

爲岐王莊宗改封秦王據碑則己先爲秦王矣

後梁尊勝陁羅尼經幢

右幢在虎邱半塘壽聖寺中江夏郡黃氏十五娘造梁龍德二年九月二十二日建龍德朱友瑱紀年也

後唐李存進碑

右碑題闕上武節度麟勝朔等州觀察處置營田押蕃落等使單于安北都護行營蕃漢馬步使天雄軍馬步軍都指揮使北面行營闕前幽州節度判官朝散大夫檢校尚書吏部郎中兼御史中丞柱國賜紫金魚袋呂夢奇撰闕上參軍試太子校書梁邕書并篆額序云公諱存進字光嗣本姓孫樂安人也按史存進在義兒傳振武

人名重進失其字而非樂安碑云曾祖巖振武節度都押衙右散騎常侍祖名泐父佺振武節度都押衙左教練使銀青光祿大夫左散騎常侍爲史所遺史云大祖攻破朔州得之賜以姓名養爲子而碑云太祖以公早立戰功補節度押衙左廂衙隊威雄第一闕副兵馬使奏授銀青光祿大夫檢校太子賓客兼監察御史奏授者朝廷之銜也歷大順至景福二年五月始榮連戚屬補充右廂義兒第一院軍使戚屬者卽史所謂賜姓名而碑文其詞也義兒第一者卽史所謂養爲子而碑据其名也然已歷試之而後充義兒非初得之而卽養爲子也史云從太祖入關破黃巢從莊宗戰柏鄉爲碑所

遺其在太祖時碑云乾寧二年十月除授散騎常侍光化二年除授左廂馬步都虞候三年正月除授鴈門已北都知兵馬使五月權知汾州軍州事權者代署之謂四年轉右廂押隊都知兵馬使天復元年除授金紫光祿大夫檢校刑部尚書二年三月除授檢校兵部尚書十月加授檢校尚書左僕射八月轉左廂衙隊都知兵馬使三年知石州軍州事昭文睿武光孝皇帝于天祐五年正月制授檢校司空使持節石州諸軍事石州刺史九年二月奉命再知汾州軍州事十年六月奉命權知沁州軍州事與史歷慈沁二州刺史異其閒有制加光祿大夫檢校司徒又正授諸道行營蕃漢馬步使碑

云主上駐蹕在鄴補天雄軍都部署巡檢使與史莊宗初得魏博以爲天雄軍都部署同碑云劉鄩在莘縣與主上對壘公于南門多排弓矢待之鄩夜攻都城弓弩盡發鄩逃免爲史所遺碑云十五年冬大破汴寇十六年三月制授單于安北都護御史充振武節度麟勝朔等州觀察處置營田押蕃落等使史止云節度其餘皆遺上以大兵渡河公埋大木于兩岸作浮橋盡渡七年十月就加檢校太保賜御衣鞍馬與史同而史云以葦笮維大艦又與埋木異十九年正月契丹犯境從征二月加檢校太傅封隴西郡開國男食邑三百戶四月授北面行營招討使爲史所遺乘勝深入爲流矢所中沒

于陣與史同史則詳言李嗣昭戰殁存進代之軍于東垣與張文禮子處球戰殺處球兵殆盡碑所失載年六十七子漢韶漢威漢殷漢闕漢筠祿兒歡兒而史止及韶一人同光二年贈太尉以十一月葬葢太祖置義兒軍如李嗣昭等甚衆與存進異故史于李嗣源僅書其所賜之姓名不以子書也若存進爲太祖所親愛莊宗所信用其除授左右廂等職皆出于已至云制授制加則承制而命之也史于義兒傳最畧故予全錄碑文以記其同異云

南唐祈澤寺碑

右碑在祈澤寺殿角久埋荒翳中磨滅殆盡明萬歷中

金陵盛時泰鋤地得之今陷殿後壁間其首云晉水齊雲山釋無名後云泰正之月元年與德謙及保大諸字可辨時泰云茲寺經會昌之厄昇元初重建故有是作惜今殘缺徒令慨嘆而已寺在祈澤山東出通濟門三十餘里

光緒歲在丙戌仲春之月吳縣朱記榮槐廬家塾重刊

金石錄補卷二十三

金石録補卷二十四 跋尾

槐廬叢書

崑山葉奕包九來著

吳縣朱記榮校訂

吳越崇化寺尊勝石幢

後唐千峯禪院敕一

後唐千峯禪院敕二 敕三補後

吳越舜井石記

後晉冥福院牒

蜀邛州天慶觀陳希夷詩石刻補後

後唐宋齊邱詩

後晉溪州銅柱記

後晉建雄節度使相里金碑

後晉駙馬都尉司匡翰碑

吳越福州宣威感應王廟碑銘

吳越大慈山甘露院牒

後周龍泉禪院記

後周中書侍郎景範碑

後周尊勝陁羅尼經幢

南唐茅山紫陽觀碑

南唐王文秉小篆千字文

吳越洞庭山彌勒寺重脩石井記

南唐周處廟像碑

南漢千佛寶塔記

北漢天龍寺千佛樓碑

五代楊凝式步虛詞

阿呵題書

吳越崇化寺尊勝石幢

右幢云天寶四年歲次辛未三月五日建按梁以丁卯篡唐錢氏猶稱天祐次年戊辰建號天寶蓋以中原喪亂自行紀年于境中外則仍奉梁之正朔此云辛未爲梁乾化元年以崇化寺在臨安城內故幢書天寶是年捨安國縣宅基爲寺則請額于梁曰光孝明因者未嘗不用乾化也又如臨安立武肅生祠碑記則曰乾化三年錢氏家乘載追贈太夫人并敕建三世祖廟于衣錦

軍則曰乾化四年然後知武肅一生智術得以小事大之效故能歷世久遠與諸鎮迥異無錫趙駿烈編紀元彙攷最稱詳備獨于武肅天寶寶大二號乃云世次不可考予故因此幢而考正焉凡不用中原國號之碑即以吳越冠之

後唐千峯禪院敕一

右碑額云明宗詔書之碑鐘鼎篆文敕澤州千峯禪院僧洪密後十日敕字大於掌而敕字作卩朱彝尊曰明宗踐位日洪密具表稱賀以此會之有曰遜避無所愧恧艮多嗚呼五代之季安得此長者之言哉歐陽子謂明宗武君不通文字觀署尾數大字出自親判更有璽

曰書詔新鑄之印可異也

後唐千峯禪院敕二

右敕云據洪密所奏諸山門寺院乞免租稅事作納秋了分析奏來當別有宣秋熟得安和否遣去不多及一日敕而加新鑄之印三處夫以武人佞佛遂及其徒制詔如書札等于僚友惟唐文皇手敕房魏諸臣往往若此而明宗施于浮屠何也

吳越舜井石記

右記云吳越國王寶正三年八月十九日重開舜井取得重華石一片竊慮年移代遠莫測端由特令鐫刻用記年月己丑歲林鐘之月二十九日天下都元帥吳越

王記吳任臣十國春秋云旌教寺僧義恩奏云按圖經西北去三十五里有舜井二口深三丈舜子生時井爲澒泉即淘金之處也鄉人或遇耕鋤多得古塼甃石寶正三年閏八月初九日奏上十四日王差西都上直官五十人東都上直官五十人賫大糧畚鍤至井所開掘得識記寶物一百二十餘件都抽領西都上值廂虞侯盛瑗東都上值廂虞侯孫宏西都隨身虞侯閭邱稔勾當拜祭內值殿十將于軒十六日鑿西井十九日得銀環六赤珠一金合一古文錢二千三百四十琥珀珠一當十大錢三當五十大錢二十四太平百錢值百三銖二十四大錢二百五十四五銖錢九百六十貨泉錢二

百八十半兩錢三十石獅子一鐫其背曰重華井天明可開腹內水晶珠一東井得銀塔一高一尺五層內有金瓶舍利二顆散金瓶二金鈴六銅鈴一銀環六銀鈴一水精珠十四琥珀珠九樸珠大小三十五小琥珀獅子三十瑪瑙珠七玉人一玉環一銅鏡三銅爐一小瑪瑙珠六玉瓶一以上共三十四件並有石匣盛之題云唐元徽四年于此造塔鎮井西有重華石一片闊三尺厚九寸左右有索痕深二寸按順存錄言天慶觀有錢氏時公移稱兩都都軍糧帖蓋錢氏稱杭爲西都越爲東都同號兩都即此記之東都西都也已丑爲寶正四年乃唐天成四年也錢氏雖奉中原正朔而輒自稱年

號寶正之外復有天寶寶大見諸史册至于台州壁記有錢鎰天祐十九年之紀而瑪瑙水月寺幢又稱寶貞者閻氏唐末泛聞錄復作保正想以宋人廟諱改貞爲正總之傳習易訛固不可得而明也元徽爲宋蒼梧王昱紀元此云唐者疑誤

後唐冥福院牒

右碑在泰安州冥福寺顧寧人于牒中准字考之甚詳然周禮司裘註準亦作准顏氏干祿字書准通準正則未之及也唐時敕牒率皆用之何足異哉

後唐宋齊邱詩

右詩五言三十韻碑題云題鳳臺亭子陳獻司空鄉貢

進士宋齊邱上後題云前朝天祐八年二月二十一日題後唐昪元三年二月八日奉敕勒石崇英殿副使知院事檢校工部尚書兼御史大夫上柱國王紹顔奉敕書銀靑光祿大夫兼監察御史王仁壽鐫湘山野錄云宋齊邱相江南李璟二世皆爲左僕射嘗獻鳳凰臺詩有我欲烹長鯨四海爲鼎鑊我欲羅鳳皇天地爲繒繳之句皆諷璟跋扈也先主不聽上表乞歸九華山按先主舊名知誥爲徐温養子以天祐九年遷昪州刺史饒洞天薦宋齊邱于先主當齊邱困于逆旅鄰娼魏氏女竊賂遺數緡遂克投贄見先主賓之以國士合觀此詩陳獻司空乃鄉貢進士時豈即投贄之詩乎碑云天祐

八年恐記事之誤也又按齊邱歸唐後以陳覺周帝之命斬嚴續事言于唐主主命殷崇義草詔暴齊邱等事聽歸九華山後命鎖其第穴牆給食齊邱縊死謚曰繆醜野錄所載齊邱諷李主跋扈不從而乞歸九華非矣

後晉溪州銅柱記

右銅柱高一丈二尺重五千斤晉天冊上將軍楚王希範立學士李宏皐撰記希範馬殷子也殷由梁而唐而晉奄有南夏希範以次襲爵楚王唐廢帝清泰三年賜弓矢冠劍晉高祖天福四年加天策上將軍開府如殷故事溪州即今湖廣永順軍民府西接牂牁兩林南通桂林象郡五溪諸蠻彭氏最大史稱希範遣劉勍劉全

明以步卒五千攻彭士然士然遣子師暠降于勍乃立銅柱爲表命學士李皐記之按碑曰士愁而非士然曰宏皐而非皐曰師杲而非師暠有勍而無全明史云南甯莫彥殊都雲尹懷昌牂牁張萬濬率其本部共三十七州附于希範合彭氏爲四而碑云五姓歸明碑中具彭氏誓詞及希範奮語後列彭氏子姓從臣之名字殊醜惡以其與史互異録之吳任臣十國春秋云通鑑作彭仕愁五代史作彭仕然而以此銅柱作士然爲可信予所得拓本爲士愁字畫顯著竝無可疑未知志伊所見又與予異何也

晉建雄節度使相里金碑

右晉相里金碑按傳云字奉金而碑云國寶傳云贈太師而碑云贈太子太師封西河郡開國侯當以碑爲正顧炎武云碑稱顓頊生大業大業生庭堅庭堅仕堯爲大理官殷末有理王爲殷伯其孫仲明逃紂之禍去王字而稱里氏至周晉有里克其妻同成氏攜小子季連避地居于相城時人遂呼爲相里氏相里武爲漢御史相里覽爲前趙將軍而莊子書言相里勤之弟子作碑者不能引也予尋此碑同行者爲相里完極𥂴郎太師之後考北齊寺碑多相里氏之名至今千有餘年而裔孫猶居于此不獨晉中瀋樸而山谷之險猶足以自保故能累代不遷若山東河南兵火之餘人民亡散欲求

元時遺俗已寥寥不可問矣按貞觀中有相里元獎爲司農丞趙録有相里友諒墓誌長慶四年立

後晉駙馬都尉史匡翰碑

右碑題闕上功臣義成軍節度滑衛等州觀察處置營田闕內河解等使冠軍大將軍右金吾衛大將軍員外置同正員檢校司徒兼御史大夫駙馬都尉太保史公神道碑銘并序朝議郎尚書虞部員外知制誥臣陶穀奉敕撰待詔朝散大夫大府卿賜紫金魚袋臣閻光遠書天福八年六月十四日建楊稠鐫字匡翰石敬瑭之壻也尚晉國大長公主而不見于史大王父懷濤王父敬思父建闕皆任九府都督翰以駙馬歷官通顯並無功

績可紀穹碑巨碣止署官階而已

吳越福州宣威感應王廟碑銘

右碑陳　撰會同十年七月十日建宋王象之云通鑑晉天福三年戊戌契丹主耶律德光改元會同至後漢天福十二年丁未整整十年是歲福州陷于吳越錢氏自契丹入浙既用會同故福州亦用之按遼史會同無十年以是年二月已改大同也吳任臣曰契丹降赦則稱會同而改元則曰大同改元之後不三月而德光卒大同之號不行于南土故吳越猶稱會同也

吳越大慈山甘露院牒

右牒稱會同十年七月後有吳越國王押字及鎮東軍

節度印文按吳越奉契丹正朔屢見于寺院碑記于是年八月始奉漢制授宏俶鎮海鎮東節度使故此牒文止稱鎮東也吳任臣十國春秋云吳越備史稱忠獻王遺令以宏俶爲鎮海鎮東節度使者誤予按十國紀年馬殷傳云開運四年契丹犯闕中國兵亂貢賦不通而不書會同年號則是湖南諸國不奉契丹惟吳越獨行此號耳

後周龍泉禪院記

右碑額云敕賜龍泉禪院篆書題云大周澤州陽城縣龍泉禪院記文林郎前守澤州司法叅軍徐綸口撰鄉貢進士王獻可後序并書沙門師誠篆額顯德三年丙

辰九月七日建記中有大周開基之二載壬子按周太祖郭威稱帝于辛亥改元廣順與碑合內述天祐十九年按此地本屬梁乃追削梁號而改稱天祐者

後周中書侍郎景範碑

右碑翰林學士朝議郎尚書水部員外郎知制誥扈載撰顯德三年十二月十日建通鑑顯德二年八月丁未中書侍郎同平章事景範罷判三司以父喪罷政事碑云以列卿歸第縣車故鄉嗟風樹之忽驚訴昊天兮何極則是罷官歸里而後遭父喪與史異顧炎武曰鄒平縣南五里有景相公墓通鑑後周顯德元年七月癸巳以樞密院直學士工部侍郎常山景範爲中書侍郎同

平章事此地唐時屬常山也景氏之裔自洪武間有兩
舉人今亦尙有諸生不能記其祖矣不知何年謬傳爲
晉之景延廣而邑誌載之山東通志等書襲舛承訛無
不以爲延廣墓遂有令于此者謂延廣在晉爲誤國之
臣咎其後人毁其祠宇予至鄒平有諸生兩人稱景氏
之孫請問其祖爲誰予取通鑑及周世宗紀示之又示
以延廣傳延廣字航川陝州人其官爲馬步軍都指揮
使非此明矣又一日視此墓碑云故中書侍郎平章事
景公諱範又曰我大周聖神恭肅文武孝皇帝建大功
于漢室爲北藩于魏郡又曰今皇帝嗣位登用舊臣又
曰封上柱國晉陽縣開國伯贈侍中又曰冬十一月甍

于淄川郡之私第字甚明白因嘆近代士人不學以本邑之人書本邑之事而猶不可信以明白其見之碑而不之視以子孫而不識其先人推之天下郡邑之志如此者多矣

後周尊勝陁羅尼經幢

右幢在吾郡之虎邱一小石柱立于劍池之東千人石水灘上鏤佛像兩層爲蓋題云尊勝陁羅尼經後云下元甲子顯德五載龍集戊午日纏南斗高陽許氏建按吳越于丁卯開鎮雖有寶正天寶寶大等號而奉周正朔故此幢稱顯德也然不直書大周而云下元甲子豈非有得于國主而隱之耶吾郡古碑甚少雖虎邱爲日

涉之地而失于摹拓庚申閏八月征閩藩旗官兵北上舳艫横江予自東洞庭山歸閒道登千人座適大水跣足至幢下病後目眊不能仰視兒子汝濟從游拂苔蘚録建幢年月姓氏見者莫不目笑之而予之迂癖爲難療矣

南唐茅山紫陽觀碑

右碑南唐爲烈祖及元敬皇后重脩紫陽觀而作徐鉉撰楊元鼎書并篆額己未歲十二月一日建王文秉刊字按是年爲周顯德六年南唐　初奉周之正朔而此不書顯德者碑在國中也然亦不敢冠以本國國號故直書干支也耶鉉騁其詞辨極爲　鋪揚若忘國步之艱時

政之非者何也

南唐王文秉小篆千字文

右小篆千字文南唐王文秉書後題云大唐庚申歲按李煜稱臣于周削去中興年號奉周正朔而世宗許其稱帝故文秉猶得稱唐云庚申歲者惓惓故國之思不忍遽書顯德也然是歲宋太祖已受周禪改元建隆文秉下筆之際當憬然有動于中也歟

吳越洞庭山彌勒寺重脩石井記

右碑在吳縣東洞庭山彌勒寺殿後石牆下題云重脩常住石井記并序序云今下元壬戌大吳越國洞庭東山彌勒禪院二月己丑朔十一日己亥建立按吳越自

梁太祖開平元年開國歲次丁卯至此壬戌則爲建隆三年歸宋在前庚申而不稱趙宋紀元何也蓋錢氏于箋表文移必書所奉正朔至國中碑版誥諭往往自稱寶正等號或書下元由梁而周皆然虎邱石幢猶云下元甲子顯德五年而此碑并不稱建隆偏安自大習俗固然宋方有事南北聲教未能廣被而吳越之民漸摩于錢氏固深且久也後列會首隨使軍將知洞庭酒坊陸彥昌隨使軍將知社下酒坊吳津上軍正將知省回圖石橋酒務蔣口　愚按十國紀年云錢氏末造官吏濫設多有品例東西一隅酒坊冗職加以軍將之銜信不謬矣

南唐周處廟像碑

右碑題云晉平西周君廟像贊朝議郎守尚書郎中知制誥充集賢殿學士知院事賜紫金魚袋徐鍇譔後云唐乾德四年丙寅九月十三日建行義興縣令劉動篆額守義興縣尉李思義書按鍇字楚金廣陵人與兄鉉在江南以小篆八分著碑作八分必鍇之亞也趙氏石磬銘跋云王師南征鍇卒于圍城中鉉隨後主歸朝貴顯以壽終集古錄又云宋興違命侯來朝二徐皆得爲王臣中朝人士傾慕其風采與趙跋迥異此碑立于丙寅則已越建隆而乾德其爲宋臣無疑歐公必有所據趙氏以爲誤何耶抑亦未見此碑也耶南唐李景自庚

申歲奉宋正朔至此已七年碑中既稱乾德復冠以唐字何耶豈猶襲王秉文篆字千文之例耶但秉文止云大唐庚申而不書周之顯德尚屬兩存國體今于唐字之下明書乾德而是時不以爲非至乙亥南唐亡後此碑猶存足見宋人寬大也

南漢千佛寶塔記

右記云大漢皇帝以大寶十年丁卯歲敕有司[illegible]烏金鑄造千佛寶塔一所七層并相輪蓮花座高一二尺以四月乾德節設齋慶讚謹記記皆四六駢儷語 按南漢劉鋹于造塔後三年國亡塔猶在廣州光孝寺中

北漢大龍寺千佛樓碑

右碑題云大漢武皇帝新建天龍寺千佛樓之碑銘推誠佐命保祚功臣特進守尚書左僕射兼中書侍郎平章事上柱國隴西郡開國公食邑三千戸臣李惲奉敕譔翰林書令史劉守淸書翰林書令史王廷譽篆額廣運二年歲次乙亥八月廿一日建按史北漢劉繼元殘忍好殺輕役其民當裹劍吮血之餘嬖臣范超㕥金爲佛治不急之務惲爲相臣惟事圍棋飲酒不能匡正讀此碑知其諂佞而爲夸大之詞如劉旻之語張元徽曰顧我是何天子爾亦是何節度使則惲之夸大爲可鄙已碑稱承鈞爲睿宗皇帝繼元爲英武皇帝皆史所遺而史又云繼元之立在宋開寶元年戊辰即改元廣運

故碑云上御宇之八年然碑建于乙亥乃稱二年却有可疑朱彝尊曰偶閱楊夢申撰劉繼顒神道碑亦稱廣運元年歲次甲戌與是碑合則卽位改元之說史亦未詳當以碑爲正但北漢不足當一大郡王朴以爲必死之寇而其亡最後周之世宗宋之太祖百戰不能克諸國鎮率皆面縛歸土卽范超者亦降惟惲至國亡乃降夫以蕞爾之地抗百萬之師民爭爲之効死其君臣當有過人之才宜惲之夸大乃爾也文格卑書法陋無足譏焉已

五代楊凝式步虛詞

右步虛詞十九章章五言律八句相傳爲楊凝式書子

從家藏舊篋中得之失其跋未知承傳何自模勒何處其天眞縱逸黃山谷所云散禪入聖非謬也停雲館有神仙起屋注入行與此詞極相類但起居注多燥筆耳疑式字景度每不自檢束號楊風子歷後唐周漢保其身名詩歌明哲書記佯狂其風子之謂與

阿呵䟸書

南蠻中有兩爨自曲州靖州西南昆川西軛晉甯喻獻安甯距龍和城謂之西爨白蠻自彌鹿升麻二川南至步頭謂之東爨烏蠻南詔閣羅鳳以兵脅西爨徙戸二十萬于永昌東爨以言語不通多散依林谷得不徙然兩爨爲部落實繁有徒天寶貞元閒皆受封爵其屬亦

行文字發纂人阿毗撰字册凡一千八百四十號曰題書如科斗文纂人習之碑今在馬龍州

後唐千峯禪院敕三

右首書敕洪密三大字餘皆依奏免税語也大成元年十一月三十日宣兩下有樞密使孔闕其名未知勒碑在何時而有蒙城居士被召赴闕撥宿靈泉僧惠珣出敕索題乃書敕語於後亦不書名無攷矣按明宗紀天成元年四月壬寅左驍衛大將軍孔循爲樞密使則此宣敕者循也

蜀邛州大慶觀陳希夷詩石刻

右詩題云攀奉縣尹尙書水南小酌囘轡特扣松扃謁

高公茶話移時偶書二十八字道門弟子圖南上詩云我謂浮榮眞是幻醉來捨轡謁高公因聆玄論冥冥理轉覺塵寰一夢中太歲丁酉三月按天慶本唐天師觀希夷從本觀都威儀何昌一學鎖鼻術詩中所謂高公者何昌一也以其道高謂之高公丁酉爲孟昶明德四年在石晉則天福二年也

光緒歲在丁亥仲春之月吳縣朱記榮槐廬家塾重刊

金石錄補卷二十四

金石録補卷二十五　槐廬叢書

崑山葉奕包九來著　吳縣朱記榮校訂

集異

漢石經

尚書

人惟舊器惟新今本有二求字女母翕侮成人今作女無侮老成人度
爾口爾今作乃保后胥高高今作感女來勸憂永今作誕女有近則
在乃心近今作妝罙來於戲今作崇降弗祥女比猶念以相從比猶
今作分猷各翕翕今作設女罔台民今作無戲怠今爾惠朕𢗞動今無
今字惠作謂祇作震天既付命付今作孚白陳其五行白今作汨艾用三
德艾今作乂諒及庶民民今作人乃劭乃憲劭今作逸憲今作諺天命自

亮以民祇懼（亮今作度以今作治）肆高宗之饗國百年（今作享國五十有九年）惠于矜寡（于矜今作鮮鰥）毋兄白（毋兄今作無皇）則兄白敬德（兄日今作皇自）亂正刑（亂下今有先王之）常伯常任辟（辟今作準）王惟厥度心（厥上今有克字度今作宅）旦以前人之徵言（以前今作已受徵今作徽）文王之鮮光（鮮今作耿）

毛詩

誰知之蓋亦勿思（知上今有其字）欿欿伐輪兮（欿欿今作坎坎）三歲宦女（宦今作貫）山有蓲（蓲今作樞）

論語

意子之與（意今作抑）不以禮節之亦不行（今有可字）可謂好學口已矣（已矣今作也已）人焉廋哉人焉廋（今下有哉字）書云孝于

惟孝于今作乎未見好仁惡不仁今有二者字有三年之愛於

父母今有乎字君子有惡乎子曰有今多亦字有惡字惡居下而

訕上者今多流字年卌見惡焉今多而字往者不可諫也來者

猶可追也今無二也字執車者爲誰子車今作輿無子字是魯孔

丘與曰是是知津矣今多也曰二字從避世之士哉避今作辟櫌

不輟子路以告子憮然今多而行夫三子其斯以乎今作而已矣

賢者志其大志今作識辟諸宮牆諸今作之萬方有罪在朕躬

有開下今多一開字賈諸賈之哉賈今作沽在於蕭牆之內在於今作而在

唐石經

周易

悔吝者存乎其小疵也存今作言力少而任重少今作小傷於

外者必反於家（下於今作其）貢亨小利貞（今無貞字）

尚書

乃祖先父丕乃告我高后曰作丕刑于朕子孫（先父今作）

（乃父子字今無）臣下罔攸稟命（命今作令）王乃循師而誓（循今作徇）乃

汝誓讐（誓今作世）公位于洛汭（公今作攻）用端命于上帝（予今作于）

釋箕子囚封比干墓式商容閭（三句今各有之字）

詩

昔育恐育鞫（鞫今作鞠）不我知者謂我士也驕（今作不知我）小

戎序國人則矜其車田（田今作甲）舒憂受兮（憂今作優）諒曰不

可（諒今作涼）無此疆而介（介今作界）其正不獲（正今作政）女維湛樂

克從（今無克字）自今以始歲其有年（今無年字）

周禮

女使八人（使今作史）太宰三曰邦甸之賦（邦今作郊）典枲掌布絲縷（絲今作緦）司市市司帥胥師而從（胥今作賈）肆長掌其戒禁（禁今作令）鬯人禜門明瓢齍（明今作用）司几席設莞席紛純（席今作筵）司常家各相其號（相今作象）凡以神士者（士今作仕）大司馬旗車卒間（車今作居）醫師有疕瘍者（今無有字）野廬氏有相翔者則誅之（今無則字）有邦之大師（今無有字）以救日之弓與救月之矢夜射之（今無夜字）

儀禮

燕禮右祭酺醢（酺今作脯）小臣又請媵爵者二大夫大夫媵爵如初（今無下大夫二字）大射儀賓升成敗（敗今作拜）士喪禮

如筵日之禮（禮今作儀）主婦被錫衣移袂（移今作侈）祝筵尸（筵今作延）主婦洗于房中（今有爵字）主人降洗觶（觶今作爵）主人拜受尸拜送（今受下有爵字）

禮記

御刪定月令在曲禮之前月令其器閎以掩（掩今作奄）檀弓周公蓋附（附今作祔）禮器饗帝于郊而風雨寒暑時（今風雨下有節字）喪大記男子出寢門（今門下有外字）子大夫公子食粥（今公子下有衆士字）坊記民猶有薄于孝而厚于慈（今無有字）中庸待其人而後然（然今作行）儒行愼靜尚寬（今多一而字）大學若有一介臣（介今作个）

春秋左傳

閔二年從曰撫國國今作軍姬寘諸公六日公今作宮文元年王使毛伯衛來賜命賜今作錫宣二年以示諸朝示今作視十八年凡自內虐其君曰弒今無內字成十八年所不嗣是于齊者是今作事二十一年欒盈奔楚過于周今無奔楚二字哀二十六年四方其順之順今作訓

春秋公羊傳

隱四年隱曰吾否今無吾字六年吾與鄭人末有成也末今作末桓六年簡車馬也馬今作徒僖四年南夸與北夸交下夸字今作狄文六年何以謂之天無是月是月非常月也今無下是月二字宣六年此非弒君如何如今作而哀十四年有麕而角者麕今作麏

春秋穀梁傳

僖二十二年春秋三十四戰（今四上有有字）二十八年晉師齊侯宋師秦師（今作齊師）文二年內大夫可以會諸侯（今作會外諸侯）

論語

再思可矣（思今作斯）我三人行（今無我字）必得我師焉（得今作有）告夫二三子（今無二字）何德之衰也（今無也字）人絜已以進（絜今作潔）

爾雅

赫兮烜兮（烜今作喧）河鼓謂之牽牛（河今作何）魚之尾謂之丙（今無上之字）

碑用經語

覤覤虎視張壽碑禕隋在公聞斯行諸蹇蹇匪躬衡方碑

皓天不弔夏承碑其于鄉黨遜遜如也動乎儉中鬼神

富謙劉修碑鄉黨逡逡祝睦碑仁必有勇可以托六無偏

無黨遵王之素發號施憲惟獄降精孔彪碑穆若清風

魯峻碑有朋自遠婁壽碑述而好古惟獄降靈楊君碑有恥

且格費鳳碑仰之以彌高鑽之而彌堅乾乾日穆色斯

高舉費鳳別碑日夜在公孫根碑鑽前忽後魏元丕碑其存也榮

其亡也哀劉寬碑帥由舊章譙敏碑韶磬柷圉高如不危

無爲如治孟郁修堯廟碑日月星辰所昭卬也地理山川所

生殖也功加于民祀報之歲其有年華山碑祀典孔明

敬恭明祀華山亭碑廣被四表樊毅復華下民租田碑周禮識方氏

有益于人則祀之祭則獲福順民之則辨于羣神稽民用章樊毅修華嶽碑肅恭明神郁阮神碑含閎光大人道惡盈而好謙見機而作老子銘乾爲物父坤爲物母出從幽谷遷于喬木叔粟如火三公山碑五穀熟成白石山神碑如集于木如臨於谷繼禹之跡王君治石路碑蕩蕩乎治無能名焉惟直如矢不侮矜寡唐扶碑夙宵在公廸謨彌諧張納碑約之以禮博之以文會無君子斯焉取旃劉熊碑蓼蓼者儀蔣君碑

石鼓文

宋薛尚功鄭樵爲音釋王厚之施宿董弅各加考正集錄之按孫巨原于僧寺佛書龕中得古文一卷傳

爲唐人所編其甲乙次第悉與施合故元潘廸從施本註之名曰石鼓文音訓世行壘本兹不復載而録其先後之次云

我車既攻

薛氏次八鄭氏次三董氏次六施氏潘氏次一

汧也沔沔

薛氏次五鄭氏次一董氏次七施氏潘氏次二

田車既安

鄭氏次四董氏次一薛氏施氏潘氏次三

鑾車

鄭氏次五董氏次十薛氏施氏潘氏次四

靈雨

薛氏次九鄭氏次八董氏次三施氏潘氏次五

猷作原

薛氏次七鄭氏次八董氏次九施氏潘氏次六

而師

薛氏次一鄭氏董氏次八施氏潘氏次七

溦

薛氏次六鄭氏次七董氏次五施氏潘氏次八

我水

薛氏董氏次二鄭氏次十施氏潘氏次九

虞人憐亟

鄭氏次六董氏次四薛氏施氏潘氏次十

碑題一　金石錄　秦漢

詛楚文三

集古作秦誓巫咸朝那文廣川作湫淵巫咸亞駝金石畧作祀巫咸大湫文

泰山刻石

廣川作泰山篆金石畧作封泰山碑

之罘山刻石

集古作之罘山秦篆遺文金石畧一作之罘大篆

嶧山刻石

集古一作秦二世詔廣川跋作嶧山銘金石畧作嶧

山頌德碑

巴官鐵量銘

字原作巴官鐵盆銘

南武陽功曹闕銘

金石畧作南武陽墓銘

王稚子闕銘

集古作後漢八闕銘隷釋字原作洛陽令王稚子闕

天下録作稚子墓闕文

謁者景君表

集古金石畧天下録作景君碑字原隷釋皆作謁者

景君墓表

鄒令景君闕銘
集古作景君石椁銘
窆室銘
廣川跋作窆石銘
麟鳳贊并記
隸釋字原作麒麟鳳凰碑天下錄作麟鳳碑
國三老袁良碑
字原作三老袁良碑水經注作袁梁碑金石畧天下
錄作袁貢碑
張平子碑
集古作張平子墓碑

北海相景君碑陰
字原作景北海碑陰
燉煌長史武班碑
集古作漢班碑　字原作長史武班碑
武氏石闕銘
字原作武君闕銘　金石畧作武氏石闕記
費亭侯曹騰碑
集古作中常侍費亭侯曹騰碑　金石畧作中常侍曹騰碑　隷釋字原作費亭侯曹騰碑陰
司隷楊厥開石路頌
集古作司隷楊君碑　隷釋作司隷校尉楗爲楊君頌

字原作司隸校尉楊君碑華陽云名渙字原云名淮

孔子廟置卒史碑
集古作魯相置孔子廟卒史碑隸釋作孔廟置百石
卒史孔龢碑金石畧天下錄皆作司徒吳雄等奏孔
子廟置卒史碑

孔德讓碣
隸釋字原天下錄作孔謙碣

東海相桓君廟碑
隸釋字原作東海廟碑金石畧一作東海祠碑

韓明府孔子廟碑
集古作修孔子廟器表隸釋字原作魯相韓敕造孔

廟禮器碑金石畧天下錄作韓敕復顏氏繇發碑

碑題二　金石錄　漢

吉成侯州輔碑

水經注作州苞碑

韓府君孔子廟碑

隸釋字原作韓敕修孔廟後碑

孫叔敖碑

天下錄作楚相孫叔敖碑碑內固始令段君字原作

陂君

封丘令王元賓碑

集古作修王元賓廟碑隸釋字原作王元賓碑

冀州刺史王純碑
水經注作王紛碑
桐柏廟碑
隸釋字原作淮源桐柏廟碑
泰山都尉孔宙碑
金石略作太山太守孔宙碑
堯廟碑
集古天下錄作堯祠祈雨碑隸釋作濟陰太守孟郁
修堯祠碑字原作孟郁修堯廟碑
堵陽長謁者劉君碑
字原作堵陽長劉子山斷碑

史晨孔子廟碑

隷釋作魯相史晨祠孔子廟奏銘金石畧天下錄作

魯相史晨等奏出王家穀祠孔子碑

魯相謁孔子冢文

字原作司空孔扶碑隷續作漢故司空孔公之碑闕

里祖庭記作司空孔公碑

廣漢縣令王君神道

隷釋字原皆作綿竹令王君神道

慎令劉君碑

字原作慎令劉君碑

武都太守李翕碑

隷釋字原作李翕西狹頌
李翕碑陰
字原作李翕澠池五瑞碑
李翕造郙閣頌
隷釋字原皆作李翕析里橋郙閣頌集古錄目作李
會金石略作銘
成陽靈臺碑
集古天下錄皆作堯母祠碑
故民吳公碑
字原作故民吳仲山碑
元儒先生碑

集古錄字原皆作元儒婁先生碑隸釋金石畧天下
錄皆作元儒先生婁壽碑

桂陽太守周君頌

集古作桂陽太守紀功碑隸釋作桂陽太守周憬功
勲銘金石畧作桂陽太守周府君碑樂史寰宇記又
作周昕廟碑

堯廟碑

水經作堯祠石屋碑隸釋天下錄皆作帝堯碑

梁相費汎碑

集古作費府君碑

堂邑令費君碑陰

隸釋字原皆作費鳳別碑

斥彰長斷碑

字原作斥彰長田君斷碑漢書作斥章

郎中王君碑

字原作郎中王政碑又云字季輔集古云季餔

碑題三 金石錄漢

華嶽碑

集古作樊毅修華嶽碑隸釋作西嶽華山亭碑金石

畧作西嶽和山亭碑

樊毅西嶽碑

集古作西嶽廟復民賦頌隸釋字原皆作宏農太守

樊毅復華下民租碑金石畧作乞復華下民田租碑又作改西嶽廟民賦天下錄作乞改華下民租田算狀

西嶽碑

隷釋作樊毅修華嶽碑

逢童子碑

隷釋作童子逢盛碑字原云俗作董孝碑

三公山碑

集古錄作北嶽碑

揚州刺史敬使君碑

集古作敬仲碑

槀長蔡君頌
金石畧作槀城長蔡湛碑
安平相孫根碑
金石畧作安平王相孫根墓碑
成陽令唐君碑
隷釋字原皆作唐扶碑
都鄉正街彈碑
隷釋字原皆作都鄉正衛彈碑金石畧作都鄉正街彈頌
尉氏令鄭君碑
字原作尉氏令鄭季宣碑

陳君碑

金石畧作大司農陳君碑

周公禮殿記

集古作文翁石柱記隸釋作益州太守高眹修禮殿記金石畧天下錄作周公禮殿石楹記字原作高眹修禮殿記集古跋眹作朕

浚儀令衡立碑

集古作元節碑

趙相雝府君碑

金石畧作趙國相雝勸石闕碑字原作趙相雍勸闕文

酸棗令劉熊碑
集古作俞鄉侯季子碑
富春丞張君碑
隸釋字原皆云名滇又云或作湛
益州太守薛君巴郡太守劉君碑
宣和作益州太守中山相薛君巴郡太守宗正卿成
平侯劉君碑字原作中山相薛君成平侯劉君斷碑
巴郡太守張府君功德敘
隸釋字原作張納功德敘
南陽太守秦君碑額
隸釋字原作南陽太守秦頡碑

戚伯著碑

集古錄目作周伯著碑天下錄作元孫伯著碑

武氏石室畫像

隸釋字原作武梁石室畫像金石畧作武氏石闕記

膠水縣令王君廟門碑

字原作膠東縣令王君碑

仙人唐君碑

集古書跋作公昉碑隸釋字原作仙人唐公房碑天下錄作仙人唐公昉碑

四皓神位刻石

宣和作四老神祚機刻石隸釋字原作四老神位神

祚機

碑題四 隸釋 漢

蜀郡太守何君閣碑

字原墨寶作何君閣道碑

青衣尉趙君羊竇道碑

字原墨寶作趙君羊竇道碑

江原長進德碣

復齋作進德闕

上庸長司馬孟臺神道

墨寶作司馬君神道復齋作上庸長闕

縣三老楊信碑

墨寶作金溪楊信碑

仲秋下旬碑

墨寶作文處茂碑復齋作楊元君仲秋下旬碑

五君柈文

宜和作眞人君石樽刻石

辛李二君造橋碑

字原云蜀人作神水閣碑

碑題五字原　漢

掾杜峻等題字

字原云總目作先生任君等題名

建平郫縣碑

復齋作建平范功平治道碑
米巫祭酒張普題字
復齋作張普施天師道法記墨寶作洪雅磨崖
南安長王君平鄉道碑
復齋作平鄉明亭開道碑
汝南上蔡令神道
一云蜀人作汝南令闕
沛相范皮闕文
天下錄作沛相劍門范皮墓闕文
張休崖涘銘
一云磨崖險路銘

江州夷邑長盧豐碑

一云漢夜郎碑

不其令董恢闕

或云雙闕漢書作董恢

益州太守高頤字貫光闕

隸釋云舊無光字

魯峻石壁殘畫像

水經作魯恭隸釋云魯恭即魯峻

碑題六　金石錄　三國　六朝　唐

大饗碑

金石略作魏武帝大饗碑陰隸釋又有大饗記

魏百官公卿奏

隸釋字原作公卿上尊號奏金石畧作羣公上尊號表

孔子廟碑

隸釋字原作修孔子廟碑金石畧作封議郎孔羨爲宗聖侯碑

南郡太守卞統碑

金石畧作南陽太守卞君碑

魏殘碑

字原作漢舜子巷義井碑

魏殘碑陰

字原作舜子巷義井碑陰

陸喈碑

金石畧作宣城内史陸喈碑　集古云宣威内史

許長史舊館壇記

金石畧作上清真人許長史舊館壇碑

叱閭神寶修關城銘

金石畧作叱閭神寶造像記

北巡碑

集古作魏孝文北巡碑

兖州賈使君碑

金石畧作兖州刺史賈思伯碑

汝南王碑
金石略作汝南文宣王碑
啟法寺碑
集古作丁道護啟法寺碑
欒州使君江夏公碑
金石略作欒州使君江夏徐公碑
西林道場碑
集古金石略皆作廬山西林道場碑
索法師淸德碑
金石略作索靖法師精行淸德碑
崇聖寺佛牙碑

大興朱氏槐廬校刊

金石畧作佛牙寶塔碑

等慈寺碑

集古作顏師古等慈寺碑天下錄作鄭州等慈寺碑

大聖眞身塔銘

金石畧作無憂王寺大聖眞身塔銘

崇徽公主手痕詩

金石畧作崇徽公主手痕靈石并李山甫詩

郭忠武公將佐畧

金石畧作汾陽王將佐畧

歷城令劉文恪碑

金石畧作劉彥恪碑

太子典膳郎鄭君碑

金石畧作太子翌善鄭君碑

金城寺放生池碑

金石畧作放生石柱文

司命眞君碑

金石畧天下錄作天柱山司命眞君碑

景陽井銘

金石畧作景陽石井欄銘

辨石鐘山記

金石畧作辨石鐘山鐘記

瘞雀銘

東觀一作朱方崔銘

碑立處

桐柏淮源廟碑

集古錄目云在鄧州天下錄云在唐州或云在隨州

棗陽桐柏鎮

張公神碑

字原云在衛州黎陽天下錄云在通利軍

何君閣道碑

墨寶云在滎經縣字原云在雅州

趙君羊竇碑

墨寶云在嚴道縣東三十里字原云在眉州

司隸校尉楊君開石門頌
字原云在興元府墨寶云在褒城縣北五里
李翕西狹頌
墨寶云在同谷縣天下錄字原云在成州
周憬功勳銘
圖經云在韶州字原或云在彬州
馮緄碑
字原云在渠州墨寶云在達州
張表碑
集古金石錄隸釋皆云在冀州諸道錄在澶州
愼令劉修碑

集古金石錄隸釋皆云在下邑縣天下錄云在穀熟縣字原金石畧云在南京

陳球碑

金石畧云在下邳字原云在淮陽軍

逢童子碑

天下錄云在濰州字原云在昌邑

孫根碑

金石畧字原皆云在密州天下錄云在高密縣

郭究碑

字原云在河陽縣天下錄云在濟源縣

譙敏碑

金石略字原皆云在冀州東觀云在棗強縣
樊敏碑
字原云在雅州隸釋云在黎州墨寶云在盧山縣
綿竹江堰碑
字原云在漢州墨寶云在綿竹縣
衛彈碑
金石錄云在汝州舊錄云在葉縣
劉讓閣道題字
字原云在涪州隸釋云在蜀中閣道
米巫題字
字原云在嘉州墨寶云洪雅磨崖

進德碣

隸釋云在蜀州字原云在忠州

補唐石經詩

曰商王是常（今無王字）蹲沓背憎（蹲今作噂）

光緒歲在丁亥仲春之月吳縣朱記榮槐廬家塾重刊

金石錄補卷二十五

金石錄補卷二十六

崑山葉奕苞九來著　　槐廬叢書

傳疑　　吳縣朱記榮校訂

弡仲簠匜

劉原父先秦古器記作張仲寶簠歐陽公集古錄云張仲器四其銘文皆同薛尚功款識云原父藏其器予錄其文張仲周宣王時人卽詩所謂張仲孝友是也呂大臨考古錄圖以隸書偏旁釋之從巨不從長當爲弡趙明誠金石錄云弡字雖見玉篇然古文與隸多不合黃順伯東觀餘論云弡其勿反董逌廣川書跋云弡之忍翻皆以張仲爲誤董氏又云方中匜

字不與古文合原父釋曰寶医医于禮爲櫝所以藏弓弩矢也董又云古文匧不從竹後人從竹者誤此器爲方銅匣類桶蓋爲龜古匧之制也予按医又作医弡伯医以医爲医而欵識弡伯医又作匧考古文医字方中作从近匧廣川云以古較之與簠同

伯庶父尊敦

銘曰伯庶父作王姑⿰姜周尊敦考古云稱姑婦辭也王姑夫之母也欵識云或謂王姑者王父之姊妹廣川曰謂吾姪者吾謂之姑禮有王父母無王姑伯庶父必齊之子也齊與姬姓世爲婚媾凡以國聘者在名爲太姜少姜在序爲孟姜叔姜在謚爲文姜宣姜穆

姜在國爲秦姜晉姜衛姜此以國繫姓故曰周姜使疑爲王之姑則以周爲謚矣而周之世未有以天子之國號爲謚者原文周字作月或釋井或釋丹詩云舟人之子顧野王所謂卽周字也

毛伯敦

集古作毛伯古敦款識曰郱廣川曰龔伯宗器其子作也蓋敦銘有毛伯內門立及內史冊命[illegible]又郱作朕皇考龔伯尊敦集古引史記武王克商尙父牽牲毛叔鄭奉明水此名鄭者毛叔伯者爵史稱叔者字也薛云此字從廾從邑廾史籀作[illegible]敦曰[illegible]其郱字無疑原父則同集古爲鄭考古云郱周大夫也廣川

曰傳云毛伯原伯文王之子源毛之後春秋毛伯錫
晉文公命說者謂文王之子而當時無毛國使毛伯
仍爲文王之子其受封在滅商後今曰皇考龔伯則
于鄭爲可疑

史伯碩父鼎

鼎二黄氏曰形制款識悉同參讀之可識者四十有
三字銘曰惟六年八月初吉己子史伯碩父追孝于
朕皇考釐仲王母舟母史伯周宣王臣伯碩父其字
鄭桓公問王室于史伯者是也漢表于厲王宣王時
皆書史伯疑其一爲羨文耳古文舟與周同史伯周
臣故稱其王母曰周母先釐仲而後周母則釐仲實

王父矣且周器有史頴作朕皇考釐仲王母周母尊
鼎頴必碩父之名于三鼎之文互見耳廣川曰班固
以史伯爲厲王時而鄭桓公乃宣王司徒則不得爲
厲王之臣史頴鼎在官庫中或以爲伯碩父之名其
作宗器不得以字著也頴與碩或兄弟耳薛氏云惟
六年八月初吉巳者以年繫月以月繫日者也子史
伯碩者稱于父曰子舉其官曰史而伯碩則其名也
追孝于朕皇考釐仲王母乳母孝享其考妣也釐謚
仲字王母乳母因皇考而及之也黄氏曰戊與己同
類古尚未分所謂己子乃戊子也或者易之五位相
得而名若甲與己合則甲子也兄癸彝曰丁子周識

敦曰乙子義同廣川曰制器之日用剛則配以柔用柔則配以剛戊已爲土戊爲土生已爲土滅剛日不用用剛則以柔配之在甲子六年正月朔辛未則八月一日朔當戊子也薛氏既以已子斷讀屬上下文又一鼎爲史頙而非頙爲乳母而非舟其銘文相同又何也

微䜌鼎

鼎銘曰惟王廿有三年九月王在宗周王命微䜌薛氏曰古器有宋公䜌之餗鼎䜌女鼎及此鼎凡三見䜌字按䜌不見于經傳與欒同博古曰䜌者宋景公也春秋帝乙之後微子爲宋自微子至景公葢三十

六世爲獲麟之歲董氏曰叔繇作鼎考其文曰惟王二十有三年王在宗周王命叔繇脩書營成周以居商氏王歸西周十一世犬戎作難平王始遷曰王在宗周知其在幽王以前也周之歷年久者惟穆王五十五年昭王雖不見其在位歲月以穆王五十受命知昭王在位亦久也此鼎作于穆昭二王之間黃氏曰史記年表宋景公名頭曼漢書古今人表名兜繇孫炎云繇爲頭曼之合聲汲冢師春書宋之世次曰景公繇昭公子也與此鼎合至于敔歀識作徵廣川作叔未知孰是然黃氏以爲微字妙也

秦昭和鐘

鐘銘秦公曰丕顯朕皇考受天命奄有下國十有二
公按史本紀自非子邑秦而秦仲始爲大夫卒莊公
立襄公文公寧公出公武公德公成公穆公康公共
公桓公景公相次立于本紀襄公始列諸侯至桓爲
十二世銘鐘者景公也若據年表以秦仲爲始則十
二世爲康公此鐘乃共公時作薛氏曰犬戎之難襄
公夾輔王室平王賜岐以西之地爲諸侯葢秦仲初
未稱公莊雖稱公猶然西垂大夫未立國也所謂十
二公者自襄至桓作此鐘者惟景也黃氏曰奄有下
國葢謂始有土之君當始非子雖曰附庸亦國也況
有周錫命分土之文耶至成公爲十二世是鐘爲成

公作日十二公者由始祖而下至今爲公之數歐陽以爲先公則作鐘者十三世矣銘之首自稱曰秦公春秋時列國皆然不必以先公爲公也楊南仲謂襄公十二世爲桓公非子十二世後爲宣公董氏曰秦嬴受地襄公名在諸侯其世數可考也秦至成公號爲强大諸侯有國推大前世率以公自列周自后稷十五王不啻非王而亦稱之則秦嬴稱公無疑和鐘之作其在成公之世與煦按文公下當有靜公出公當作出子德公下當有宣公

叔高公簋

銘曰叔高父作煮簋原父曰簋容四升其形外方內圓而小墮之似龜有首尾足甲腹今禮家作簋亦外

朱氏槐廬校刊

方內圓而其形如桶蔡君謨曰禮家傳其說不知其形制故名存實亡此簋可以證其謬廣川云古文高當作郭煮當作旅郭象城郭相通旅猶爲中爲衆盇八三衆也欵識云叔高父如伯碩父叔邦父之類旅簋不一器也王楚云簋作𥂋象嘉穀之實三黍稷馨香之氣也

周姜敦

古器記曰此敦得于藍田其銘曰伯冏作周姜寶敦蓋穆王太僕正周畿內食采于周者皆周之裔孫耳集古云此敦周穆王時器也史記年表自厲王以上有世次而無年數共和至春秋年數乃詳自穆傳共

孝懿厲五王而至于共和共和至今蓋千有九百餘年斯敦之作在共和前五世而近也古人欲存久遠必託金石然岐陽十鼓皆在而文字剝落惟古器物銘皆全古人用銅不爲燥濕寒暑所受爲可貴也原父又云敦者有虞氏之器周禮有金敦玉敦玉敦盛血天子以盟諸侯金敦盛黍稷大夫士婦以事宗廟此敦是也董氏云按銘文伯百父作周姜敦其器無文飾自命士以上皆得用之夫周之世齊姓重于天下故當時語曰姬姜惟伯禽之弟守采地在王畿內世以周自別如宰周公之類是也其謂姜則王畿之公也平王有子封于汝川亦以周爲氏此之周姜安

知非汝川之周乎伯下一字款識作𠂤集古讀爲岡考古訓作百與廣川同

宋䪫鐘

鐘六其銘曰宋公成之䪫鐘黄氏曰崇寧三年甲申得于南都之崇福院貢之内府考其文則宋鐘原其出則宋地聖詔有曰得英䪫之器于受命之邦是也樂緯叶圖證曰帝顓頊之樂曰六莖宋均註能爲五行之道立根莖也博古謂䪫即莖周備六代之樂惟五英六莖無之宋爲商後猶得其傳成者宋平公名也自微子二十六世而至平公其名始見于魯昭公之十年春秋曰宋公成與此合其立也以周簡王之

十年至今崇寧甲申凡一千六百八十年而謌之器
復出本朝受命之地大晟正樂之時豈特爲五行之
道立根莖哉薛氏曰謌鐘五其銘畧無少異特宋自
微子有國二十世而有其公成又一世而有平公成
又七世而有□公成所謂宋公成者不知其爲誰也
廣川曰宋本商後而商出自顓頊周樂用六代猶缺
莖英疑宋存其禮樂此鐘得而作也襄公作商頌以
祀成湯閔馬父曰正考父校商之名頌十二篇于周
之太師太史公曰襄公修行仁義欲爲盟主其大夫
正考父美之以作商頌韓詩章句曰商頌美襄公也
馬昭曰宋爲殷後郊祭天以契配宋無圜丘之禮惟

以郊爲大祭且欲别之于夏禘故曰大禘然則頌成湯作頀樂其宋之制乎

乙毛鼎

博古曰鼎爲芼羹之用于是乙毛目之薛氏云毛言其姓乙乃號耳

舉鼎

欵識曰晉杜蕢洗而揚觶以飲平公謂之杜舉見于獻酬之際其名一字曰舉義或在此黄氏云此鼎非可獻酬之器銘之曰舉乃人名也宋之僖公名舉楚之大夫姓伍名舉蔡有史舉燕有唐舉然史與唐不甚貴又皆周末人驗其銘欵非宋則伍也董彥直以

爲杜舉所作且謂古之制器類有所本晉設觶于庭以待直言其後改曰白獸尊豈止供耳目之玩而已按爵有已舉卣有丁舉舉之爲類不一自諸家紛紜而鼎舉竟誰屬耶

秦權

顏氏家訓曰隋開皇二年之推與李德林見長安官庫中所藏秦鐵稱權有銘二因言史記丞相隗林當依此銘作隗狀集古曰秘閣文同自言游長安得二物其上刻銘一乃銅鍰循環刻之不知爲何器一乃銅方版可三四寸許亦有銘詞其文與家訓正同欵識載前銘曰廿六年皇帝盡幷兼天下諸侯號爲皇

帝詔丞相狀綰後銘曰元年制詔丞相斯去疾考古
云丞相綰者王綰也徐廣曰去疾姓馮古器物銘云
世傳秦權至多歐公所謂銅鍰循環刻字者亦權也
廣川云田氏有銅方版纔三寸以漢度較之得五寸
刻二世詔其銅鍰刻始皇詔予考之卽古規矩之器
所以爲方圓者也一權也顏氏爲鐵文氏田氏爲銅
而趙氏得秦權四其一出濟州又以石爲之何耶

石鼓文

石鼓凡十相傳爲周宣王獵碣唐貞觀以後蘇勗李
嗣眞張懷瓘竇臮竇蒙徐浩皆以爲史籀書韋蘇州
韓昌黎載之歌稱述尤詳集古獨設三疑而以韓韋

之說爲無据自後辨者曰異如鄭樵則以丞歐二字見于秦之斤權斵爲秦篆董逌則以宣王之蒐狩在敖詩云還徒于敖爲是惟成王有岐陽之蒐杜預謂還歸自奄乃大蒐于岐陽則此鼓作于成王篆爲番吾之跡程氏亦主此說而黃長睿力排衆論釋歐三疑指爲籀作金史馬定國以字畫考之云是宇文周所造作辯萬餘言亦爲黃氏所黜究之金石錄與集古皆云非史籀不能作也唐之虞歐褚三家有墨妙之稱杜工部八分小篆歌序歷代書亦厠之蒼頡李斯之列然而韋蘇州又以爲文王之鼓宣王刻之則其說終未定已

詛楚文

秦人祀巫咸祀大沈久（音故）湫祀湮駞其文有三皆名詛楚宋張芸叟黃魯直各爲音釋集古以楚王之名有熊頁夫熊商熊槐熊元而無熊相廣川又謂姓書熊相爲芊姓如熊相禖熊相宜僚熊相祈似熊相非一人之名集古又云自秦穆公與楚成王盟好十八世至惠文王與懷王屢相攻伐此文所詛非懷王即襄王也史記懷王名槐槐相字形相近或轉寫之訛耳廣川云其文有新郢及鄀郊即商於也張儀以地詐楚王齊與楚合在秦惠文時懷王死頃襄王立復與諸侯盟約上瀨成王亦十八世則所詛者爲襄王

而王順伯乃云此文作于惠文王之後十二年楚懷王之十六年未知何据

嶧山刻石

史記秦始皇二十六年兼并天下自號曰皇帝二十八年東行郡縣上鄒嶧山立石遂上泰山封祀並渤海以東登之罘又作瑯玡臺二十九年又登之罘三十二年之碣石三十七年上會稽並刻石頌秦功德凡六處史載其詞五者惟嶧山刻辭不載未知此石刻于何時唐封演見聞記云魏武登山使人排倒此碑又云後魏太武亦排之豈阿瞞既排之後有人樹立而復爲太武所排耶太武之後樹立無人遂至淹

役也杜甫云嶧山之碑野火焚棗木傳刻肥失眞似與封氏所云歴代模拓邑人厭苦積薪焚之之說合而集古則云以李斯所篆泰山數十字相較眞僞立見則所傳刻嶧僞本不止在肥瘦間矣廣川云唐人嘗取舊文勒石故謂後世所摹皆新刻夫唐人旣刻棗木不應更有他刻趙氏則云鄭文寶得徐鉉模本刻之長安予所收者是也雖傳摹之餘亦自可貴而集古又得別本于青州字畫差小雖不類太山存者以爲古物難得聊資博覽似遠勝于前刻矣爾雅云嶧山純石相積連屬成山予于戊午秋登之果如所云求始皇立石處渺不可得若云野火焚碑尚有疑

焉

石經

石經之立也一見于范書靈帝紀爲漢之熹平一見于晉書衛恒傳爲魏之正始其刊定有數漢紀云詔諸儒正定五經其立處有地水經注云立于太學講堂前漢碑在東側魏碑在堂西其書法有體儒林傳云爲古文篆隸三體以相參檢水經又云正始中立古篆隸三字石經與衛恒傳合其書丹有人楊衒之雒陽伽藍記云漢國子學堂前三種字石經右中郎將蔡邕之遺跡也隋志亦云漢鐫皆邕書魏江式傳謂魏立三字石經爲邯鄲淳書其存毀亦有紀載陸

機洛陽記曰講堂長十丈廣二丈堂前石經四部本碑凡四十六枚西行尚書周易公羊傳十六碑存十二碑毀南行禮記十五碑悉崩壞論語三碑二碑毀上有諫議大夫馬日磾議郎蔡邕名試詳諸說似乎無復可疑然而水經則曰光和六年立石與熹平四年異矣晉書裴頠傳轉國子祭酒奏刻石經似又不止魏之正始若靈紀儒林宦者諸傳皆曰五經蔡邕張馴傳乃云六經隋書經籍志又以爲七經何也楊龍驤洛陽記載朱超石與兄書曰石經碑高一丈廣四尺駢羅相接竊意漢魏諸碑如伽藍記所云約七十餘石似未必盡列于堂前謝承漢書曰碑立太學

門外五屋覆之而黃長睿東觀餘論又云在洛宮前
御史臺中堂前門外既已無定所謂御史臺者未知
即漢之太學所改抑後代遷立于其中也況洛陽記
之四十六枚不言爲漢爲魏伽藍記之堂前所列不
分在東在西得無洛陽記但指漢碑而伽藍記則并
水經之魏碑以爲漢未可知已靈帝時博士試甲乙
科爭第高下至有行賂改蘭臺漆書經字以合其私
文蔡邕與堂谿典等奏求正定則所謂三體者以古
文篆存頡斯之遺法而以隸書爲俗儒之通用至于
魏之三體則承漢而爲之也然漢仍有鴻都一字石
經疑即伽藍記所云表裏隸書者是而隋志亦云一

字石經七種七種之外又有一字石經典論一種典論爲魏文所立並稱石經竟列于七經之後又何也或者熹平所立爲一字光和所立爲三體耶且隋志既以漢鐫爲邕書而又云魏立一字石經相承以爲七經正字遂使後學紛于聚訟如方勺泊宅編云公羊傳後馬日磾等名姓乃魏世用其所定之本而存之幾不自知承隋志之誤也況隋志所云七種三種至唐末必盡亡而唐志止云三字石經古篆兩種曰尚書曰左傳反不及宋洪容齋所收尚書之外更有毛詩公羊論語三種趙德甫于洪氏諸經之外更有儀禮何也且隋志注云梁有今字尚書石經唐志亦

有今字石經豈卽以三體中之隸爲今字抑别有所謂今字之體耶隸釋云所存諸經字體不一雖中郎能分善隸但文字之多恐非一人所辨今公羊傳後堂谿典馬日磾二人姓名固存别有趙䬟劉宏張文蘇陵傅楨左立孫表數人竊意其間必有同時揮毫者則隋志皆屬邕書之說似非篤論衛恒云魏初傳古文者出于邯鄲湻至正始中立三字石經轉失湻法因科斗之名更效其形漢書云元嘉元年度尚命湻作曹娥碑時已弱冠自元嘉至正始越九十餘年洪氏謂湻書石經者非則江式傳所云更屬難信已伽藍記云三種字石經二十五碑表裏刻之寫春秋

尚書二部復有石碑四十八枚亦表裏隸書寫周易尚書公羊禮記四部又讃學碑一所並在堂前魏文帝作典論六碑太和十七年猶有四碑高祖題爲讃學里碑之數視洛陽記餘三分之一而洛陽記反多一論語何也後魏所存較前必少而北齊文宣帝紀尚有五十二枚則僅毁伽藍記之二十有一隋志乃云齊宣徙碑至鄴不盈大半又何也去古既遠遺經淪落殆不可問予幸及見于都門孫侍郎硯山齋中爲熹平舊刻止存尚書盤庚篇三十餘字論語爲政篇七十餘字堯曰篇二十餘字其他斷石或尚在人間惜無摹勒之者如宋蔡望氏刻于洛陽洪适氏刻

于會稽胡宗愈氏刻于錦官樓使鴻都古墨流行宇
內姑存數語以俟博聞多識者云爾

黃陵廟碑

山海經云洞庭之山帝之二女居之自古謂二女者舜之妃娥皇女英也郭璞以帝舜之后不當降小水爲夫人因以二女爲天帝之女韓昌黎黃陵廟碑非其說黃長睿云凡山海經言帝者皆天帝如列仙傳江斐二女與湘君湘夫人稱帝子者是似以璞之說爲可信然以二女爲湘君者秦博士對始皇之言也劉向鄭元因之則二女無尊卑之義得並稱君離騷九歌于湘君之外復有湘夫人王逸解之乃以湘君

爲湘水之神而以湘夫人爲舜妃則二女俱降爲夫人矣而九歌又稱娥皇爲君女英爲帝子似前所謂湘君湘夫人者另有其說而非二妃也昌黎集本皆云不當降小君爲夫人歐陽公云家藏本最善而碑云降小水之類當以碑爲正然韓碑有小君君母明其正自得稱君之語似石本小水或誤葢承王逸湘君爲水神之解而異之耳邯鄲湻曹娥碑云若堯二女爲湘夫人又承逸解而異于劉鄭也或以爲君或以爲夫人或以爲水神或以爲天帝之女文人好辯吾烏乎定之

金石錄補卷二十六

金石錄補卷二十七

崑山葉奕苞九來著　　吳縣朱記榮校訂

禊記

宛平孫北海先生名承澤官吏部侍郎家在京師前門之東藏金石文數十函題曰墨緣重輪手自標題印硯山齋圖書記客至焚香展玩言不及塵世事子檩字茂叔有乃父風

北海藏王右軍眞跡褉帖鮮味佳一一致君所須可示勿難當以語虞令凡一十九字元兵從南宋內府輦以入燕者前有亡宋南廊庫經手人郭墨印記而隱其名蓋元中書省檄諭中外江南旣平宋宜曰亡宋斯

人直書此二字而名不存豈其有深意耶

唐靳英爺誌銘石碑于崇禎末年出鄠縣錠子村碑下有瓦杯二其色如秋山著雨作純碧色光浮灔瀲杯中各有紅點如桃花藏于孫氏之壻而石歸硯山齋中

唐李輔光墓在咸陽縣東北近涇水萬歷中涇岸崩擁水不流三日乃得誌石其銘曰水竭原遷斯文乃傳適符其語奇矣

吾邑寺觀多齊梁間建慧聚寺尤著有天王堂記碑唐王洮撰宋淳熙中燬于雷火寺柱四皆張僧繇畫龍火後一柱忽有天書其一若大篆曰勣溪火三字其

一蟠結若符篆不可識今已蕩盡矣洪武三年改寺爲邑神廟今歲秋大雨西廡地忽陷發之得尊勝石幢立于北宋咸平五年壬寅去今庚申蓋六百七十九年沒于地者亦三百年矣書仿虞褚多風姿予攜植薦嚴寺中

唐郭君墓在汾陽縣北七十里郭社村秀水朱彝尊字錫鬯過之行溝中仰見土岡之上碑額微露築塞而登迴環數里始至碑下命從者拓之又在村中掘出任君墓碑劉府君碑錫鬯同曹侍郎歷燕晉之間訪得古碑不憚發地數尺而出之從者皆善摹搨及裝潢諸事文人好古近罕儔匹侍郎名溶時稱秋嶽先

生

漢魯孝王五鳳二年石刻在曲阜縣夫子廟奎文閣壁間櫟園先生惠予拓本云某所藏較俗本逈異予至廟下攜以相較果然或曰櫟園官山左時有人翻刻此石易原石去未知果否櫟園姓周名亮工河南人

山東平度州北五十里天柱山有後魏鄭道昭銘此朱錫鬯所記也考趙録有道昭登雲峯山詩未知即天柱山否

石鼓凡十相傳爲周宣王獵碣關中郭宗昌允伯則以爲與鼓形了不相似視少華山前石之堅潤者相類然韓昌黎作歌至云陋儒編詩不收入二雅褊迫無

委蛇吾邑顧炎武疑其文淺近不足儕于二雅以韓詩爲已甚且据金史馬定國言是宇文周所造又引楊用修云宣王之世去古未遠宜用蝌斗籀文今石鼓文類小篆此皆文人好異多置辯詞要之其文與書總非晉魏以後所及今在國子監文廟戟門左右守廟人索錢頗橫予典衣應之同嘉定孫愷似侯大年吳江周惟彥摩挲甚久嘆息而出

孔顯達碑螭首嵌空處有至正四年三月顧游特看此碑墨書十四字趙崡子函云在泥土中拂拭之如新子函見時爲萬歷戊午溯至正甲申已二百七十五年而墨書無恙斯足奇也子函又云成道宮龍虎殿

爲元搆左壁上有字兩行云粧鑾功德主本宮提舉孫道和曹漢臣趙胡君貴粧至順三年十二月二日較前甲申又加十二年而字未磨滅不得趙先生共能顯于後耶

太原縣風峪洞中有北齊石刻佛經一百二十柱曹侍郎皆搨之字殊醜劣而無書人姓名故不錄

杭州淨慈寺西壑菴後石壁上刻家人卦乃唐人篆書相傳爲司馬温公手筆無定評亦不錄

秋嶽先生倦圃收藏古今碑刻名金石表約數百種仿趙氏例自周秦至五代錄入表中侍郎語予云宋以後當另爲一錄而未暇也

孫茂叔爲曹侍郎瑨故硯山齋所藏有歸倦圖者如丁道護書啓法寺碑王元宗書華陽觀王先生碑皆人間少有去年春于京師見之今復見于檇李云

後晉史匡翰碑在太原縣王陵庄曹侍郎遣人掘地丈餘始出又在裴晉公墓旁掘得一碑

泰山無字碑在絕頂高三丈餘闊四之一色微黃光潤如蠟或云下有金泥玉檢以此石冒之相傳爲始皇立顧寧人力辯其非定爲漢武立余與徐季重家數文徘徊其下忽蒸雲如絮頃刻間人不相見在雲氣中猿臂蟬聯而下甫下山頂雨飄飄然至矣

唐岱嶽觀在泰山之東南麓王母池上今存小殿三楹

俗稱老君堂前有二碑皆唐時建醮造像之記予回環讀之兩目酸楚足徵精力之耗碑下發土二尺許詢之廟丁則吾邑顧亭林所發也苟非亭林好事必就湮沒矣

泰山御帳坪之南有石經峪石如平臺舊刻金剛經後人刻大學蓋其上字皆徑尺黃花洞內有唐人題名與白蝙蝠詩

唐李存進碑在太原縣鄭村僅露碑頂秋獄發之樹大道上

山東益都縣南陽寺有北齊無量壽佛碑大雲寺有李邕碑蒙陰縣書堂社有磨崖石刻古文南樓社太清

觀有唐碑莒州孝源泉有唐碑青州府堯山有朱誕
撰堯廟碑臨邑縣孫耿鎮慧日院金剛香座有歐陽
詢遺字彌陀寺有初唐石幢鄒平縣西南五里有後
周景範碑長白山有唐建寶誌公碑壽光縣南十里
張孫社有魏侍中司徒賈公碑濟寧州東三十里有
唐章仇府君碑以上諸碑皆得于顧寧人朱錫鬯兩
君紀述予兩至山左未能一一訪而搨之記此以俟
異日

冀州磐山上方寺有唐碑二涿州文廟前有唐碑一陳
藹公許拓以見貽久而未至

太倉吳氏以褚河南書文皇哀冊文眞蹟索售在順治

初年價不甚昂留予齋三日紙墨如新後有宋思陵題字及米友仁審定諸跋惜囊中無阿堵舍之病至累日

先大夫購得米元章捕蝗帖上通判書眞蹟共三幅爲白下陳于一强求贖去歸王長安子留其一復從宋閔叔處以十千錢得蘇長公眞蹟四十字知爲顧氏物仍歸子豐

曲阜縣舊城東爲少昊陵陵下臥崇碑四五處高大異于常碑土人云皆金天會皇統間欲追宗金天氏爲始祖而製因循至後不果立也

唐張長史旭書郎官石柱記王弇州先生云八間止有

兩本其一藏都少卿穆家子從亂後得并州藏本始
知長史正書在草書之上
秦晉間古碑皆爲營繕解宇塔廟所用或土人厭苦官
長誅求磨滅毀損如漢華嶽廟碑有郭香察書四字
者嘉靖中猶存一縣令脩廟門少砌石視殿上碑題
皆當時顯者不敢動以此碑剝落斷而用之見石墨
鐫華
南唐周彥崇記孫權時金陵牛頭山自裂有僧出其中
謂文殊辟支佛保大中緣崖而西建佛窟寺碑爲王
秉文書又幽棲巖上有延壽寺斷碑爲唐大歷中僧
靈樽書洪武間危太僕尚見二寺舊碑今無有問之

者
泰安州岱廟中古柏相傳漢元狩間植蘢蔥如蓋皮裂綻皆左紐柏下一碑根盤覆不可拓土人云係唐人建東西碑亭漸毀宋徽宗明太祖兩碑最大庭中大檜下一碑爲今巡撫劉公芳喆代祀立長逾中人徐季重詡其陋家兒學亭云前明立碑有公費近奉裁革劉不欲擾民因其便故也立碑時家兒適署州篆而知其詳

明人錄金石文者惟都少卿穆金薤琳瑯見碑錄文雖少而妙又錄宋元人題跋如潘乾校官碑是也楊升庵金石文徐獻忠金石古文竟錄蔡中郎輩集內文

字不必親見此碑故不足貴
崇禎末流賊寇山左入曲阜縣盜大成殿犧象二尊行五十里負尊者暈眩倒仆又一人代負亦倒于是送還廟中倒者立愈
吳季子廟在丹陽延陵鎮越絕書由毘陵上湖中湖中冢者季子冢也又名延陵墟廟記碑唐刺史蕭定撰後人摹刻于縣內驛前
泰山絕頂碧霞元君宮之東麓秦始皇二世刻石存二十九字州城內岱廟中別刻一石其文同按宋劉跂序秦篆譜時尚存二百二十二字今止十之一宋本不傳久矣惜哉

或謂碑起于漢不知周時已有之檀弓公室視豐碑註云斵大木爲之形如石碑于槨前四角樹之穿其中間爲鹿轤下棺以繂繞之劉熙釋名碑被也王莽時設豈未見檀弓也耶

漢碑上有一孔在墓則引棺在宗廟則麗牲祭義君牽牲旣入廟門麗于碑註云麗繫也至聘禮賓自碑內聽命又曰東西北上上當碑南此爲賓揖之碑也

古者臣子追述君父之美輒書碑上後人因之建于大路之旁其見之處然予所見曲阜夫子廟濟寧州學漯水校官諸漢碑高不逾丈空其中間必爲引棺麗牲之用今旣失其制而碑之高大至于無度與古碑

異矣

漢西嶽華山碑在華陰縣嶽廟中嘉靖三十四年地震碑毁惟郭允伯藏宋拓本文字完好今歸華陰王山史家郭名宗昌有金石史考据辨論多所發明王名宏撰以薦至京師與予定交昊天寺中

太原傅山字青主曾行平定山中誤墮崖谷見洞口石經甚多皆北齊天保間刻字然無名筆亦未有揚之者

宋周益公得漢光武時梓潼扈君墓磚隸書始知東漢誌墓用磚後乃刻石也

泰山絕頂有石高四尺許純碧色硃砂文兩行自上貫

下最爲奇燦不識何人鐫聰明正直四大字遂滅此
石生氣
趙州衙署南門即古之望漢臺葢耿純築此以望光武
之至有石刻望漢臺三字
長洲范氏藏唐咸通二年柱國范隨誥文正公云祖宗
積德百餘年始發于吾今觀此誥葢二百年本原深
厚如此自文正至今又數百年而此誥無恙文獻足
徵豈特有國者然哉
蘇州萬壽寺藏古銅鼎其識有周康穆宫錫寰用鄭伯
姬等語元大德中任陽謝氏欲以玉杯易之住持默
公不從謝氏後建佛殿予之至正丙申謝遭兵失鼎

甲辰愚隱智公復得于軍人之手耆舊皆曰山中物也歷百年至天順間猶存

宋處州天竺寺有白樂天手書詩云一山門作兩山門兩寺原從一寺分東澗水流西澗水南山雲起北山雲前臺花發後臺見上界鐘清下界聞遥想吾師行道處天香桂子落紛紛蘇長公云予年十二先君謂予言此詩墨蹟如新筆勢奇逸今四十七年矣予來訪之則有石刻在耳文忠去今六百餘年未知此石在否

通州學宮古佑聖教寺有塔塔前存石一方唐貞觀中尉遲敬德脩過沙河二十里有新井庵祠狄梁公道

上有二石幢字類李北海亦貞觀中立
房山縣西南四十里曰白帶山又曰㷭題山藏石經唐
金仙公主脩之有隨碑二仁壽元年王臣暕宣郎智
泉寺舍利塔銘也又王劭撰舍利感應記碑亦仁壽
元年立唐碑五開元中王大悅碑梁高望碑元和中
劉濟碑景雲中甯思道碑太極中王利貞碑
吾郡城內平江路一帶傳聞有承橋柱石盤上係漢人
題識朱臥庵約于水涸時訪之
閩人余天茂爲陝西某府别駕好蕁古碑同屬下士某
減騎從至終南山下古寺中僧初秘惜天茂出白鏹
餉之乃引至寺後越壞廁廁側小坡上臥十餘石皆

唐人墓誌世不及知者揚之歸僧云從近處古墓中出恐當事擾累故秘之臥庵云

湖中雙塔二石幢皆尊勝陀羅尼經咒爲錢鏐時建有歲月而無紀年

徽州汪宗孝收藏金石古文法書名畫彝器古玉甚富歿後散落人間獨手書目錄猶在其子權奇裝潢成帙求虞山錢宗伯題識宗伯以長歌答之宗孝字景純富而任俠萬歷間嘗臥病受命于文廟道治水江淮間七日而寤楚人王同軌作耳譚載其事

唐有兩懷惲一張姓示滅于大足建碑于天寶今在錄中一謝姓示滅于元和二年十二月廿二日謚曰大

覺建碑灞水曰大寳相塔碑而趙録失載郭允伯金石史有此碑名而其文無考惜哉

松江静安寺在華亭縣西北十里有赤烏碑見陸儼山外集

楊升庵云四皓有羽翼太子之功其没也惠帝爲之製文立碑文獻通考通典皆不之載歐陽集古録趙氏金石録鄭樵金石畧皆遺之而見于任昉文章緣起

宜興徐氏藏唐虞世南奏草眞蹟中云伏蒙聖慈以臣進呈孔子廟堂記石本特賜臣晉右將軍王羲之黄銀印一顆臣已祇受蓋在貞觀七年十月後有宋人題名及賈丞相悦生印子于順治庚子三月至宜興

寓徐太守懋曙齋問此帖云在族人家適以採茶入
山子不能待而歸聞徐文貞公已勒石將訪而錄之
都少卿云張長史真蹟書春草詩云春草青青千里餘
邊城落日見離居情知海上三年別不寄雲間一紙
書此帖用白麻紙宋秘府物元季藏吾鄉陳彥廉家
陳搆春草堂人多作詩咏之今歸嘉興王廷槐長史
爲唐人法書第一予于順治己丑聞嘉興徐次桓云
神廟中年王氏將此帖轉售勢家屬善雙鈎者鈎一
通欲上石而不果云
宜興善卷洞有咸通八年昭義軍節度使李蠙贖寺碑
載先石林公避暑錄石林公藏古碑千餘帙爲金石

類考五十卷則吾家世世好金石文字也

縉雲縣東四十里有仙都觀相傳黃帝煉丹其上後爲道院唐李陽冰爲縣時書黃帝祠宇四大字宋末猶存

陶宗儀古刻叢抄有豔陽仙洞四篆長一尺許字極古秀又有康王神道之碑六字似漢以後人篆書長五寸許皆不詳其所在不錄錄自漢至唐五十餘碑在江南者十之一去陶已三百餘年諸碑必皆湮没即毘陵雲間相去甚近屢屬友人博訪渺不可得況世無好古者陶氏所抄亦將付之羽蠹可勿惜哉

元元貞中長安人駱天驤分類編長安志第十卷載碑

目跋自周至唐共百碑爲趙所遺者三十碑予皆補入録中蓋騶夫趙未遠且身歷碑下摩挲把翫其跋臧崇云臧氏七碑于至元十五年親披荆棘手自拓録更有數碑叢刺難造未及抄寫爲恨然則物之顯晦固自有數遇好事者名聞于世偶一厭倦如臧氏七碑之外滅没者不少天驤字飛卿爲京兆路儒學提舉

陳先生家太倉之雙鳳里知予作録補特見報云里中法輪寺前後石橋凡四處橋柱下皆有題字乃永和九年王羲之之蹟于順治中爲寺僧穆文折毁石尚有存者寺内石井欄題字與橋同先生名瑹字琳刻

于蒙師也誠實不妄俟秋凉往拓之第右軍遊歷未必至此或後人摹勒托其名耳顧伊人又云咸和年間物非永和也未知孰是

宛平劉某知鎮江日購得閣帖夾雪本蝕食其墨以素紙裝之如六花之散于几席也朱錫鬯云棗林既裂櫰以銀錠是本裂處以木補之殆在未櫰之先此賜本之僅存者舊藏顧大理家後歸蔣氏未知劉得之于蔣否也

去邑南二十餘里有土山曰趙陵亦曰趙靈上有寺大中十年建聞有唐碑没在吳氏菜地中拏舟訪之發吳氏壁得斷碑三段洗剔視其文乃洪武　年

撰記大中碑甚悉寺僧孚尹許爲搜討姑俟之

北史江式長于篆體撰集古今文字凡四十卷大約依許氏說文上篆下隸惜其書不傳如式所著甚多在歷朝經籍志中今皆不存

漢碑書撰人姓名多不著而造碑之人時附碑末如石經論語工陳興三公山碑石師劉元存無極山碑石師闕 白石神君碑石師王明孔耽碑治石師同縣朱適朱祖武氏石闕石工孟季季弟卯綏氏校尉熊君碑碑師春陵程福巴郡太守樊敏碑石工劉盛息懆書李翕郙閣頌石師南闕 字成民蓋漢人立碑刻鏤精工有費至十五萬者梁碑後云孝子孝孫躬修子

道竭家所有選擇名石南山之陽擢取妙好色無斑黄艮匠衛改紉雕文刻畫羅列成行攄騁伎巧委蛇有章可見當時鄭重故石師必欲自炫其技而貽名于後也

漢碑多刻門生故吏非是二者爲處士故民之類然有義士義民賤民議民復民義工義徒等名至劉熊碑有好學四十餘人德行一人更有稱順人者在百蟲

將軍顯靈碑

雲間陳徵君眉公藏唐顏魯公所書朱巨川告身顧光祿有唐時兄妹共寫法華經七卷後題云燕子女丁

先大夫從陳氏頑仙廬見法華經楷法甚工細如蠅

鬣若出一手比巨川告爲尤異洵乎唐人善書而不得其姓名爲可惜至燕子女丁無有知其義者

錢鏐常于林屋洞投金簡宋湻祐丁未七年大旱山間人于水濱得之長一尺五寸濶六寸上刻字曰天下兵馬大元帥吳越錢王十一字

陳眉公云安東縣金剛嘴不知築于何時殘磚上有尉遲公等數字

吳縣盤門外孫堅同妻吳夫人及孫策三墓宋政和六年村民發之墓甎皆作篆隸書萬歲永藏四字碑石斷缺僅餘中平年三字按英雄記堅以初平四年正月七日死非中平也或是吳夫人前卒耳又紹熙二

年秋雨隤圯牧童入其隧道得銅器數種鄉人往視之有石刻隸書云大吳長沙桓王之墓赤烏二年凡十二字按吳志孫權即皇帝位追尊父破虜將軍堅爲武烈皇帝母吳氏爲武烈皇后兄討逆將軍策爲長沙桓王在黃龍元年此云赤烏當是又十年而立碑也又宋嘉泰年間于墓旁土中得唐孫德琳誌云開元十年窆于十四代祖吳武烈皇帝陵東南平地聞此誌尚在吳門巨族屢訪不得姑記之

漢人碑文云某君之孫之子不著祖父諱隋唐以後率直書之如陳子昂顏魯公白樂天序先世名并不加諱字竊笑今之人事事不及古而狀祖父行畧必屬

戚友塡諱偶得宋人黃裳墓誌乃其孫中美所撰末云搢進士吳容塡諱在光宗嘉定之三年此風固已久矣

唐宦官楊思勗父楊歷碑鍾紹京撰文自稱爲義男按紹京出于胥吏致位宰相乃以謟諛之私父事宦豎勒名金石全不知耻信乎士君子之所以不朽者在德不在藝也紹京雖擅能書之名詎能掩此辱身賤行耶

邑先達顧文康公諱鼎臣藏虞伯施所書夫子廟堂碑其額有大周二字文康所印私記一鼎中間以數臣字作回文式又有味齋印此唐搨也碑立于武德九

年無額武后命相王旦補書之相王者睿宗也至文
宗時從國子祭酒馮審請琢去周字故以後止有夫
子廟堂之碑六字爲題未知文康得之誰氏又有聖
教序未斷碑與今碑迥異

甲申燕京陷後有監子插稻草爲標持宋搨蘭亭求售
胡井研以三十錢易之乃游丞相家經進本也嘗熟
錢宗伯購得四紙予曾見之

徐州有關壯繆竹石刻宣德四年僧正廣善創建鐵佛
寺劚地得之司徒趙欽湯曰侯所寫竹虬枝鐵榦其
葉錯綜成文爲五言一絕句不謝東君意丹青獨立
名莫嫌孤葉淡終久不凋零或曰此侯降乩筆也今

石刻在肥城關壯繆廟中

朱錫鬯云涿州樓桑村有唐碑無書撰人及建碑年月偶閲金章宗承安四年涿州蜀先主廟碑云涿先主之故家也廟距州西南十里而遠有唐乾寧四年重修碑記因屬貞定陳信搨之

溧陽縣東南一里報恩寺後有石井欄刻云唐元和六年零陵寺比丘澄觀數十字又冶山寺雲服得自山田中有唐貞元二年等字以不成文不入錄

茅山華陽宮有陶隱居井宋政和初道士莊愼修浚之得瓦井欄已破合之尚全環刻大字云先生丹陽陶仕齊奉朝請壬申歲來山棲身高靜自號隱居同來

弟子吳郡陸徽游其次楊王吳戴陳許諸生供奉揩宇湖熟潘邏及遠近宗稟不可具記悠悠歷代詎勿識焉梁天監三年八月十五日錢唐陳宣懋書又得銅爐有柄今藏宮中

周櫟園亮工云恭順侯吳某藏古碑千餘種予過其墨響齋屋壁皆滿吳有金石文一編錄全文備考孫北海硯山齋曹秋嶽倦圃郭孝廉傲山樓收藏皆不及吳十之一

江寧府麒麟門外墳頭山中有大石長五丈餘濶半之土人云是明初孝陵碑料旁一石如小山云是碑座此石側立可以晒麥百担

鄭谷口簠云山東城武縣有漢張壽碑已斷爲俗令去思碑趺予過碑下見之白諸縣起而樹之署壁

吳漢槎兆騫云寧固塔即金之會寧府也去黃龍府尚遠一千五百里金曰上京有紫金城城西南角一百二十步有碑已斷磨滅不可辨剔垢讀之識三句儒風盛于東觀俯矙闕廷深契朕懷後云天會某年月遐荒漢字惟見此碑而已

顧伊人湄從廬山歸云見一碑泉涓涓在碑下出碑篆神功泉三大字非唐以後人筆許竹隱虬罷永州太守云柳子厚鈷鉧潭上有巨石鑿鈷鉧潭三大字亦非俗筆二碑惜無年月姓氏錄入竹隱有潭記

一篇

黄鶴修忍庵與堅黔中典試歸云游桃花源洞止見杜牧之一碑亦趙録所遺惜未搨之

吳郡城西二十里有大塚土人稱爲歸王墓宋嘉祐中居民鑿土得石如柱礎方一尺五寸厚二寸許中隆起二寸有八分書三行云唐故陳留郡夫人言氏墓誌九字按圖經唐山西南道節度使歸融葬地融未嘗封王土人之稱誤耳聞此石尚在土人鍾氏家中

萬歷初元會稽倪簡冢地內掘得晉太康間冢中杯及瓦劵劵文云大男楊紹從土人公買冢一邱東極闞澤西極黄縢南極山背北極于湖直錢四百萬即日

交畢月月爲證四時爲佐太康五年九月廿六日對共剪破民有私約如律令柳元穀以是二物易徐文長畫雲間范武功詳玩右文卽令祀后土之劵販耳後世未嘗以文鐫刻而此刻于瓦歷千有餘年不毀爲可異也

張東海先生汝弼卜葬九峯之鳳凰山發穴得一碑云贇將軍之墓碑後盎棺有大石石上有並受其福四字張氏卽于字石上疊石加甎舉東海柩安葬此亦聞范武功云

康熙甲寅之夏常熟縣開城河得一研如今之方甎兩旁有足其右已損銘文八分云松操凝烟楮英鋪雪

豪飲如飛入間四絶順義元年處士汪少微識按順義爲吳睿皇楊溥紀年也元年歲次辛巳去今凡幾百年至明戊申四百四十七年而温潤如初出坑者家林宗以二百靑蚨售之研質雖石從未有入金石譜者附記焉

吳縣朱氏槐廬校輯叢書之章

光緒歲在丁亥仲春之月吳縣朱記榮槐廬家塾重刊

金石録補卷二十七

崑山葉九來先生金石録補二十七卷視續金石録金石續録其博洽不啻倍蓰誠趙氏後第一功臣惜世鮮傳本是冊爲海鹽張君開福寄贈云自九來先生手稾傳録竊窺其中譌亂頗多未敢擅易故卷帙之多寡標目之羼雜悉仍其舊又鮑緑飲趙晉齋二跋未知從何本闌入亦姑存之然張君亦非親見手蹟意世間當自有善本如同志者得示以所未見俾無疑義是則此書之幸豈特光煦拜其賜哉戊戌秋日海昌蔣光煦跋

金石録補續跋

金石錄補
續跋七卷

光緒丁亥校刊
行素艸堂藏版

葉九來先生金石録補余既刊入別下齋叢書其續跋則未之見也去年春管君芷湘來言肆中有書二册題金石録續跋者未知誰氏所作余意或劉青藜葉石君書耳亟購歸乃先生著也前書收藏家尚多録本此則并未有稱及之者惟金石萃編載作金石後録亦不著作者且時羼列金石録補前意蘭泉司寇亦未深悉也而余一旦獲全書於里閈豈與是書夙有緣耶抑先生之著述將顯而以棗棃相感召耶後有周氏仲槤跋言讀書敏求記載金石録補云云然今所見僅有趙録而無葉補余嘗徧假敏求記之諸善本暨萃録之增補缺漏較刊行者多十之四五亦無此條知也是翁當日所

記猶不止此益歎劬書之難窮而又何怪此書之未見
稱述乎於其刊成聊志數語焉
道光甲辰春暮海昌蔣光煦跋

金石錄補續跋卷一　　槐廬叢書

崑山葉奕苞九來著　　吴縣朱記榮校訂

古器物銘

楚鐘銘

楚之僭在王而不在乎自紀其元春秋書隱公元年豈亦不用周之正朔乎三代之時侯國之爲史者但書本國之年而不書天子之年春秋隱公元年者何自魯人書之也泰誓十有三年春者何自周人書之也以上皆顧亭林金石文字記中語謹摘錄之

甗銘

眞宗咸平間乾州獻古銅鼎狀方而四足上有古文二十一字詔儒臣考正而句中正杜鎬以爲史信父甗考古圖云好時令黃鄆獲是器以獻句中正杜鎬驗其文楊南仲以史字不必讀爲史當作中音仲予按墨子夏后鑄鼎四足而方則此甗爲夏商之器當時人多以伯仲甲乙爲號未嘗有史姓者楊說近之說文云甗甑也

秦權銘

宋祕閣校理文同家有二器其一銅鐶上有銘循環刻之歐陽公云不知爲何器趙氏以爲秦權據班固律歷志五權之制圜而環之令之肉倍好者周旋無端孟康註錘之形如環也予按爾雅肉倍好爲璧好倍肉爲瑗

肉好若一謂之環李氏云邊曰肉中空曰好邊大而空小璧也此之肉倍好者如璧趙氏引康註如環者誤

商雒鼎銘

宋劉原父得鼎于商雒其銘有云惟十有四月蔡君謨嘗問原父十有四月者何原父不能對呂大臨云古器多有是語或云十三月或云十九月疑人君卽位居喪踰年未改元故以月數趙氏云古人君卽位明年稱元竝無踰年不改元之事呂說非也但古語誠有不可曉者弓按史記代王歇二十七月齊王十九月小司馬註云因舊月而數也如前鼎銘或因卽位之月數起故不稱某年其義亦易曉耳

銅釜銘

三輔黄圖長信宫漢太后居之太后宫在西秋之象也秋主信故宫殿皆以長信長秋爲名漢書天子之女下嫁不自主婚以公主之故曰公主亦曰翁主王曰王主侯曰侯主天子之姊妹爲長公主外戚傳文帝立數月封竇皇后女嫖爲長公主顔師古曰年最長故爲長公主然則顔之説自父封之也姊妹皆得稱長者兄弟封之以别于已之女也歟魏徵云皇帝之姑姊爲長公主皇帝之女爲公主是也

周陽家鐘銘

漢表趙兼以淮南王舅封周陽侯田蚡傳弟勝爲周陽

侯按太子稱家故公主亦曰家如館陶家平陽公主家是也侯亦曰家如衞青父鄭季以縣吏給事侯家是也此曰周陽家未知爲誰氏之鐘呂氏考古圖有周陽侯甗可知周陽家卽周陽侯也

新莽候鉦

洪氏隸續止釋候鉦重五十桼斤桼字爲七字借用而不言候鉦所出按考工記鳧氏爲鐘鼓上謂之鉦註云鼓者所擊處也鉦在鐘腰之上鐘體之正處采芑之詩有鉦人伐鼓註云鉦音征鐃也鐲也鼓以動之鉦以靜之鉦與鼓各有人焉則鉦另爲一器之名而周禮鼓人以金鐲節鼓以金鐃止鼓又若鼓人所執之物與采芑

之詩互異此云候鉦足以証鉦人有專司矣說文云候伺望也鉦鐃也似鈴柄中上下通博古圖有周雲雷鉦其形似鈴鐸有柄可以持而擊之

光緒歲在强圉大淵獻春月吳縣朱記榮槐廬家塾刊

金石錄補續跋卷一終

金石錄補續跋卷二

崑山葉奕苞九來著　吳縣朱記榮校訂　槐廬叢書

漢孔德讓碣

漢孔君墓碣

漢韓明府孔子廟碑

漢州輔碑陰

漢郎中鄭君碑

漢丹陽太守郭旻碑

漢王稚子闕銘

右考漢書本傳云舉茂才除溫令遷兖州刺史後徵拜侍御史永光二年從駕南巡還爲洛陽令註從溫補洛陽令與傳異漢人樹闕歷敘官閥不能盡載則更立一闕如太尉劉寬是也洪氏載此闕爲河南縣令而辨其

郎溫令以河內乃郡非縣溫爲河內之屬邑也

漢國三老袁君碑

右袁君碑云諱良字厚卿陳國扶樂人也子光博平令騰尙書郎璋謁者孫衞尉滂司徒掾宏趙氏洪氏歷辨袁安與滂非從兄弟甚詳予謂安傳與此碑官閥年代較然不必辨也碑云良歷郎中謁者將作大匠丞相令廣陵太守議郎符節令三老梁相以順帝永建六年卒安傳祖父良平帝時爲太子舍人建武初爲成武令郎史或有遺漏何不同至此況安薨于明帝永平四年豈有其祖之卒反在後七十一年趙氏云在後三十九年者亦誤葢永平四年辛酉而永建六年辛未已兩易甲

子也安子京京子彭彭次子逢在光和二年三月以司空免而滂之免司徒亦在此月中豈有與從曾孫同時在三公之位又彭之孫閎二弟忠宏豈有與從高祖父司徒掾同名之理始知安滂之祖名姓適相同耳至于水經之袁梁以此碑之梁相而訛袁幹之為貴鄉侯郎此碑之遺鄉而訛也姓纂姓苑諸書率多附會何足深論耶

漢西嶽石闕銘

北涼王沮渠牧犍闓主王璘皆稱永和不止漢晉後秦而已

漢北海相景君碑

右景君碑隷後亂曰宜參鼎䡊洪氏云字書無䡊字當作拂解按漢隷多通用如紱亦作綍此䡊字應作軷鄭氏曰山行曰軷取封土爲山之象以祭道神也蓋喻景君之德望重如鼎高如山宜參云者應在台鼎之位樊敏碑模楷後生宜參鼎鉉者是也

漢北海相景君碑陰

漢書循行此碑作脩行都少卿穆曰後漢書皆出傳錄以修爲循者特傳錄之誤耳趙氏不信碑本而信漢書且引晉書爲證不知晉書修于唐乃仍漢書之誤而云循行也予按孝景將侯王氏脩侯犯色師古曰修音條地里志勃海郡修市應邵曰修音條修條字晝相類亦

致訛謬則循脩二字其因字畫傳寫之誤無疑兩漢官制郡國屬吏無名午者河南尹員吏有百石卒吏二百五十八碑稱故吏列于書佐後者即此卒吏或謂午字乃卒字之訛予曾至景君碑下詳審午字並無剝文都少卿金薤琳瑯釋此碑陰姓名遺行義劇張斂字公輔故書佐劇下二字疑字伯度而台巨遷則誤爲呂立遷何也韓敕碑有行義掾不知爲何官不稱故者惟斂耳古人命官多因前代表志或緣其名或用其義因憶前書註漢官典儀職云刺史周行郡國以六條問事安知不以條行爲官名其職主于察治耶條侯條市皆誤爲修則此或從條字而訛未可知也趙氏以台巨爲複姓之奇

碑又有水丘郎字君石其姓亦僅見爾下又云行三年服者凡八十七人漢自文帝短喪之後苟能斬杖執禮者碑中必特書之此以親喪之戚施于景君似乎矯情踰禮失先王緣情之制或師資之間心喪三年服不忍釋而已非必寢苫啜粥爲也

漢敦煌長史武班碑

碑中有金鄉長河間高陽史恢銘詞後有尙書丞曹芝城武令曹种豐令徐崇陳留府丞闕名防東長名闕書此碑嚴祺字伯曾小歐陽云字伯魯集古錄謂氏族州里官閥皆不可見趙氏一一證以爲皆備洪氏謂立碑者六人而不及書碑之人蓋嚴祺在六人之外又明言書此

碑在上文予特拈出使之有聞于世祺視六人不書秩里而獨字之必處士之同里閈者也秦置郡守景帝中二年更名太守凡郡有丞至唐始以大州爲府後遂以府易郡兩漢領縣者非國則郡如陳留之丞宜曰郡丞而此碑曰陳留府丞武斑之父開明碑除吳郡府丞高頤碑蜀郡北部府丞

漢司隸楊厥開石門頌

予讀鄧騭傳時遭元二之災人士荒饑死者相望章懷註元二應作元元竊疑文人好奇比之陽九百六宜作元二本文直指永初元年二年災害爲是卽此碑云中遭元二西夷虐殘亦見於騭傳而洪氏先得我心疏辨

詳悉又引王充論衡元二之間嘉德播流與此碑皆卽位之元年二年義尤確切善讀書者不以辭害志願以平白曉暢之語轉爲傅會之解所不取也碑中有厥字孟文故歐公與趙氏俱曰楊厥水經註云司隸楊渙與字孟文合

漢平都相蔣君碑

蔣君歷郡五官掾功曹再爲計掾出宰豫章平下闕平都侯國屬豫章平字下必都也趙氏所收豈盡殘缺而云不可考耶洪氏辨蓼儀卽蓼莪音義甚詳而此碑銘中有皇矣上帝賦命不均淑人君子胡不萬年作你鈞切與詩正是國人胡不萬年同漢書敘傳封禪郊祀登秩

百神協律改正亭茲萬年韓詩外傳往而不可返者親也至而不可用者年也其所本如此

漢置孔子廟卒史碑

右碑漢永興元年造司徒臣雄司空臣戒請置孔子廟掌禮器百石卒史一人書名不書姓者以位列三公皆知爲吳雄趙戒也唐宋告身章奏署名凡丞相不著姓者類此按范書百官志東西掾四百石以下秩比命士爲百石屬其後辟除通爲百石但司徒公下凡祭祀掌省牲視濯則有令史屬二十六人司空公下凡祭祀掌掃除樂器則有令史屬四十二人而無卒史之名卒史見此碑隸法與韓敕碑畧同而嚴謹過之敘事簡要尤

爲近古云

漢孔德讓碣

右碣集古錄云其名已磨滅但云字德讓者宣尼公二十世孫都尉君之子也趙氏亦作孔德讓碣按德讓名謙藏孔氏家乘都尉君者宙也宙七子知名者謙裒融三人而已融自有傳裒之名見史晨碑謙卒于永興二年年二十四又十二年延熹甲辰都尉始卒記此碣者必都尉也其文字簡妙可觀東家雜記云碣在孔子墓林中

漢孔君墓碣

右孔君碣在孔子墓林中其額題孔君之墓文已殘缺

前有云元年乙未而元年上闕二字趙氏以爲東漢惟桓帝永壽元年歲次乙未其他有三乙未皆非元年此碑當爲永壽時立也按史漢高帝元年與昭帝始元元年皆爲乙未安知孔君非西漢時人而趙氏竟以爲永壽鑿矣

漢韓明府孔子廟碑

右韓明府修孔廟禮器碑云明府名敕字叔節歐陽公云春秋傳載古人命名之說不以爲名者頗多故前世見於史傳未有名敕者予觀繁陽令楊君碑陰有故民程敕字伯嚴則漢時不獨韓明府名敕也敕字本音徠去聲今按二君之字皆作飭字解此碑簡古逸宕爲漢

隸第一都元敬楊用修錄碑文缺七字而趙子函石墨鐫華本缺五字此多戲奥二三字蓋先文莊公舊物也隸釋載碑陰六十一人右韓明府以下涿郡太守魯麃至相史魯周乾八人則正碑非碑陰也

漢州輔碑陰

右州輔碑陰自漢陽太守而下四十九人故京兆尹延篤叔堅居其次趙氏云輔一宦者碑陰列數十人延叔堅當代顯人挂名于此爲可恥洪氏據碑云鄉人姻族相與刊石稱邑者八人延篤爲南陽讐人不稱邑則知輔亦讐之人也況身退窮約同塵所以遠害引陳仲弓弔張讓母喪爲叔堅解嘲乎謂趙説乃理之正洪説亦

情之通皆是也內有小侯新野鄧辰伯臺明帝永平九年爲四姓小侯開立學校袁宏漢紀曰外戚樊氏郭氏陰氏馬氏諸子弟號四姓小侯以非列侯故曰小侯註引禮記曰庶方小侯亦其義也桓帝建和二年賜四姓及梁鄧小侯帛則四姓之外外戚子弟皆得稱小侯可知已第和熹皇后謙退兄騭終帝世不過虎賁中郎將至安帝永初中始封上蔡侯弟悝葉侯宏西平侯閶西華侯不知辰爲誰之後也至於州姓必皆輔族內則令丞郎中外則守上黨相細陽與州從事縣令長共十有三人范書所謂子弟支附過半于州國奄寺之禍惟漢獨烈有由來已

漢郎中鄭君碑

白虎通巡者循也通作遁晏子有云晏子逡遁而對管子桓公蹵然逡遁周禮司士註逡遁既復位儀禮士昏禮註辟逡遁音句漢平當贊逡遁有恥則逡遁卽逡巡明矣項籍傳亦有遁巡而不敢進之語註作蹲莊子蹲循勿爭不可泥過秦論之註而以爲一音也玉篇徒頓徒昆二切釋退還卽退讓之意用本韻亦可

漢丹陽太守郭旻碑

古人治經術各自名家小杜杜者杜延年也杜周明法律延年爲周少子亦明法律周酷暴延年行寬厚最知名此云治律小杜者必延年無疑

光緒歲在强圉大淵獻春月吳縣朱記榮槐廬家塾刊

金石錄補續跋卷二終

金石録補續跋卷三

槐廬叢書

崑山葉奕苞九來著

吴縣朱記榮校訂

漢冀州從事張表碑
漢金鄉長侯君碑
漢衛尉卿衡方碑
漢中郎馬君碑
漢愼令劉君碑
漢博陵太守孔彪碑
漢李翕析里橋郙閣頌碑
漢成陽靈臺碑陰
漢司隸校尉魯峻碑
漢元儒先生碑
漢桂陽太守周君頌碑陰

漢緐陽令楊君碑

漢梁相費汎碑

漢孫叔敖碑

予曾箋此碑以知叔敖之名爲快按春秋蔿敖蔿艾獵杜預皆以爲叔敖則未必名饒也況碑文可議者三如云叔敖爲相庶人有曾閔貞孝之行又云繼伍舉子文之統又云仕于靈王卒後數年莊王封之夫叔敖相楚當魯宣公時曾閔在定哀之際援後贊前猶屬作文者比擬之病至伍舉後于敖四五十年直云繼其統何耶況靈王爲莊之曾孫反序在前舛謬極矣彼所云名饒恐未必有所据也

漢孫叔敖碑陰

右孫叔敖碑陰云期思長光視事一紀趙氏以爲失其姓氏按期思縣宰段君諱光字世賢魏郡鄴人已見于叔敖碑中故碑陰不復及其姓邑未之考耶碑云渤海太守字武伯有二子長子字伯尉少子字仲尉伯尉一子字世伯仲尉二子長字孝伯弟世信世伯子字子仲治産於繚虛六男一女大子字長都次子蘭卿次弟字仲陽次弟字叔通次弟字備公次弟字劉卿此繚宗六父也孝伯子字文字闕一治産于材虛亦六男一女大子字惠明次弟字次卿次弟字聖公次弟字稚卿次弟字彥卿次弟字少卿此材宗六父也世信一子相承季陵

文卿孝公卽字闕一處一父其高祖與材高祖父親兄弟孫氏宗族譜紀歷歷如此而云不可次第何耶

漢冀州刺史王純碑

右王純碑云君諱純字伯敦年五十九延熹四年八月廿八日甲寅隕徂五年十一月十八日丙申葬而立此碑也趙氏以水經須句西有冀州刺史王紛碑爲此碑純字之訛愚按水經王紛碑立於中平四年去延熹已二十餘年或別有王紛非王純也且隸書純紛二字絕不類而此碑純字完好更無殘泐若趙氏所云乃好奇之過君子于其所不知蓋闕如也

漢桐柏淮源廟碑

右碑延熹六年正月八日南陽守躬祀淮廟事吾友朱錫鬯所藏之本與隸釋同時歐陽公謂中山盧奴君君上闕其姓而此碑曰張君視隸釋爲尤全惟靈祇下闕報佑二字耳水經注桐柏山南有淮源廟廟前有碑是南陽郭苞立又二碑竝是延熹中守令所立此其一也碑云從郭君以來廿年不復身至豈郎郭苞也耶銘後列春侍祠官屬劉訢劉瓌樂茂任巽秋梁懿周謙鄧嶷趙旻謝綜九人足見漢時致敬岳瀆祀事嚴慎春秋官屬分設如此頌辭彬彬可觀中有陟彼高岡臻茲廟側肅肅其敬靈祇降福按福音復祐也祥也此叶筆力反其義則同予觀尚書惟辟作福易竝受其福曲禮祭則

受福皆叶佀韻漢去古未遠字亦通用後世以佀字叶
者不多見已

漢祝睦後碑

右碑額云漢故山陽太守祝君碑篆書前碑云君諱睦
字元德濟陰己氏人以延熹七年卒故吏王堂等於三
年禮闋復立此碑故曰後碑碑云故吏王堂等竊聞下
有述上之功臣有敘君之德又引孔子曰民人登祝上
天歆焉僚屬欽熙孰不咨賢代作頌曰伊尹祝君兆自
黎辛祝融苗胄又曰鄭有祝聃者君其允也按睦以孝
察舉歷北海長史鄒令北軍中候尚書尚書僕射常山
相山陽太守恭儉仁恕爲門生故吏所思慕故立兩碑

碑中屢用論語而鄉黨逡逡則與今文不同藝文志論語十二家二百二十九篇釋文傳不習乎鄭元注云魯讀傳爲專按當時有古讀齊讀魯讀之不同皇覽引魯讀諸事如未常無誨爲悔五十以學易爲亦正惟弟子不能學也正爲誠坦蕩爲坦湯冕衣裳者冕爲絻瓜祭瓜爲必賜生爲牲詠而歸鄭本作饋魯爲歸仍舊貫仍爲仁片言折獄折爲制小慧爲惠古之矜也廉廉爲貶歸孔子豚鄭作饋魯爲歸天何言哉天爲夫又崔子爲高子躁爲傲窒爲室車中不內顧無不字不知命無以爲君子無全章則此逡逡安知非齊魯之所讀爲恂恂之同音而異解乎若前碑有恥且格則又格字之借用

非讀音也漢察舉孝廉而安獻皆嘗詔公卿郡國舉至孝之士故有獨以孝薦者黎卽黎史記重黎居火正索隱重氏黎氏二官重爲木正黎爲火正左傳少昊氏之子曰重顓頊氏之子曰黎此以重黎爲一人仍是顓頊之子孫劉氏云對彼重則單稱黎若自言則稱重黎此碑單言黎者乃火正非木正也史記註祝大融明也祝爲國名殆以國爲氏者祝聃見隱公九年碑首二語用釋名以見其刊銘之意也

漢泰山都尉孔宙碑

孔子四十七代孫傳官右朝議大夫于宋紹興中著東家襍記云十九代宙郎中令碑云郎中按郎中令秩千

石郎中二百石皆屬中尉宙初舉孝廉未能即除郎中令而傳爲孔氏裔孫援據譜系不應舛誤然碑爲當時所立更屬可信集古又云宙舉孝廉除郎遷元城令百官志郎與郎中秩自不同蔡質漢儀曰三署郎見光祿勲執板拜見謂主左右署及五官中郎也他如尚書郎羽林郎黃門郎小黃門郎議郎治禮郎通謂之郎而郎中之所屬者如五官謁者及中尉而三耳似不得去中字以混于諸郎或文中省文抑別有所据也顧甯人曰孔融傳父伷太山都尉非也名伷者別自一人按魏武紀豫州刺史孔伷英雄記伷字公緒九州春秋作胄乃獻帝時人予從常熟錢氏毛氏泰興季氏同里徐氏見

宋刻善本皆作宙未知顧之所据何本也

漢老子銘

右老子銘洪氏云碑在亳州苦縣苦屬陳國故其文陳相邊韶所作碑云老子姓李字伯陽楚相縣人也史記則曰楚苦縣索隱云苦本屬楚高帝十一年立淮陽國陳縣苦縣皆屬焉裴氏因以苦屬陳然則洪氏仍其誤而所謂相縣地里志未之載也碑云孔子以周靈王廿年生趙氏云以年表及世家考之孔子以魯襄公二十二年生乃靈王二十一年未知孰是按公羊傳襄公二十一年十一月庚子孔子生此以爲二十二年蓋因周正十一月屬明年故誤其說與碑合碑又云孔子年十

七學禮於老聃計其年紀聃時已二百餘歲聃然老耄之貌按許慎云聃耳曼也故老子名耳字聃此云聃然老貌未知解從何來且史記孔子年十七孟釐子病誡其嗣必師孔子故孟懿子同南宮敬叔往學焉又云敬叔與孔子適周見老子非必在一年中且昭公二十四年釐子卒孔子年三十有五則學禮亦當在十七歲以後事蓋此文用史記語未加詳審耳第韶文雖用史記而又轉詆班書以老子與子西同科不言韓非同傳何也漢表註張晏云老子元默仲尼所師雖不在聖要爲大賢而在第四按第四等爲中上伯陽父在寺人孟子後而郯子之後老子再見又何也斗星作升星同科作

同稱漢隸分韻升升上音陞下音㪷後人以二字易混改升作𠃬俗書作斗

漢車騎將軍馮緄碑

右馮緄碑趙氏證之本傳謂范書顛倒錯謬如碑云字皇卿而史曰鴻卿史舉孝廉七遷至屬國都尉而碑其十一遷之類固矣然趙氏割裂傳文不察立碑隱諱之義有可辨者如傳云張敞承宦官旨奏緄將傳婢二人戎服自隨又輒于江陵刻石紀功請下吏按理尚書令黃儁奏議以罪無正法不合致糾趙氏刪此一段止將碑云以誣言奏河內太守中常侍弟左悺坐遜位爲史之誤又以傳云山陽太守單遷以罪擊獄緄考致其死

中官相黨共誹章誣緄坐輸左校而碑云表荊州刺史李隗南陽太守成瑨太原太守劉瓆不宜以重法論坐法作左校爲史之謬亦思桓帝時宦豎弄權黨錮煽虐作文者不敢直書或借他事以實策免得罪之由且傳婢戎服刻石紀功矜誇猥褻有累盛德立碑者非門生故吏即其子孫爲親者諱情理宜然史修于宋無所忌諱自當直書而趙氏遽以爲史失其實則何也夫緄父被收獨發其詐至詔策云出郊之事不復内制有司祖于國門且緄推功于應奉役輸左校奉疏理得免爲緄名節所係碑皆遺之則碑之脱畧者多矣古人常立兩碑互見其行事豈緄尚有别碑也歟碑末云孝桓皇帝

命將軍討此彊夷有桓桓烈烈之姿因謚爲桓趙氏以爲緄謚桓而傳不載洪氏則云緄歿于永康適當桓帝升遐之日作文者以帝謚書左方非卽緄謚也愚按因謚爲桓之下竝無他語味因字之義正以孝桓之謚初定而緄之謚相因君臣同謚斯亦異數故著於碑若曰帝謚書左方則與緄有何關合而書之乎洪氏駁論者誤也

漢竹邑侯相張壽碑

右漢故竹邑侯相張君之碑隸額諱壽字仲吾晉大夫張老之裔而不言其籍里建寧元年五月卒壽治功曹周憐放濫反爲督郵周紘承會表問卽棄官歸所謂以

義合不合則去者耶今人貪戀名位即屢遭彈劾不之引退世風日下見此碑能勿抱愧耶碑以習爲襲叟爲屢蜉爲蝨覬覬爲眈眈顋爲旻棃爲黎殿爲奠此音之假借者也以盇爲蓋㔻爲丕㳟爲恭孔爲孔邑爲邑塈爲野老爲老攑爲攀慽爲慼弘爲宏晧爲皓怫爲弔珉爲疾𢦏爲哉䪿爲弼肙爲背則字體之加變也說文耽視近而志逵也引易虎視眈眈又耳下垂爲耽俗書引易誤作眈轉作躭不若此碑之覬覬其音相同使人皆知其爲借也夫

漢冀州從事張表碑

右額故冀州從事張君之碑篆書碑云君諱表字元異

系帝高辛爰暨后稷張仲孝友雅藝攸載天挺覃侯應
期佐治君其允也又云初仕郡爲督郵鷹撮盧擊又云
入爲主簿歷五官掾功曹后臧其勳俾守犂陽又云度
時否泰舍之則藏春秋六十四以建寧元年三月卒十
有一月葬皆作四言韻語而以五言四句終之銘用騷
體所謂雅藝者詩也犂陽卽黎陽后美其功而使官于
冀也歐陽公謂鷹撮盧擊殆以狗喻人洪氏則云失于
深考擊字上徵損似霆字予按鷹鸇之逐見左氏盧令
令見齊風漢人近古用此有本正不必借霆字而曲爲
之說也

漢金鄉長侯君碑

右侯君名成碑之謬訛與史異者趙録論之詳矣第碑云醻封明統侯趙云漢書功臣表亦不載按西漢表平帝封侯輔爲明統侯疑漢人借醻作輔趙未之考也碑云夫人以延熹七年十一月三日終此夫人合誌之始而不著其氏族何也

漢衛尉卿衡方碑

右碑趙録云蓼莪爲蓼儀蓋漢人各以其學名家所傳時有同異余按是碑以委蛇爲禕隋出韓詩內傳而知其所傳乃韓氏學也漢碑字多假借大約其音相同未有如是碑之變者將授緄職以緄作袞庵離寢疾以庵作奄耀此聲香以聲作磬蹈規履渠以渠作矩讀者須

以意逆而得之銘云樂旨君子以旨作只顏氏干祿字書旨旨上俗下正旨字漢人用之而云俗何也

漢郎中馬君碑

右馬君碑趙氏曰文字殘滅可見者字元海而已按碑云諱江濟陰乘氏人又云中弟字文緒位主簿督郵年卅二早世豈趙氏所收皆殘滅不可考究耶

漢愼令劉君碑

右碑額隸書劉君諱修字伯麟舉孝廉除郎中去官辟從事司徒掾掌典邊事遷愼令到官期月勑兒子欲生見故士終歸于家以建寧四年五月卒說文教誡也左傳註執鞭以出教令也爾雅勞也註相約束亦爲勞苦

光武建武元年九月詔註漢制度曰帝之下書有四其四曰誡勅謂勅刺史太守之類則敕者爲朝廷制詔之名而兩漢傳如韋賢勅子宏自免太常丙吉數勅乳母韓延壽勅功曹議罰王尊教敕功曹召敕廐長朱博敕告吏民趙廣漢敕獄吏趙子賤敕吏殺李固二子李膺敕門下簡通賓客法雄敕子眞助求人材周榮敕妻子勿得殯殮趙興敕縣出鮑升度尚敕軍中秣馬蓐食范式敕縣代孔嵩與此碑敕兒子同猶屬告誡之意古人行文用字不相避也至陳咸之公移敕書龔遂之移書敕屬縣趙岐爲遺令敕兒子張鬴病篤敕其子則有其文矣不敢竟以爲敕也惟孫寶之告督郵何竝之遺武

吏曹操之問黃蓋行人孫堅之告吏冠以敕曰二字無
異於詔書何也然此猶爲自上行下之文若陶謙上書
獻帝有臣前調穀百萬斛已在水次輒敕兵護送始知
此字爲上下通用不止用于朝廷也沿至魏晉用者漸
少而孟康之預勑督郵國淵之勑功曹何晉敕記室之
勿報周訪敕將士不得妄動猶或見之自南北朝而後
臣下不敢用此字矣亦作勑或作敕司馬氏曰勑本音
賚世以爲勅字行之前書敕勑並用東漢專行勑字矣
按尚書勑天之命詩旣匡旣勑皆作勅解亦非賚協毛
傳勑通作飭張艮傳明飭長吏師古曰讀與勑同碑又
云其于鄉黨遜遜如也亦與今之論語異孔氏正義曰

論語以口相授受故經焚書而獨存夫口授則音易訛況論語十二家其傳習不能無別解也凡漢碑多立于故吏門生而此碑立于子弟碑云二弟龍純孿哀孔懷孤生儁協部長號思慕爲碑中僅見錄其名以傳之

漢博陵太守孔彪碑

右孔彪碑在曲阜孔林中趙氏云彪自博陵再遷河東太守而碑額題博陵不知何謂洪氏以碑陰故吏十三人皆博陵之人追稱博陵固矣第洪氏云可以託六爲歇後之語按其文仁必有勇可以託六授命如毛諾則不宿美之至也莫不歸服蓋用韻也至云抍馬蠲害易明夷六二渙初六皆曰用拯馬壯拯字子夏傳說文字

林竝作抍音升一音承上舉也唐開成以後石經作拯耳若無偏無黨遵王之素與古今文之尚書不同或叶遵王之路當時傳習者自有其說未可知也

漢李翕析里橋郙閣頌碑

右碑歐陽公謂遭遇隤納及醳散關之嶃漯徙朝陽之平燦刻畫完而莫詳其義洪氏據碑言閣道危殆車乘往還人物俱蹎則隤納謂墜淵醳與釋同燦卽燥字固矣而不解嶃漯何也按說文漯字他合反音沓水出東郡東武陽入海從水從㬎省文或作濕後人以濕爲乾溼之溼而漯又訛爲漯矣如孟子瀹濟漯而注之海亦後人妄改也此碑嶃漯嶃峻峭也漯卽溼字故下有平

燥之對洪氏未及察耳

漢成陽靈臺碑陰

右成陽靈臺堯母冢也漢人修祠墓出錢百者皆書之此碑陰記仲氏門宗治黃屋碑頌三十一人異姓四人而呂長仲球出錢三萬七千鉅鹿太守仲訢出錢萬其餘皆二千較他碑出錢之數無有多于此者遂稱美仲氏夸而誌之然後知當時錢重若此後世視錢既輕則行錢滋弊物價愈貴錢數愈多究之錢日益少非上有術以權之恐公私將日益凋也

漢司隸校尉魯峻碑

歐陽公云峻爲屯騎而碑首題以司隸二字莫曉洪氏

云漢人所書碑志以所重之官揭之司隸權尊而秩清非列校可比也予至濟寧碑下詳繹其文遭母憂自乞拜議郎服竟還拜屯騎校尉以病遜位守疏廣止足之計樂於陵灌園之潔似峻持服三年起拜屯騎而卽歸未常在位故碑首敘其實歷之官也百官志七校尉皆二千石如淇之說以司隸爲權尊而特書之則朝廷官秩可任人去留者耶

漢元儒先生碑

右額云元儒婁先生碑篆書諱壽字元考南陽隆人蓋山林栖遁之士鄉黨愛之論德處謚而誄銘寥寂反有不修廉隅不飾小行之語竊意當時附勢趨炎習以成

俗有人焉儵然高尚則相與追慕而標榜之亦風厲末世之一端也洪氏曰元儒之謚與陳寔之文範法眞之元德魯峻之忠惠父皆非謚于朝者羣下標榜僭用私謚至于三君八顧之目起而黨禍作矣按郭正以友謚法眞爲元德先生朱穆以子謚父暉爲貞宣先生蔡邕等以門人謚穆爲文忠先生廣漢鄉人謚楊厚爲文父蓋當時習俗然也碑用經傳卒多歇後語此曰有朋自遠與孔彪碑可以託六同

漢桂陽太守周君頌碑陰

右周憬碑陰邑長二人守長一人行事一人從事三人督郵一人故吏二十三人工師一人其中宰曲紅者一

人貫曲紅者十六人洪氏據水經以曲紅即曲江辯之詳矣第不解行事爲何秩予按後漢西域傳車師後王殺後部司馬刃燉煌行事註行事即行長史索班也又蜀志馬超父騰爲軍行事領部衆又南朝以郡太守行州事者稱行事其秩應長于從事明矣

漢繁陽令楊君碑

右額漢故繁陽令楊君之碑銘篆書楊君爲太尉震之孫富波相牧之少子太尉袁之猶子沛相統之弟高陽令著之從昆弟碑首闕其諱字州郡辟爲功曹帝召見拜郎中除右都侯還繁陽令以叔父太尉喪去官吏民二千餘人守闕上書歷年運穀萬斛助官以乞還君集

古隸釋皆謂此事未之前聞蓋以上書歷年輸穀爲僅事也豈知漢人近古直道在人卽前書魏相爲河南太守去官河南卒戍中都者二三千人遮大將軍自言願畱作一年以贖太守而河南之老弱守關上書者萬餘人古之善教得民者爭欲得賢守令以父母之乞畱之誠固自不約而同也前後書如乞還楊君者屢見彼經年畱成尙所不辭況輸穀乎今之猴冠虎翼者多人陳乞輒引漢公卿二千石父母之喪不得奔赴爲例而千萬吏中得一二循良反視爲當門之蘭鋤而去之無一人敢攀號者世道江河至於陷溺讀此碑能不太息乎

漢梁相費汎碑

閔二年傳成季之將生桓公使卜楚丘之父卜之曰男也其名曰友及生有文在其手曰友遂以命之昭三十有二年傳季友桓之季也文姜之愛子也以其有文在手而呼之爲友也季氏無單名文者友之子行父謚文子非名也碑云季文爲魯大夫者直用姜之愛子之語爾否則古碑殘泐友與文字畫相近而訛也耶

光緒歲在強圉大淵獻春月吳縣朱記榮槐廬家塾刋

金石錄補續跋卷三終

金石錄補續跋卷四

槐廬叢書

崑山葉奕苞九來著　吳縣朱記榮校訂

漢成陽令唐君碑

漢白石神君碑

漢都鄉正街彈碑

漢尉氏令鄭君碑

漢周公禮殿記

漢巴郡太守樊君碑

漢緐民校尉熊君碑

漢太尉楊震碑

漢執金吾丞武榮碑

漢富春丞張君碑

漢巴郡太守張府君功德敘

漢戚伯著碑

漢仙人唐君碑

漢相府小史夏堪碑

漢太尉陳球碑

右陳球二碑詳略不同與史傳多合第范書球爲繁陽令拒魏郡太守求賂事二碑皆不載一碑云換東城門候一碑云換中東城門候愚按洛陽城有上東門中東門前碑無中字省文也左傳虞閼父爲周陶正碑作遏父與史記同敬仲至齊爲工正碑作公正漢書太尉橋公碑作喬公借用也球與司徒劉郃衛尉陽球謀誅宦官事碑皆遺之忌諱也

漢太尉郭禧碑陰

右郭禧碑陰前有故吏人名四大字猶之孔宙碑陰前列門生故吏名五字也自張立度成以下凡百餘人又有右河南郡右河内郡右宏農郡右扶風郡按范書郡國志河南以光武都洛陽建武十五年改曰河南尹漢官曰尹正也不名曰國況曰郡乎漢書自左馮翊右扶風而外更無名左右者故馮翊扶風下裁去郡字此碑河南河内宏農皆曰右而右扶風又加郡字所不解也

漢華嶽碑

右樊毅西嶽碑云惟光和元年歲在戊午名曰咸池又曰時雨不興甘澍弗布念存黔首思闕曠素洪氏引淮

南子天官書許愼注咸池之爲星名爲太歲爲水魚之囿囿矣第此碑之用咸池則未究其故也漢書西宮咸池曰天五潢五帝車舍文耀鈎云西宮白帝其精白虎元命包云咸池主五穀其星五者各有所職咸池言穀生於水含秀含實主秋垂一名五帝車舍以載穀而販也天官書曰火入旱金兵水水謂火金水入咸池則各致此災宋均云不言木土者德星至此不爲害也淮南子云敦牂之歲歲大旱太陰在午名曰敦牂歲星舍胃昴畢劉績云咸池星在畢北五車星中淮南子又云大時者咸池也小時者月建也註子午卯酉皆爲咸池二月建卯從右行四仲終而復始也予按華嶽在西實應

西宮太陰在午又應咸池樊毅因旱祀嶽葺治山亭漢人文字皆有來歷非泛用天官書也

漢樊毅修西岳廟碑

右樊毅碑云有漢元舅五侯之胄謝陽之孫曰樊府君諱毅字仲德洪氏据水經泚水西南流謝水注之詩所謂申伯番番既入于謝者樊丹封謝陽侯卽其國又云淮水自廣陵出白馬湖逕山陽城西卽射陽縣之故城高祖六年封項纏爲射陽侯乃其地遂以范書封樊丹爲射陽侯者誤按樊宏傳世祖建武十三年封宏弟丹爲射陽侯章懷太子註亦引水經竟曰在射水之陽而非謝陽且云別有射陽縣疑違恐非此地予考前後書

臨淮有射陽河南無射陽當時侯封或邑或城或亭或鄉而申伯之謝去漢已遠故不入地理志水經所據或以此碑有謝字耳夫隸書借用如形邢橋喬五伍邵召之類不一而足左傳楚師伐陳取焦夷註焦卽今譙縣焦譙借用安知謝非射之借用乎功臣表又作貰陽侯劉纏小司馬曰貰亦射也顏師古曰作貰者非是

漢逢童子碑

右逢盛碑云諱盛字伯彌年十二而夭門人孫理等立此碑漢人立碑之濫施于童稚蔡中郎集袁滿來年十五歲胡根年七歲如盛亦年十有二而褒美之詞比擬非倫酈道元云封者表有德碑者頌有功自非此徒何

用許爲逄童子在凶短折之列而其父黨門人伐石銘
哀至于如此何也按逄自逄公伯陵封於齊因以爲姓
左傳有逄丑父古今人表有逄於何數人陽朔中有太
僕逄信東漢末有逄萌編古命氏有逄絲爲趙王傅至
若司馬相如云烏獲逄蒙之技王褒云逄門子彎烏號
之弓皆作逄字顏之推刊誤正俗云逄姓之逄與逢迎
之逢各爲一字此碑逄盛作逢而逄信又作逢抑書碑
人誤耶或當時假借通用耶魏元丕碑有逢牧孔宙碑
有逢祈高頤碑有逢伯陵皆作逢與此碑同訛也逄音
龐逢音馮又音蓬今人讀鄒孟逢蒙學射于羿作鼉鼓
逄逢之蓬音者誤

漢三公山碑

洪氏錄此碑不甚殘缺文字簡質聲諧理順所載姓名可見者六人立碑者元氏左尉上郡白土樊瑋而末有石師劉元存至於舉將南陽冠軍君姓馮諱巡字季祖頌之之詞幾二百餘言漢時舉將猶後代舉主聞喪制服有至棄官者如童恢弟翊聞舉將喪棄官是也瑋感巡德借神祠頌之已開後世生祠頌德之漸亦見漢人誠樸不敢另立祠碣也說文諱誋也東方朔七諫恐犯忌而干諱故命名者不以國不以山川等使之易于爲諱禮有卒哭乃諱之文以見生者之不必諱也故生曰名死曰諱顏氏云名終則諱之馮巡爲常山相見無極

白石兩碑與此碑同爲光和四年立而稱巡曰諱何耶今人狀述先世事跡至不敢塡諱而用達官顯者塡之其文愈密其情愈僞要自此碑開其端耳然漢碑中之生稱諱者不一或當時習俗然也

漢穀阬君神祠碑

碑云前世通利吏民興貴有御史大夫將軍牧伯故爲立祠以報其功自亡新以來其祀墮廢阬稍堙塞隄防沮潰神怒民怨縣遂以衰仕宦失官踣斃不震又云乃復浚治穀阬通利其水紹修舊祀其有徵拜州郡辟召皆當來辭穀阬神尙饗予詳味此文葢以前世阬治民得貴顯乃有御史將軍等人共報神休阬潰則仕宦不

振今以治阮修祠而祝神饗其義甚明若謂御史將軍大夫牧伯即祓阮神位號未達此碑立祠之意矣且五樓東臺王翦之名碑中未及或五部神自有廟恐非即此祠也小歐陽云中條山有石隄樹谷常湧溢爲患則非神人之名可知

漢無極山碑

右無極山神廟碑云光和四年某月辛卯朔廿二日壬子太常臣耽丞敏頓首上尚書謹按文書男子常山蓋高上黨范遷爲無極山神索法食比三公山故事臣耽愚戆頓首頓首上尚書制曰可尚書令忠奏洛陽宮光和四年八月十七日丁酉尚書令忠下太常臣耽丞敏

下常山相云云其章奏如此集古錄云漢時章奏首尾皆言臣某頓首頓首死罪死罪上尚書而此碑所載太常章首尾不稱死罪丞敏又不稱臣莫詳其制愚按孔和碑云司徒臣雄司空臣戒愚戇誠惶誠恐頓首頓首死罪死罪臣稽首以聞制曰可後魯相平行長史事卞守長擅叩頭死罪敢言之司徒司空府云云漢時章奏原無定式且司徒司空稱臣而魯相亦不稱臣此碑太常率丞故丞不復稱臣也靈帝紀熹平三年十月太常陳耽爲太尉五年五月罷不言復爲太常而光和四年十月又書太常陳耽爲司徒則此臣耽者陳耽也尚書令忠不載于紀中列傳上有陳寵子名忠曾爲尚書令

然在安帝時此外更無名忠者侯續考之碑又有終南之敦物與岱宗之松楊越之篠簜云云洪氏以敦物爲終南所產與松篠同科按前漢地理志註云太乙山古文以爲終南垂山古文以爲敦物禹貢終南惇物雍州之山也

漢涼州刺史魏君碑

右魏君碑云君諱闕字元丕京兆闕牙都尉之闕有畢萬者仕晉封魏此族系名字也趙氏云皆不可考何哉牙字上所闕必虎字也洪氏云漢人書碑廟號如太宗官名如太尉太常太守太中地名如太原太陽山名如泰山皆作太此碑魏君之母卻作泰夫人其用字故相

反如此按孔宙碑泰山都尉仍作泰劉寬碑太尉仍作太亦未必皆相反者惟唐孔泰師碑泰字與此碑同在漢人字多借用太作泰尚或議之至唐字備體分而猶借用所弗解矣今夸字每作彛或疑其無本而此碑夸戎作彛戎亦借用耶抑他有所謂耶

漢成陽令唐君碑

右唐君名扶字正南潁川郾人歷官至成陽令換昌陽吏民士女攀車作頌若今之去思碑也其文有如山如岱出高如不傾如闕疑江字如海澹如不盈下句如字作而字解漢人用字若此者甚多又云司空公在朝逶隨正色竭忠爲國討暴六俟俱封洪氏謂司空名珍中常侍衡

之弟也按唐珍于熹平二年自太常爲司空而衡與單超等誅梁冀五人俱封爲縣侯此云六侯者疑誤集古錄云文字雖班班可見而不能得其次第予觀此碑八百餘言洋洋灑灑文從字順豈歐公所收模本或斷缺不完者耶末有處士閻葵斑閻葵之姓不見于他書惟靈臺碑陰有閻葵謚一人

漢白石神君碑

右碑趙氏云其文有居九山之數參三條之一莫曉爲何語按水經有九山廟碑云九顯靈府君者太華之元子陽九列名號曰九山府君也南據嵩岳北帶洛澨云云尚書正義曰從導岍至敷淺原舊說以爲三條地里

志云禹貢北條之荆山在馮翊南條之荆山在南郡馬融王肅則以導岍爲北條西傾爲中條嶓冢爲南條自岷山之南至敷淺原不與大別相接則岷非三條也惟殽阬神碑云中條之山者蓋華岳之體南通商雒以屬熊耳洪氏謂與正義合予意無極三公封龍諸山在嵩華之間二碑皆從太華立說而有據嵩嶽通商雒之語是卽此九山三條注脚也

漢都鄉正街彈碑

周禮里宰合耦于耡鄭元謂耡者里宰治處也若今街彈之室疏云漢時在街置室檢彈一里之民於此水經注建寧二年改新豐爲都鄉而百官志凡州所監爲都

都鄉者都邑之鄉若今之關廂也故鄉曰某鄉而都鄉則無地名封爵有都鄉侯在關內侯之上正者漢官舊儀云民年二十三爲正一歲以爲衛士一歲爲材官騎士前漢食貨志月爲更卒已復爲正師古曰更卒給郡縣一月而更正卒謂給中都官者此都鄉之正也周禮予耡合耦以勸農漢人于街彈之室糾彈不法昆陽當喪亂之餘徭役煩苦郡守縣令班董科例收其舊值臨時顧募不煩居民立碑於街彈公所以頌其德也洪氏云趙氏誤認街字爲衛改名衛彈碑亦引衛宏漢官舊儀爲證無論街彈見於註疏若衛士乃正卒一歲以後所選之名又一歲爲材官騎士百官志註云凡八月都

尉令長相丞尉課試殿最非若正卒亭長之所得糾彈也況去土字似不成語寻意仍題街彈爲得洪氏碑目云水經作衞爲趙作衞彈按水經魯陽縣有南陽都鄉正衞爲碑衞爲似人姓名在魯陽非昆陽也如以衞字屬之上文則爲碑二字題額又何說乎又引劉熊碑憖念烝民勞苦不均爲作正彈按三國志吳張儼爲司直表正彈曲二十人專司不法與劉碑之正彈同非此碑之正係卒夫之名也況洪之所辨乃衞字若引劉碑則正彈連合又何關涉乎

漢尉氏令鄭君碑

應劭曰古獄官曰尉氏鄭之別獄也臣瓚云鄭大夫尉

氏之邑顏師古曰鄭大夫尉氏掌獄之官故爲族耳按
右之治獄官曰理月令命理瞻傷註治獄官夏曰大理
或曰李皐陶爲大理又獄官曰士尙書汝作士周禮士
師註士察也主察獄訟之事未聞春秋時以獄官爲
尉氏也瓚說得之

漢周公禮殿記

右記在成都刻于殿之石柱其云漢初平五年倉龍甲
戌旻天季月爾雅秋爲旻天季則九月也又云梓潼文
君增造吏寺二百餘閒又云烈火飛炎官民寺室合爲
灰炭說文寺廷也釋名嗣也治事者相嗣續于其內左
傳註疏寺司也官所止曰寺漢書注凡府廷所在謂之

寺然則寺者公府之名也自西域白馬馱經初止鴻臚寺遂創名白馬寺後世浮屠所居皆名曰寺而官舍不概用之矣漢制官之所立職有九寺如今大理寺光祿寺之類然皆官制職銜而非居舍之謂吏寺官寺僅見於此碑

漢巴郡太守樊君碑

西疊下濱近聖禹飲汝茹汸句二宕渠令下布化三載遭離母憂五五斷仁句三從事下舉直措枉殫思舊制彈饕糾貪務鉏民穢患若政俗喜怒作律案罪殺人不顧猖獗告子屬孫敢若此者不入墓門州里僉然號曰吏師十三劉公下一世欽重句一巴郡下後表漢中引老乞身句

（二句）校尉下君仕不爲人祿不爲已桓桓大度體蹈箕首當窮台緄（借衮字）松喬協軌（六句）藏形下凡百咸痛士女涕零臣子褒述刊石勒銘（四句）以上序也銘二十六句又亂曰十二句上句造下石工劉盛息懆書接額云漢故領校巴郡太守樊府君碑篆書文字完好予惜趙氏不爲跋註而米巫凶虐不得專指張角故爲補錄刪去之句而論之樊爲仲山甫之後樊宏等五侯封邑在梁楚之境飲汝茹汸隱其籍里也遭離毋憂五五斷仁居喪二十五月也在官則鉏强祛穢居家則誥誡子孫故曰吏師也牧伯劉公二世欽重謂焉與璋也表授巴郡後表漢中未奉朝命故額曰領也巴郡妖巫張脩亦療病取

米五斗又張陵作符書惑衆傳子魯魯傳子修修與魯掩殺漢中守皆謂之米賊惟角未常犯蜀故以碑之所指必修魯也助義褒義漢志所無皆二劉自置之官是時奄豎弄權强藩擅命敏乃見幾高蹈時論褒之一則曰箕山首陽再則曰赤松王喬銘詞有捐陪臣之語者不止不污於米巫亦不附於二劉也若据趙跋似以敏伯爲劉表疑誤多矣歲在汁洽爲末乃獻帝建安八年辛又二年立碑刻者劉盛書則盛之子惵也

漢綏民校尉熊君碑

凡漢碑皆云某君之孫之子不著名字此碑云高祖父籌又□祖父旻曾祖父範祖父師又□喬後有同産弟

望長子冉洪氏謂旻者必高伯叔祖禰之下喬者其父
也高曾子弟歷歷可稽而熊君之名字獨闕以興平元
年除桂陽曲紅長歷仕至七十有一歲以廿一年三月
廿七日卒而無紀年乃建安也銘後列故長沙荼陵長
文春故桂陽重安矦相杜暉二人讚頌各數十言洪氏
謂爲同郡盛德之士作文者惜其無所記錄故附之左
方也古人立碑皆門生屬吏今之顯爵大業非子孫不
立表誌安能頌及異姓如此碑也乎洪氏曰灌陽縣以
觀水得名譌觀爲灌吾友顧景范閉戶三十年著成方
輿紀要一書考訂精審引据該博及查此縣註云建安
中孫氏析零陵置予告以此碑荆州牧劉表拜熊君爲

騎都尉受命立灌陽督長非孫氏也吳志建安二十五年魏封權爲吳王以大將軍領荆州牧則孫氏之全有荆州在表死十年之後碑爲當時所立其云受命立灌陽乃表所置無疑宋書零陵内史屬觀陽男相曰吳立前漢膠東國有觀陽縣應劭曰在觀水之陽恐非此灌陽也瑯琊代醉編据米翌云紅字隸作江字如周憬碑曲江皆作曲紅古文字簡故以紅爲江也此云曲紅當與憬碑同

漢太尉楊震碑

右碑震之孫統之門人汝南陳熾等立在建寧以後去震歿已四十餘年矣傳云舉茂才四遷荆州刺史不詳

所遷者何宫碑止除襄地令遷荆州其餘自太守至太尉皆同但震性剛言直違時罹禍如劾王聖救趙騰糾劉瓌黜耿寶地震封事尤爲愷摯碑無一字及之郎關西孔子之號王密暮夜之金無可忌諱而皆不之及何也傳五子碑云長子富波矦牧次讓趙常山相次秉復登上司陪陵京師次奉黄門侍郎凡四人當以碑爲正後復詳序牧子統金城太守沛相讓子著高陽令而不及牧孫奇奇子亮秉子賜奉子敷敷子衆又何也楊氏碑甚多皆在閿鄉縣墓中有繁陽令碑亦牧之少子惜遺其名

漢執金吾丞武榮碑

右碑在濟甯州學中予至碑下手搨之殘缺過半而姓氏官秩猶存其額隷書黑文曰漢執金吾丞武君之碑君諱榮字含和治魯詩經韋君章句洪氏云漢興魯申公爲詩訓故齊轅固燕韓嬰皆爲傳又有毛氏之學故曰詩分爲四申公授瑕丘江公韋賢治詩事江公傳子元成皆至丞相孫賞以詩授哀帝至大司馬碑云治魯詩經韋君章句者此也予考之傳志而知洪說之誤藝文志詩經二十八卷魯齊韓三家立博士河間大毛公傳自子夏不得立儒林傳言詩于魯則申培公事浮丘伯爲訓故弟子瑕丘江公盡傳之韋賢治詩事博士大江公即瑕丘江公有韋氏學毛詩正義序曰漢氏之初詩分

爲四申公騰芳于鄒郢毛氏光價于河間貫長卿傳之於前鄭康成箋之于後洪氏用此語以申公轅固韓嬰毛萇爲四與正義乖矣後漢伏湛弟黯定齊詩章句杜撫定韓詩章句張匡作韓詩章句傳魯詩者如楚元王許生徐公王式張長安唐長賓褚少孫薛廣德龔勝龔舍高嘉嘉孫詡李昺魯恭李業魯丕包咸魏應陳重雷義皆無章句韋氏世學魯詩使有章句爲榮誦習豈遂遺於載記不與齊韓竝存也耶然榮去韋氏未遠似亦不妄或魯詩亡于西晉并此章句失傳未可知也其曰痛乎我君仁如不壽春秋星隕如雨釋者曰如而也歐公于郭輔碑寬舒如好謂施于文章以如爲而者始見

之而不知又有此碑也

漢富春丞張君碑

右碑額漢故富春丞張君碑篆書名字殘缺父兄官秩亦不可考但有州從事除吳郡及一丞字知其所歷之官立碑者嚴平李德上下皆闕不知其爲故吏爲門人也洪氏曰其文多不成章而銘詩可讀如三年癸亥景命不祿東都歷年凡三癸亥永平與光和之六年延光之二年是也建光有三年則歲在癸亥但次年壬戌已改延光亳社去雒陽不遠不應踰兩載而不知改元此碑先已裝翦不無顛倒棄去者三年之下蓋有闕文也

按兩漢富春俱屬會稽郡高帝六年以東陽郡鄣郡吳

郡五十三縣立劉賈爲荆王註吳郡郎會稽假郡縣之名新舊可以互稱而孝成元始三年歲在癸亥則疑此碑爲前漢立然在初置郡邑之時或引故證新不宜歷世已久猶稱故郡也況此二語在銘詞之前銘內又有垂歌吳域吳字兩見其爲東漢人無疑蓋順帝永建四年始分會稽置吳郡而富春屬焉不得于建光中郎稱吳郡所謂碑係裝翦或有闕文者信矣

漢巴郡太守張府君功德敘

納碑陰題名七十四人後云中平五年三月上旬書君升台祚承天百福子孫千億細審其詞爲張君在位時立故李元等皆掾屬不書故吏可知已趙氏未見碑陰

故疑無卒葬年月也

漢戚伯著碑

已未春予在京師于孫氏研山齋見拓本其額周字上有本字異乎他碑之額

漢仙人唐君碑

右唐君碑云字公房成固人居攝二年君爲郡吏啖瓜旁有眞人左右莫察而君獨進美瓜又從而敬禮之眞人者遂與期聟谷口山上乃與神藥曰服之當移意萬里知鳥獸言是時府在西成去家七百餘里休謁往來轉景即至閭郡驚焉白之府君從爲御史鼠齧車被具君乃畫地爲獄召鼠誅之視其腹中果有被具府君欲

從學道公房頃無所進府君怒收公房妻子公房先歸谷口呼其師告以厄急其師以藥飮公房妻子曰可去矣妻子戀家不忍去師曰豈欲得家俱去乎妻子曰固所願也于是以藥塗屋柱飮牛馬六畜須臾有大風雲來迎公房妻子屋宅六畜翛然與之俱去又曰賢者所存澤流百世使壻鄉春夏毋蚊蚋秋冬鮮繁霜癘蠱云云按水經云欒城智水川側有唐公房碑公房升仙之日壻行未還不獲同行以此川爲居號曰壻鄉而此碑竝無壻居川中之語神仙錄云仙人李八百爲公房家傭作惡瘡使公房夫婦及三婢舐之又索美酒三十斛浣瘡因以餘酒浴公房夫婦顏色更少其說近怪豈李

八百者卽碑所云眞人也耶博物志云公房得道雞犬皆仙升惟以鼠有惡不得去鼠自悔每月一吐其腸胃更生謂之唐鼠此借畫地誅鼠事而神其說也華陽國志云蜀以城固爲樂城碑與水經合第云期壻字作聟字而漢隷智字亦近聟字如碑云眞人期聟谷口山上及後聟鄉皆當作智字使公房有壻與眞人相期碑必詳言之矣夫水曰智水谷曰智谷則鄉爲智鄉無疑所謂壻鄉者乃妖妄之說予故全錄碑文以證之

漢相府小史夏堪碑

右夏堪碑云初涉府朝典職首曹洪氏引東都辟公府掾皆上言首曹者東西曹也按後漢百官志太尉公下

自東西曹至黃閤主簿皆爲公府掾屬比古命士若相府則在司徒公下本注有世祖卽位以武帝故事置司直居丞相府晉百官表注云漢丞相府門無闌不設鈴不警鼓言其深大闊遠無節限也古今注永平十五年更作太尉司徒司空府然太尉司空皆稱公府惟司徒稱相府漢舊儀曰元壽二年以丞相爲大司徒是也益相府掾屬三十一人大約與公府同漢碑及妻某氏者絕少此云娉會謝氏并靈合柩合葬誌墓之自也又云古命有之仲泥何悖洪氏責以狎侮夫子之罪按字書𡰥仲尼之𡰥下從二與僧尼之尼從工不同𡰥音夷古文字也尚書隅𡰥島𡰥萊𡰥今文皆作夷則夷𡰥音義

同矣左傳哀公誄孔子曰嗚呼哀哉尼父直用古文今讀與僧尼同音者已謬而此之作泥尤怪然漢人書碑率多假借亦不足怪也

光緒歲在强圉大淵獻春月吳縣朱記榮槐廬家塾刊

金石錄補續跋卷四終

金石錄補續跋卷五

槐廬叢書

崑山葉奕苞九來著
吳縣朱記榮校訂

唐二龕記

唐益州學館廟堂記

魏受禪表

右魏受禪表云惟黄初元年冬十月辛未皇帝受禪於漢氏蓋記受終踐阼月日也魏志庚午王升壇即阼歐陽公据裴松之註及此碑證庚午之誤固矣漢獻帝紀曰辛未魏王登壇受禪公卿列侯諸將匈奴單于四夷朝者數萬人陪位燎祭天地五嶽四瀆遂制詔以延康元年爲黄初元年夫改元在即位以後事不應初受禪時竟書黄初意者與嗣君即位踰年改元不忍沒其親之殘年不同耶其文有云堯舜之事復存於今是言漢

獻下禪于魏也魏氏春秋曰帝升壇禮畢顧謂羣臣曰舜禹之事吾知之矣是言已之受禪于漢也丕直以己無媿于舜禹故爲此言而是時公卿大臣又以天下後世爲可欺復勒此表說文云表識也所以揭其事而記之也成湯放桀曰予有慚德恐來世以爲口實魏之君臣良心陷溺至于乃爾遂借堯舜爲口實唐虞受禪果若是乎歐陽公曰嗚呼漢魏之事讀其書者可爲流涕信然也又云受禪碑世傳爲梁鵠書而顏眞卿又以爲鍾繇書莫知孰是宣和書譜据劉禹錫云王朗文梁鵠作字鍾繇刻石世稱三絕云

魏百官公卿奏

按紀延康元年十月乙卯册詔魏王禪代丕上章辭讓再四尚書令桓階等奏亦再四此表則相國安樂侯歆等最後之奏也魏志注載其文甚長碑已殘闕祇拓前一段矣蓋在延康未革命之時趙目列於受禪表後似誤或因黃初中刻石故後之耶

魏孔子廟碑

右碑額篆書魯孔子廟之碑黃初元年命孔子廿一世孫議郎孔羨爲宗聖侯奉孔子祀之詔及紀事之文也有云咨可謂命世大聖億載之師表者已咨歎聲一字爲句東魏孔廟李仲琁碑亦有咨可謂開闢之儒聖無窮之文宗者矣意當時文體如此虞書二典用咨發端

者甚多古人重其事重其詞則爲嗟歎之聲以聳人聽非若後世之用噫嘻吁等字止于悲涼感慨也

吳天璽元年紀功碑

此吳巖山紀功德石在江甯府天禧門外俗名三段石宋元祐六年轉運副使胡宗師葺置漕臺後圃自有跋按吳天冊元年吳郡臨平湖開于湖邊得石函函中有小石青白色長四寸廣二寸刻上作皇帝字于是改元天璽立石刻于巖山紀吳功德乃東觀令華覈文皇象書碑中有東觀令而闕其名必覈也黃長睿曰皇象書人間殊少惟建康有吳時天發神讖碑若篆若隸字勢雄偉相傳爲象書葛洪曰吳之善書則有皇象劉纂岑

伯然朱季平如中州有鍾元常胡孔明張芝索靖各一邦之妙也巖山卽絳巖山舊名赤山唐改今名在句容縣臨平湖上所謂鄱陽言歷陽山石成字者在天璽改元之八月非此也

晉太公碑

小司馬索隱註譙周曰姓姜名牙炎帝之裔伯夷之後掌四岳有功封之于呂子孫從其封姓尚其後也則牙與尚爲兩人明矣下又云文王得之渭濱云吾先君太公望子久矣故號太公望蓋牙是字尚是其名後武王號爲師尚父又以牙卽爲尚何也尚書顧命有齊侯呂伋使太公望在安得不敘于召公之前而稱伋乎紀年

所謂康王六年卒者謬又有紫微斗數謂太公望一百
六十歲者尤誕妄汲縣令盧無忌者太公之裔孫也

僞漢司徒劉雄碑

通鑑晉愍帝建興三年三月漢大赦改元建元是碑立
於二月故稱嘉平五年也考異曰十六國春秋建元二
年在晉建興二年同編修劉恕言今晉州臨汾縣嘉泉
村有漢太宰劉雄碑云嘉平五年乙亥二月六日立則
改元在二月以後從之道譜所謂四年改元者特未註
明耳

趙橫山李君神碑

陳鴻大統歷石虎即位改建平五年爲延興明年改建

武按三十國晉春秋不記石宏改元延熙虎之立實延熙元年誤云永熙也考異曰鴻所云改建平五年爲延興郎是宏踰年不改年耳按成帝紀石勒死于咸和八年之七月而載紀則曰咸和七年宏讓位於季龍季龍怒遂以咸和七年廼立之改元曰延熙似不踰年即改元矣帝紀宏之改元在咸和九年之正月石虎之弒宏自立爲天王在十一月通鑑虎之改元建武在明年咸康元年之正月特載記於居攝下連書改元實與帝紀無異證之此碑益信矣

後魏孔宣尼廟記

右記不知何人所撰其文詞古質可喜記云孔子欲北

從趙鞅聞殺鳴犢遂祗車而返按祗廣韻云祭祗疑逗
字之借說文逗止也逗遛不進之意或作𢭃𢭃掬也曲
禮受珠玉者以掬註云兩手承之恐失墜也聖人憑軾
敬慎若恐失墜有似兩手捧持之意則𢭃字爲得且手
傍與示相近也

後魏御射碑

右後魏宣武御射碑趙氏以碑云維魏定鼎遷中之十
載據孝文弔比干文云太和十八年遷都洛陽至宣武
景明三年止九載碑作十載者誤予考北史及魏書皆
云十七年十月戊寅經始洛京乙巳詔安定王休迎家
口丁代十一月癸亥宮成作碑者直以孝文宮成臨御

迎家口之年爲遷都之始未嘗誤也至云宣武生于太和七年癸亥至景明三年壬午當年二十而碑云十七當以碑爲據抑知宣武卽位在太和二十三年己卯適當十七作碑者是數其卽位之年也若據碑削去三年可乎趙又以宣武終于延昌四年乙未爲壽三十五歲而以史云壽三十三誤者殆未取甲子紀元詳審之耳

梁開善寺大法師碑

右碑又名智藏法師碑梁湘東王蕭繹撰銘新安太守蕭幾作敘尚書殿中郎蕭挹書世號三蕭碑法師姓顧氏幾挹皆稱弟子歐陽公云衰世之弊遂至于斯余不忍遽棄者以其字畫佳也黃長睿云楷法自鍾元常後

惟江左諸賢頗得之故蕭殿中書此碑古雅可嘉是則古碑因書而存者也書碑必屬名手有以哉

後魏兖州太守張猛龍碑

右魏魯郡太守張府君清頌之碑其額正書諱猛龍字神冏南陽白水人延昌中奉朝請熙平中除魯郡太守蒸郡人頌德碑也以其興學校尚絃歌碑猶在曲阜先師廟中按猛龍八世祖西平武公軌當晉崇尚莊老之時在涼州徵胄子五百人立學校春秋行鄉社禮元魏佞佛比清譚尤甚而猛龍獨能講德肆業重道降師繼祖武違俗尚可謂介然特立之君子矣朱彝尊曰予過大同問拓跋氏故都觀所鑿佛宮穹碑巨碣已無存者

而斯碑在孔氏之庭歷千年不壞雖更歷千年知莫有徙而去之者此寻之所深感也嗚呼爲政之君子可以知所務矣又按道武天興四年釋菜于先聖先師孝文延興三年封孔子二十八代孫乘爲崇聖大夫孝明正光二年幸國子學祀孔子以顔回配此碑立于正光三年之正月不獨猛龍之政崇禮讓亦其君有以倡之也碑文雋永開齊梁風致所用論語有勝殘不待賖年政成期月而已説文賖貰買也一曰遠也徐鉉曰遲緩爲賖以賖代百豈所傳有異詞抑文人好奇之故耶東家雜記孔乘爲二十七世孫與魏紀異頌辭後列義主十人皆郡屬吏所謂本郡二政主簿不知何官卽義主亦

不見於他碑豈義士義民之類耶

後魏張猛龍碑陰

右碑陰之額丞一人中正二人功曹史一人督魯弁新陽主簿一人督汶陽弁二縣令下缺魯汶陽鄒陽平弁新陽縣令六人下書魯郡士望等一行後列八十餘人次郡屬吏次六縣族望各百人而漫滅者多矣弁即卞漢舊縣豈弁與卞可通用耶自晉以後中原士族淪陷已久此碑明書士望與族望標榜之意寓焉曲禮司士註士是官之總名或係魯郡之士大夫也如租曹[illegible]曹二掾爲官之異星條若儁四姓公乘常邸二姓爲姓之異白法相李神虎苗桃符張荀生管幽州鮑黃頭爲名之

異羌氏亂華屢更官制改竄士籍若翟仰附華風勒名碑碣所謂附驥之蠅不止千里且千秋矣顧氏金石文字記曰其陰書陽原縣義士州主簿王金生造頌予在廟中閱此行在碑之正面非陰也另一行有造頌四年諸字在正光三年正月之上似記造頌四年之後始立此碑非王金生之文也況同列者十八而王金生下並無他字矣

東魏魯孔子廟碑

右碑興和三年十二月兗州丞令士民頌太守李仲琁也魏書本傳以改修孔子廟爲仲琁一生政績始知當時尊崇聖道者鮮矣碑云君姓李字仲琁趙國栢仁人

朱氏槐廬校刊

也自晉以後名字不辨或以字行故字與名皆諱之仲琁以字爲名非別有名也乃李順之族子而順傳爲趙郡平棘人按柏人屬南趙郡豈以順父系爲平棘令因家平棘故順傳據之而其初居柏人耶碑係仲琁治兗時立不應有誤第柏人爲漢縣即魏地形志皆作人此曰仁又何也傳云奉朝請定雍二州長史碑則云奉朝請俄除定州平北府法曹參軍仍缺三字功曹參軍事定相繼三州長史傳云營搆將作碑則云營搆都將其衛將軍車騎將軍衛大將軍金紫光祿大夫左光祿大夫爲碑所遺至將作大匠驃騎大將軍青州刺史爲兗州以後除贈之官也顧亭林曰一行之中有篆有分有隸

有草雜亂無倫而以爲奇然則作詩者亦當一句騷一句漢魏一句選一句律而後爲奇也乎

後周華嶽頌碑

右碑在今華陰縣西嶽廟中周天和二年十月十日立使持節驃騎大將軍開府儀同三司大都督司宗治內使臨淄縣開國公万紐于瑾造此文車騎大將軍儀同三司縣伯大夫趙興郡守白石縣開國男南陽趙文淵字德本奉敕書自隋以前書撰人用官階者始於此碑然猶書在年月之後万紐于山名也在陰山之北見于烈碑烈之遠祖居于山下遂以爲姓魏孝文賜改于氏至周而復也按史萬鈕于瑾本姓唐以慕于謹賜改爲

万鈕于氏本傳不言臨淄郡公而見于李昶傳又文深傳少學楷隸雅有鍾王之則當時碑牓惟文深及冀儁而已太祖命同黎景熙沈遐等刊定六體行于世及王褒入關貴遊等翕然竝學褒書文深慙恨後知時尚難違亦習褒書竟無所成轉被譏議觀此碑文深雖自矜貴既著其名復標其字而筆致庸下雜以俗體所謂鍾王之則特史臣諛詞耳太師大冢宰晉國公者宇文護也護爲武帝之兄故曰任屬阿衡親惟旦奭也瑾爲司宗中大夫兼內史文深爲縣伯下大夫與此碑小異

北齊隴東王感孝頌

右碑云開府儀同三司尙書右僕射尙書左僕射尙書

令攝選新除特進賜持節齊州刺史隴東王胡長仁出牧東秦訪郭巨之墓云云按長仁無傳齊紀天統四年五月以尚書左僕射胡長仁爲左僕射十月以左僕射爲尚書令其除齊州刺史封隴東王皆不載可以補史之闕當時陸令萱和士開韓長鸞等各引親黨官由賄進超居非次庶姓封王者百數則長仁之封隴東亦當由令萱等所引觀其挾妃息以游覽定非納身軌物者故史臣不爲之立傳歟書撰人不直書姓名而于文中見之有中兵參軍梁恭之盛工篆隸騎兵參軍申嗣邕微學摛藻似爲碑文變式也

隋齊國太夫人楊氏墓誌

右楊氏墓誌跋云夫人字季姜僕射高頴母也蓋趙氏誤以頲作頴乎家藏金石錄乃先文莊公手訂抄本爲頲字疑其有誤及借王宛仲氏徐原一氏兩家抄刻本皆同始知從趙氏初本遺誤特爲跋正無使後學承訛也後有唐贈頲禮部尚書詔跋亦然恐傳寫人之失爾

隋龍藏寺碑

右龍藏寺碑隋開皇六年恆州刺史鄂國公金城王孝僊立齊開府長史兼行參軍九門張公禮撰顧炎武曰齊亡入周周亡入隋而公禮猶書齊官蓋君子之能不降其志而其時之人亦不以爲非也余考顏之推仕歷周隋而家訓中猶謂梁爲本朝蓋同此意其時南北分

彊興亡迭代爲之臣者雖不獲一節以終而心之所主見于稱名之際者固較然不易如此然則今人之不及古者又豈獨書法之陋文字之訛而已哉

隋啟法寺碑

右啟法寺碑儀同三司樂平縣開國子汝南周彪撰闕州前從事譙國丁道護書碑云開皇四年四月一日創立此寺開皇八年開府吏部尚書上庸公京兆韋世康魏司空文惠公之長孫周高士逍遙公之元子爲行臺僕射又云公乃出晉烈宗之世前金像寺道安法師所造丈六金銅無量尊像像身既毀石趺猶存又云舍父衣資服翫廿四件并見錢付寺成此尊儀後云大隋仁

壽二年歲次壬戌十二月甲戌朔十五闕建隴西李寶鐫施地主胡粲熊璿等歐公謂開皇仁壽時碑往往不著名氏惟道護能自著之然存者尤少余家集錄千卷止有此耳古人云百不爲多一不爲少者正謂此也予于京師孫氏見之精采奪目在率更河南以上後至嘉興訪曹侍郎一見即語予曰新得丁道護啟法寺碑天下惟此一本開卷見研山齋圖記知爲孫氏物予惜此碑既爲希世之珍歐陽公雖愛其書不著立碑始末趙氏有目無跋特畧其文而存之

隋孔子廟碑

右碑額篆書末云大隋大業七年辛未七月甲申朔二

日乙酉濟州秀才前汝南郡主簿仲孝俊文孔子卌十一世孫孔長名卌十四世孫孔子歎監修廟陳明府名叔穀字子嚴陳高宗四十二子八子未及封叔穀其一也是時孔子卌十二世孫嗣悊封紹聖侯長名其叔父行也長名之兄長孫襲封鄒國公自後周改恭聖爲鄒國至隋而復名紹聖適叔穀令曲阜時重葺廟廷故立此頌以美之其文有堯之禪舜實釐女于有虞周室封陳亦配姬于嬀滿書傳釐理也舜以義理降下帝女之心居于嬀水之汭此曰釐女于有虞成何解乎滿者陳胡公滿也嬀字應屬上句而曰嬀滿錯謬甚矣自漢以後秀才爲異等文如仲俊豈應察舉及之宜今日自負

爲秀才者總總林林將數見之不鮮也

唐等慈寺碑

右碑係褒成者無額題亦無建碑年月末云通議大夫行秘書省兼輕車都尉瑯琊縣開國子臣顏師古奉敕撰新唐書貞觀三年閏月爲兵死者立浮圖相舊唐書三年十二月癸丑詔建義已來交兵之處爲義士勇夫殞身戎陣者各立一寺命虞世南李百藥褚亮顏師古岑文本許敬宗朱子奢等爲之碑銘以紀功業此其一也碑云念彼王充偷安假息憑陵齊岱薦食徐兗又云爰立此寺賜號等慈境實鄭州縣稱汜水蓋碑立于汜水追薦討王世充陣亡之士也按武德九年六月太宗

居春宮總萬機下令曰依禮二名不偏諱今官號人名公私文籍有世及民兩字不連讀者並不須諱此云王充去其世字何也豈上雖弛禁而臣子不敢斥言之也耶許洛仁碑云王充跨據伊瀍竇德並吞趙魏意當時行文習尚乃爾然貞觀中建成豈在諱名之列而云竇德則又何也或于聲病對偶致工文體別無義例耳

唐三龕記

右記無題額後魏及唐鑿佛像于河南龍門山壁間大小數百惟三龕最大唐魏王泰爲長孫皇后造龕中書侍郎岑文本撰記起居郎褚遂良書以楷兼隸絕不類文皇哀冊聖教序諸碑歐公所謂尤奇偉也按史長孫

皇后疾亟太子請汎度道人后曰佛老異方教耳上所不爲豈宜以我亂天下法古今稱之中庸以繼志述事爲孝而泰爲其親之所不欲爲文德在天將無恫耶泰乘太子承乾病蹇起奪嫡之謀旣而承乾敗岑文本劉洎請遂立泰爲太子後太宗廢承乾幷幽泰史稱家法之正記云魏王體明德以居宗膺茂親而作屏朝讀百篇日摛三賦發揮才藝兼包禮樂通神曰孝長人稱善等語皆泰廣引賓客要結朝臣揄揚才德以窺宗器之證文本曲筆不能如褚遂良疏諫料物踰嫡魏徵諫止居武德殿爲可媿然遂良亦書此記豈泰狡謀未盡發露耶年月處殘泐存歲在辛丑四字按長歷爲貞觀十

五年正泰乘小輿入朝龍冠諸王之日使太宗裁抑有素泰之驕險不至乃爾後雖秉正廢黜而恩義乖矣文王世子之篇所以爲千秋龜鑑也

唐益州學館廟堂記

右記顔有意書趙氏云集古錄直以爲有意撰非也考歐陽公集古此目下亦云有意書未知趙氏何以遽謂集古之誤第歐陽公云高朕之名于義不安疑有意得於古碑之訛缺爾葢朕者天子自稱之名故曰不安然爾雅註云古者貴賤皆自稱朕又云賚朕畀予也註賚畀皆賜與猶予也則朕似亦可以命名按洪氏隸釋婁氏漢隸字源作高朕其釋爲幾微萌兆又未知何據也

光緒歲在强圉大淵獻春月吳縣朱記榮槐廬家塾刊

金石錄補續跋卷五終

金石錄補續跋卷六

崑山葉奕苞九來著
吳縣朱記榮校訂

唐太尉李光弼碑

唐小字麻姑仙壇記

唐散騎常侍張後允碑

右碑無書撰人姓名及建碑年月前後磨滅已極中有金紫光祿大夫張允知爲允碑又有顯慶三年正月薨疾等字知爲唐人也趙錄張後允碑有目無跋亦註顯慶三年三月無書撰姓名予意卽此碑但後允係二名而此單名張字下更無殘泐何也唐書後允傳字嗣宗蘇州崑山人碑云祿賜防閣陪窆昭陵又與傳合豈嗣宗有二名耶抑後字爲衍文耶傳止載後允之子齊丘與鎰而碑中未泐處有第三子謙第四子巽第五子律

師泗州司馬第六子小師第七子統師太常丞第八子下闕不獨補史傳之遺亦以證吾邑之誌爲未備也邑誌有張承休爲後允之孫恆州刺史多惠政而唐書不載孔子曰于其所不知蓋闕如也疑以傳疑直以爲張允碑亦可

唐道因法師碑

右多寶寺道因法師碑云中臺司藩大夫隴西李儼字仲思製文奉義郎行蘭臺郎渤海縣開國男騎都尉歐陽通書龍朔三年十月十日建唐百官志有品有階有爵有勳以大夫入銜者惟左諫議大夫諫議大夫御史臺大夫而已若文官散階自光祿大夫至朝散大夫凡

十一階而無司藩大夫自朝議郎至將仕郎凡十六階
有奉議宣義而無奉義龍朔二年改尚書省曰中臺自
尚書令而下以六尚書爲屬未嘗有司藩也或者在宗
正寺之屬然改曰司宗而非司藩也改秘書省曰蘭臺
秘書郎曰蘭臺郎其曰行者以奉義之下連用郎字恐
階與職不辨也歐陽公云唐之盛時職有常守位有常
員其爲法則精而密其施于事則簡而易行至于交侵
紛亂者由其時君徇一切之苟且故其官益冗名類繁
多莫能偏舉即此碑司藩奉義在當時爲顯著之名至
于今不可考究則官制之弊槩可見已縣開國男從五
品爵也而勳級騎都尉亦從五品奉義或即奉議與秘

書郎皆從六品勳爵在階品上二等者或以賢能或以功績轉而上之也當時雖從五品皆有勳爵鼓勵之意寓焉今則貴賤懸殊五等之列無幾人矣

唐于志寍碑

右碑趙氏据志寍自冠氏縣長歷官同中書門下三品證新舊史之脫漏顛倒詳矣尚有未盡者如碑云曾祖謹祖義父宣道義仕隋爲名臣自有傳史乃遺之以冠氏爲清河者新史也卒于麟德二年舊史與碑同則劉氏之書未敢盡以爲可議也

唐明徵君碑

右碑題云攝山棲霞寺明徵君之碑御製高正臣行書

王知敬篆額上元二年歲次景子四月廿五日建唐有兩上元此景子者高宗之紀年也趙氏曰徵君者梁明山賓也高宗朝其裔孫崇儼以方伎進故立此碑唐史言高宗自製文而書之非也顧亭林亦曰崇儼傳潤州棲霞寺是其五代祖山賓故宅帝特製碑文親書于石論者榮之今按此碑乃高正臣書史家以御製并訛爲御書耳曾不據碑駁正予特申其說按碑云南齊徵君明僧紹者太原人也初序其隱遁之高繼言棲霞之勝而以度人賜經錢絹等物終之則立碑者以僧紹非山賓審矣梁書山賓傳父僧紹隱居不仕宋末以國子博士徵不就而山賓官侍中舊書竟以侍中爲處士德甫

復以此碑之僧紹爲山賓何耶齊書僧紹傳永明元年以國子博士徵不就卒故此碑云南齊徵君梁書所云宋末徵者亦誤然傳云子元琳字德璋而無山賓齊書修于梁山賓爲梁大臣而反遺之何也碑又云法師僧辨爰來至止別起梵居栖霞之寺由此創名蓋辨依紹建寺竝非明氏故宅使高宗寵加崇儼宜于碑末及其名字卽山賓亦未之及未知劉氏何据舛謬至此新書削去製碑一語有以哉

唐李勣碑

右碑題云大唐故司空太子太師上柱國贈太尉楊州大都督英貞武公李公之碑高宗御製御書英者國封

貞武其謚行文簡淨王言宜爾也趙氏云新舊史皆云
年八十六而碑云七十六按舊書無此語其語諸子曰
我山東田父耳位三公年將八十非命乎固與碑合也
新書改將字爲踰誤矣勣本徐氏名世勣傳云至高宗
時避太宗偏諱故但名勣而此碑王世充世字特缺中
一筆未之避也虎嘯龍騰改虎爲虪以避高祖諱廣韻
作虪胡猷切倒一虎者俗體也亦缺一筆與周孝明皇
后碑虓字號字末筆皆不全同爾雅虪有力註出西海
大秦國有養之者似狗多力獷惡沈佺期杜甫詩中皆
用虪字惟蘇文舉開業寺碑用此體耳竊謂勣起降虜
得與顧命高宗廢后立昭儀依回容祿與許李同譏所

謂大臣以道事君者固若是耶雖保首領于生前卒以其孫敬業舉兵討武氏至于掘冢暴骨亦可哀已若敬業者事雖不成不謂之葢愆不可又按勣常暴疾醫待鬚灰太宗乃自翦鬚和藥賜之勣姊病自爲粥而燎其鬚一傳之中鬚事兩見君臣誼篤姊弟情眞求之今日葢亦鮮矣而碑不之及豈傳聞有未實乎碑云先朝東征大破駐蹕授靈州道安撫大使雖于勣之遷除無甚關係亦足以補史之缺

唐天后少林寺碑

右碑武后幸少林寺之詩按唐紀永淳二年十二月丁巳改元宏道碑建于九月猶稱永淳也裴漼少林寺碑

云永湻中御札飛白書一飛字于寺壁后必以此時從
駕也后擅朝政預廢立永隆元年立英王哲爲太子永
湻元年孫重照生立爲皇太孫百官志太孫不置官屬
惟王府傅而下有諮議參軍一人正五品秩至天授二
年始置皇孫府官而碑云太孫諮議者是年皇太子朝
于東都太孫留守或暫置諮議以他官攝之也司門郎
中屬刑部掌門關出入之籍闌遺之物尙有詰姦除暴
之意後世關差分屬戸工二部而詰姦除暴爲具文矣
此則古今官制之異附記焉

唐高士廉塋兆記

右高士廉塋兆記止存上二尺許可拓者額篆書云尙

書右僕射司徒申文獻公瑩兆記蓋陪葬昭陵稱碑者甚多此獨異也新書封許國公此云申文獻者加封之國與謚也舊書前云封許國後云太子令曰攝太傅申國公與碑合士廉名儉以字行畫像凌煙閣撰文思博要一千二百卷上之皆爲新史所遺

周明堂令于大猷碑

右首二行殘缺書撰姓名皆無考序云其惟明堂縣令東海于公乎公諱大猷字徽本曾祖宣道祖志寧父載政載字歷官自左千牛衛率蘇州司兵參軍并州士曹有疑參軍汾州長史隨州刺史以聖歷三年七月卒十一月葬三原縣萬壽鄉如云二十弱冠回鑾拂羽及安仁七

旬不遇箱中之術殆殀而無子其兄兗州刺史舒機葬之故有鶺鴒懷斷鴻鴈悲鳴之語細閱官階無所謂明堂令者而趙氏目則云明堂令于大猷碑豈以其序首之文錄之或當時碑未殘闕其額與題尚有据耶按志寍傳舊書子立政元孫敖休烈休烈子益新書休烈敖益肅球珪瓌琮如大猷父子兄弟皆不載可以補于氏之軼也正書酷似褚登善于聖歷中不用武后所置諸字尤爲僅見云

周孝明皇后碑

右碑題曰大周無上孝明高皇后碑銘并序特進太子賓客監修國史上柱國梁王臣三思奉勅撰太子左奉

裕率兼檢校安北大都護相王恶旦奉勅書此武后追尊其母楊氏之碑相王者睿宗也圀郎國恶郎臣武后所制之字也唐君臣正論武后改易新字内以山水土爲地十千万万爲年永主久王爲證長正立爲聖一生爲人一人大吉爲君而此碑君字又作[illegible]顧亭林云疑古文君字亦類此劉三吾傳謂太甲上篇自周有終相亦惟終周當爲君字之誤按武后紀天授二年立武氏七廟追尊太皇曰太祖孝明高皇帝楊氏曰孝明高皇后又十一年而立此碑號順陵先天中詔削士彠僞號仍爲太原王七廟遂廢不聞有議及陵者虞世南所書孔子廟堂碑亦相王旦書額云大周孔子廟堂之碑文

宗時馮審爲祭酒請琢去周字而士護兩碑至今猶存何也

唐有道先生葉公碑

右碑題云唐故有道先生葉公神道碑括州刺史江夏李邕文并書先生諱國重字惟鎮慧明之父法善之祖也其文云是獻封章願拜墳墓有軫帝念載形王言此必越國請于朝而贈以有道之謚文又云文王之允乃食于沈尹戌之子載封于葉而歙州碑則云聃季食沈子高封葉兩碑世系互相發明始信歙州碑亦邕文也毛氏曰姓氏之葉從葉俗作葉歐陽氏曰作葉非而春秋魯論史記諸書皆從葉相承已久惟篆書今或作葉

耳按李傳卒于天寶中世傳越國攝北海寃撰文及書者妄

唐贈歙州刺史葉慧明碑

右碑趙録云韓擇木撰并八分書按碑題之次行有江夏李 闕 國子口太學生 闕 則撰文者非擇木也碑云公諱慧明字德昭南陽郡人以子越國公法善貴贈歙州刺史碑立于開元五年之七月是年三月立有道先生碑爲李邕文則此文亦邕撰無疑故有道碑序其祖乾昱考道興子慧明而是碑不及有道名字似出于一人之手故略之也擇木初爲太學生後爲諸王侍書榮州司馬此碑書法在史惟則梁昇卿上固非韓不能但碑

詳越公道法之高遭遇之渥所謂時更四紀代且五王者高中睿元四宗與天后爲五也新舊書皆云開元八年卒又云生于大業丙子死于開元庚子凡一百七歲若卒于八年庚申止一百五歲況開元無庚子必史家傳聞之誤也越公傳云括州括蒼縣人而有道碑又曰南陽葉縣人豈兩碑泝其始封傳則據其譜籍耶吾宗得姓固本子高而南陽舊譜自子高而下二十八世諱瀆者渡江居徽州其家處州者諱儉晉折衝將軍括蒼太守十四世至乾昱又四世至法善又五世至刑部侍郎逵居吳中又五世至石林公諱夢得又十三世而至余七世祖文莊公諱盛則越國傳云括蒼人無誤也葉

氏雖微姓纂姓林皆與崔盧裴李齊列唐文皇之序大姓也謂之京南葉氏然石林公譜序稱七世祖彪是生侍郎逵而石林之子模祠堂記又曰越國五世生信州守雄石雄石孫元爲烏程令生侍郎逵父子序記舛異乃爾傳信傳疑付之闕如而已顧亭林云葉字當音式涉反今人讀爲枝葉之葉者誤

唐于知微碑

右碑殘缺郎姓名亦不可見有五代祖謹知爲于氏及考趙錄目註建碑年月始定爲知微也父立政見志寧傳知微自釋褐歷官至兖州都督皆有惠政撰文者姚崇也末云平生言行實僕所知揄揚事功則吾豈敢竊

謂不知其人視其友武氏之臣苟爲姚宋所與建碑庶幾不媿惜三原之鄉人鑱泐其文爲無識也公侯子孫非奇才異績不得附見國史向錄大猷碑喜于氏復得三人此碑云子克勤克搆克懋皆顯官合知微而四于氏之傳于今者非碑版之故耶于氏諸碑皆在今三原縣墓上

唐易州刺史田仁琬德政碑

右碑趙氏錄目云田仁琬而予所收之碑則名琬字勤禮未知何以去此仁字也豈田琬別有其人而撰文者徐安貞行書爲蘇靈芝又與趙錄無異所弗解也宜和書譜云蘇靈芝儒生也嘗爲易州刺史郭明肅書侯臺

記有二王法在當時必書名藉甚考究字體宜詳而此碑有恬淡者道之苻按顔氏干祿字書苻符上人姓下符契晉蒲洪之孫堅背有草付字改姓苻爾雅苻鬼目草名本草云一名篇苻此云道之苻宜從竹如禮記仲尼燕居篇萬物服體註萬物之符是也然漢碑隸字率以竹爲卄鮮從竹者如符節字皆然以是正書亦時用卄如前漢書符瑞之符與此碑同而苻融之姓又從竹或古者二字葢通用也

唐雲麾將軍李秀碑

右李秀碑在順天府廨中春明夢餘錄曰李秀字元秀范陽人以功拜雲麾將軍左豹韜衛翊府中郎將封遼

西郡開國公開元四年卒葬范陽之福祿鄉靈昌郡太守李邕文并書逸人太原郭卓然模勒并題額趙錄則云明皇以天寶三年改年爲載此碑元年正月立而稱元載何哉按蘇頲撰涼國長公主碑云開元十二載前此二十年亦稱載者文字中偶一用之與此同也又按李邕撰靈巖寺碑頌在天寶元年亦曰靈昌郡太守而新舊史止云天寶中邕爲汲郡北海二太守可以補兩書之闕劉侗帝京景物畧曰萬歷初宛平令李蔭署中掘地得六礎洗視乃此碑存者百八十餘字額存唐故雲三字築室砌之壁間名曰古墨齋後移少京兆署中止一礎其四礎相傳萬歷末年王京兆惟儉攜之大梁

予從嘉興項氏得拓本有額唐故雲三字比今碑字多三之二爲項墨林珍玩云

唐兗公頌

右碑隸額兗公之頌四字横書朝議郎行曲阜縣令張之宏撰包文該書碑云公姓顏字子泉唐人以高祖諱故陶淵明亦作泉明開元二十七年八月制謚孔子爲文宣王贈顏子淵兗公閔子騫費侯冉伯牛鄆侯冉仲弓薛侯冉子有徐侯仲子路衞侯宰子我齊侯端木子貢黎侯言子游吳侯卜子夏魏侯又贈曾參顓孫師等六十七人爲伯見舊唐書儀禮志此頌乃兗州都督渤海李公誨立其文有曠志鵬海服膺蟻術接學記蛾子

時術左傳蛾析蛾皆讀蟻此直用蟻蓋正書非篆隸也又云猥飛聲于密賤家語史記皆作宓不齊字子賤顏氏家訓云子虙子賤即虙羲之後俗字爲宓或復加山今兗州永昌郡爲古單父地東門有漢立子賤碑乃云濟南伏生即子賤之後知虙之與伏古來通字今誤以爲宓耳夫虙之爲宓尙以爲誤轉而加山益又誤矣然唐孫強增減顧野王玉篇亦云宓今作密故句容令岑君碑云驅密賤于後塵當時相襲詎知誤乎未有邾王文學文宣公孔璲之乃孔子三十五代孫字藏輝襲封襃聖侯改夫子謚時亦改爲公也尋謁顏子廟奕然輪奐後多名人科甲而此碑反在孔廟大成殿中未知何

故

唐貞一先生廟碑

右貞一先生者司馬承禎也按李元靜碑云陶隱居以三洞眞法傳昇元先生昇元付體元先生體元付正一先生正一即貞一貞正二字當時通用如貞觀亦稱正觀也

唐東方朔畫贊記

右記晉夏侯湛撰顏眞卿書唐諱御名敢重行文至無可避處往往缺一筆以存其意魯公于此記民字一見則缺末筆世字三見宏字一見皆不缺且此記載昭明文選中集古録云較選本一二字不同而義無異按選本

曰神交造化此云神友選本云棄俗登仙此云棄世登仙夫因避諱而改古人之文或有之矣此則改前文以犯諱何也

唐宴濟瀆記

右碑額篆書有唐濟瀆之記題云游濟瀆記吏部侍郎達奚珣文右監門衛兵曹參軍薛希昌八分書其文拖沓義非元遠如所謂四瀆資我而成彼三水者又云似若非深舟檝既加乃知無底等語固不足窺韓柳之藩籬郎元白亦當吐棄之八分肉勝于骨波磔雖横而古法漸亡矣

唐梁思楚碑

右碑衞秀集王右軍書集古錄云秀筆工之善模者也其自謂集書信矣無足多取也趙云思楚集者誤

唐王粲石井欄記

右石井欄記共三首其一甄濟則彭朝議書其一于頔則胡証書其一盧鈞趙錄于鈞記之下不著書人姓名予考此記乃京兆府武功縣尉李掖書也胡証八分書後有河南公元和二年八月廿六日進封燕國公隨軍屈賁書一行河南公者卽証也

唐太尉李光弼碑

右李光弼碑顏眞卿撰張少悌書按史光弼營州柳城人父楷洛爲契丹酋長武后時入朝而碑云京兆萬年

人父楷洛薊郡開國公未嘗言契丹酋長也地理志柳城郡于萬歲通天元年爲契丹所陷開元五年還治大都督府楷洛于武后時入朝柳城陷未久不應即爲酋長既陷後又安得入朝也或以入朝後附籍京兆而酋長之說魯公爲臨淮諱故并其舊籍而逸之耶史云楷洛贈營州都督謚忠烈碑云贈幽州都督而無謚又云兄遵直遵沂弟光玫光彥光進子義忠彙而史但稱光進與彙詳貴也夫臨淮雖與汾陽齊名戰功尤爲中興第一如斬侍御史崔衆賞郝廷玉之禆將援矛者壁野水度還軍以避李日越之劫其膽識出諸將上碑皆畧之顏公筆弱不能如司馬子長韓彭諸將傳使千載下

鬚眉如見也

唐小字麻姑仙壇記

右碑高六寸廣尺許相傳爲玉版可入懷袖唐顔魯公眞卿撰書共九百餘字字甚小有尋丈之勢爲魯公正書第一碑在麻姑山觀中宋末觀圮吳道士攜置雲崖山邃流落青綏東平間明永樂中爲薊州衞知事雷豫所得其子泰示撫州守謝士元以巨石臿置之外刻詠碑諸公如宋曾文定鞏李說書覯劉郎中涇李丞相綱潘邠老大臨明謝戸部磐左史部贊詩與書皆足附魯公之後而士元則戸部子也集古錄云顔公忠義之節皎如日月而不免惑于神仙釋老之說予觀魯公使李

希烈時見危授命非深于二氏之説者不能夫富貴不淫貧賤不移威武不屈二氏之教與吾儒同也以魯公而猶謂之惑乎卽此碑石既失復歸諒不止魯公忠義之所感召抑有神人如麻姑者狡獪于其間乎

光緒歲在强圉大淵獻春月吳縣朱記榮槐廬家塾刊

金石録補續跋卷六終

金石錄補續跋卷七

槐廬叢書

崑山葉奕苞九來著　吳縣朱記榮校訂

唐顏氏家廟碑

唐李公懋功昭德頌

唐姜嫄公劉廟碑

唐鹽池靈應公神祠碑

唐澄城令鄭君德政碑

唐少林寺廚庫記

唐送李愿歸盤谷序

唐顏杲卿碑

唐西平王李晟碑

唐李祐墓誌

唐義陽郡王苻璘碑

唐蔚州刺史馬紓墓誌

唐宋璟碑

右廣平郡公宋璟碑顏眞卿撰幷書大歷七年建十三年魯公復爲碑側記在沙河墓上予讀唐史至文貞傳每歎武后淫亂之朝中宗庸下之主有姚宋毗輔知無不言遂登上理然姚善於應變遠遜文貞守正不阿强哉矯也以碑證傳互有脫漏如史云張易之誣魏元忠引證張說公語說以名義時人呼易之爲五郎而稱之曰卿韋月將告武三思亂宫掖不奉詔以救之王仁皎卒諫止用竇孝諶故事皆公志節所繫而碑遺之至遷殿中侍御史同列有博于臺中者天后將黜之公獨引

過神龍復辟讓封不受改貝州刺史與數人同辭三思獨揖公任公竟出太平長公主有異謀遂奏婦人干政恐生禍階男又縱橫公執奏之及碑側所記必歷歷在人耳目間修史者有何避忌而不之載也當請窮治易之兄弟時武后蒼皇欲起遽令之出者新史曰姚璹舊書曰楊再思碑止書內史而逸其名若李邕曰陛下坐則天下安起則天下危詳述其詞蓋揚善隱惡之意寓焉以公之忠直諸子皆不肖歿後三十五年孫儼始爲樹碑雖公名在天壤不以碑爲久遠然過公之里拜公之墓讀斯碑而興起者未嘗不以魯公之文而欷噓長太息也

唐八關齋會記

右碑題云有唐宋州官吏八關齋會報德記行撫州刺史魯郡開國公顏真卿撰并書後題篆書云唐宋州刺史徐向及官吏奉爲汴宋觀察使右僕射信都王八關齋會報德記信都王者田神功也神功傳事母至孝收滄德攻相州拒杏園守陳留襲南德信討劉展攻敬釭及所歷官爵皆與碑合又謂神功寢疾宋之將吏爲禳祈報恩者卽此記也記云八關齋會者公疾巳之所建也宋州刺史李岑爲賊所圍破其黨而有造于州人不貲齋明何以報德五月八日首以俸錢三萬設大會飯千僧於開元寺州縣官吏長史苗藏實等設一千五

百人爲一會鎮遏團練官健副使孫琳等設五百人爲一會百姓等設五千人爲一會按代宗大歷中王縉元載杜鴻漸等喜飯僧徒以福業報應熒惑上聽嘗令僧百餘人于宮中陳設佛像經行念誦謂之內道場州郡將吏尤而效之故雖魯公之賢忘其習俗之陋而爲此記良足慨已齊武帝永明元年五月于華林園設八關齋註云釋氏之戒一不殺生二不偷盜三不邪淫四不妄語五不飲酒食肉六不著花鬘瓔珞香油塗身歌舞倡伎故往觀聽七不得坐高廣大床八不得過齋後喫食已上八戒故爲八關翻譯名義云八戒者俗衆所受一日一夜戒也謂八戒一齋通謂八關明以禁防爲義

也今日叢林以臘月八日四月八日名冬夏結制而設戒期自六戒以下不聞于世然有過午不食之説非即第八戒之意乎

唐乞題放生池額表

右表云上元元年七月十七日銀青光祿大夫行尚書刑部侍郎柱國丹陽縣開國侯臣顏眞卿上按史眞卿自馮翊太守轉蒲州刺史封丹陽縣開國子而此表與祭姪季明文皆云開國侯爲史之誤趙氏目云大歷九年因眞卿爲放生池碑文在大歷中也

唐徐浩先塋題名

右徐浩題云至德二年上在鳳翔制應扈從字闕一中書

門下[闕三字]上各贈父祖一人官[闕四字]任中書舍人兼尚書右丞集賢殿學士正月廿八日制贈公吏部侍郎益浩在肅宗初以襄陽太守[新史云刺史]召拜中書兼右丞所云贈公者必其祖也而惜闕其名又云及上還京廣德元年八月廿一日制復贈公嗣子故銀青光祿大夫洛州刺史上柱國嶠之左散騎常侍由祖而下故稱父爲嗣子也又云洛州府君歷典趙衢豫吉湖洛六州開元廿四年薨葬于洛陽石橋東北十里舊書止云嶠至洛州刺史新史并闕嶠之官閥又云浩自吏部侍郎貶明州別駕歸鄉拜掃換山日碣題此額篆仍錄贈官其勅詞竝存于別記云大歷九年十月丁卯朔六日壬申刻

曾孫瑨模勒姪孫璟撿挍隴西李坦然鐫按肅宗紀至德二載十二月靈武元從蜀郡扈從官三品以上予一子官四品以下一子出身又賜文武官階勳爵不及祖父非勸也觀此碑正月中已行之特史軼書耳代宗紀廣德元年賜內外官階勳爵而不及贈與前紀同据此可以補史之闕

唐兵部尚書王忠嗣碑

右王忠嗣碑中書侍郎元載撰門下侍郎王縉書按忠嗣初名訓賜今名李林甫惡之陰使人誣告欲奉太子帝怒付三法司鞫治應死哥舒翰請以官爵代贖罪貶漢陽太守久之遷漢東郡年四十五而卒碑多不詳忠

嗣功在社稷知祿山有亂萌不免以讒死史官惜之載爲忠嗣女夫碑文宏麗其敘述處多與史合至云借公爲資動搖國本成公謫居人無不恨以四語易史傳數行徵而顯矣縉書優入晉室惜模拓既久其波磔盡亡耳

唐元靖李先生碑

右碑在茅山玉晨觀中顏眞卿撰幷書碑云先生諱含光廣陵江都人從司馬鍊師盡得其道元宗詔居王屋後請居茅山元靖其賜號也按傳法世系自元靖上溯陶隱居凡五葉其升元先生爲王遠知體元先生爲潘師正正一先生爲司馬子微史家皆爲立傳惟元靖無

傳耳予嘗游茅山過雷平池登伏龍岡弔先生墓慨然有遺世之想碑中所謂靈芝甘露固不可復得即紫陽之東鬱岡山上齋壇仙院亦改舊觀惟穹碑屹峙聲施至今使非魯公之書恐亦不能久遠如是故古之銘碑樹碣者必托諸大手筆也與碑云先生孩提則有殊異晬日獨取孝經如捧讀焉此俗吾吳尤甚凡子女晬日率召親戚筵宴設書冊刀帨果餌之類以試之窮鄉委巷皆然讀此碑而思先王緣情制禮所謂三千三百者朝廟猶存其畧至於家人之禮蕩然無遺而桑弧蓬矢以射四方之意歷千年不變然後歎父母愛子之情眞爲眞摯也夫

唐重模延陵季子墓刻

右季札墓碑流傳已久歐陽公疑孔子未嘗至吳以此碑爲妄而陶淵明季札贊云夫子戾止爰詔作銘似夫子曾至吳銘此墓也唐蕭定撰季子廟記云哲人其萎表墓著嗚呼之義蓋指此碑或云延陵之墓四字後世妄增者皆文人好辯云爾予謂西漢以後墓碑始有文字皆屬夸詞此十字言簡意盡非聖人不能宋太宗勒入法帖必有以也

唐重修延陵季子廟記

右季子廟記唐潤州刺史蕭定字梅臣撰試大理司直張從申書記云舊以泰伯之廟在于蘇臺季子之祠像

設東面非由典禮云云似有改作而不詳其處今横山越溪之間臺與祠廟皆不可問閶門內僅有泰伯廟不聞有季子祠碑亦無考記曰泰伯之讓讓以賢季子之讓賢以讓論議甚精用字未醒如曰讓于賢賢而讓不待申其説而豁然矣從申正書大類李北海當時藉甚而集古錄云得其所書之碑輒棄之何也

唐臧懷恪碑

右碑題云唐故右武衛將軍贈工部尚書上柱國上蔡縣開國侯臧公神道碑撫州刺史顏眞卿撰幷書李秀巖篆額懷恪字貞節東莞人以右武衛將軍封上蔡縣侯其贈尚書則以第七子希讓貴叠薨于開元十一年

而碑立于廣德元年之十月全錄詔書示優異也都少
卿穆云臧氏糾宗碑所敘七子與此不同駱天驤糾宗
碑跋云自靈州君寵而下悉載于碑据此云祖君寵皇
通議大夫靈州長史曾祖滿隋驃騎將軍既曰糾宗曷
爲遺曾而錄祖豈止敘本朝不及隋以上也耶糾宗碑
亦魯公撰書不應互異惜不得模本證之碑敘臧氏僖
哀二伯文武兩仲其下列丈人子原義和榮緒諸人按
莊子文王觀于臧見一丈人釣李軌云臧地名也則丈
人者乃臧之釣叟非卽其姓況下距魯隱公殆四百年
不得信以爲公子彄之後世民二字至高宗時卽非連
及竝諱之而虎字則諱于貞觀中或全去此字或缺一

筆凡碑皆然此曰世祀宜哉又曰猛奪虓虎竟弗之避何也

唐顏氏家廟碑

此碑大書深刻歷年雖遠字畫完好足貴也眞卿爲惟貞第七子碑中直書祖父名所謂臨文不諱者然乎今之人文與書遠不及魯公偶述其祖父行畧而輙令他人填諱者又何也

唐李公懋功昭德頌

右額云大唐鎭國軍隴西節度使右僕射李公懋功昭德頌題云大唐潼關鎭國軍隴右節度使撿校尙書右僕射兼御史大夫華州刺史武康郡王李公懋功昭德

頌并序張濛撰韓秀弼八分書李彝篆額貞元五年十月十一日建行軍司馬董叔經請于朝而立此頌也序元諒徇國之功十皆隱約其詞與舊書合彬彬郁郁有初唐風新書云贈司空謚莊威碑不之及豈立于元諒未卒時耶元諒安息人少爲宦官駱奉先養息姓駱名元光德宗念其勳勞賜姓改名碑亦弗諱舊書初加撿校工部尚書新書實封五百戶皆碑所遺

唐姜嫄公劉廟碑

右姜嫄廟碑唐高郢撰張誼書碑云姜嫄嘗出游見跡而履之按毛公註生民詩履帝武敏歆之句曰帝高辛氏之帝也敏疾也從于帝而見于天將事齊敏也以爲

從高辛氏郊禖求子而生后稷其説本自明白至鄭氏箋云帝上帝也敏拇也祀郊禖時有大人之跡姜嫄履之足不能滿其拇指之處心體歆歆然如有人道感已遂有身而生子説殊怪誕蓋出于司馬子長本紀歐陽公謂稷契非高辛之子毛公于史記既不取其履足之怪而取其訛謬之世次第毛公趙人爲河間獻王博士在司馬子長之前數十年未必見史記世次而世次之説出于世本其書在宋時已亡矣朱紫陽豳風集註云后稷生不窋不窋生鞠陶鞠陶生公劉而史記止云不窋卒子鞠立鞠卒子公劉竝無下陶字集註云自公劉居豳後十世而太王徙居岐山之陽十二世而文王始

受命與史記合而此碑云公劉者周文王之十代祖也未知何據

唐鹽池靈應公神祠碑

右碑題云大唐河東鹽池靈慶公神祠頌幷序將仕郎太常博士崔敖撰將仕郎前試大理評事韋縱書幷篆額貞元十三年八月廿日建序云鹽池之數有九七在幽朔二陂河東又云雪野霜地歸于塗潦泉貨之廣没于齊人皇家不賦百三十載元宗御國五十年姦生薊丘嗣聖受命以兵靜之雖田征益加而軍實不足遂收鹽鐵之算食貨志唐有鹽池十八井六百四十皆隸度支則不止九池亦不至肅宗始收其利第有乾元元年

第五琦初變鹽法之語碑之所云似乎指此碑又云戶部尚書裴公延齡權九州之賦林鹽之饒以河中爲會府按裴傳極言其橫斂罔上如負庫抽貫苗錢市草陂芀本分錢敕索和雇等而未嘗一言鹽權即食貨志列陳少游劉晏包佶李錡李巽皇甫鎛張平叔盧宏司空輿周墀裴休等而不及延齡豈非言利之臣庸主信任有司側目此碑不得不倚以爲重而特舉其名也耶傳曰君子惡居下流有以夫趙錄靈慶作靈應者誤

唐澄城令鄭君德政碑

右碑題云大唐同州澄城縣令鄭公德政碑銘并序司封郎中集賢殿學士陳京撰衛尉卿鄭雲逵書姜濬模

勒幷刻字後云左司郎中宇文邈修功善狀守令白潛成立鄉貢進士姜元素篆額貞元十四年正月廿四日建鄭公字叔敖字上當碑裂處缺二字郇撰字上亦裂據趙目而知其爲陳京也碑云百姓孫士良等報德誠明請命朝省斯頌作焉殆奉詔立碑曾下考功而非後世士民擅立去思也文既簡快書復遒逸石雖斷裂丰骨具在亦陝碑之僅存者矣

唐少林寺廚庫記

右碑顧少連撰崔溉書史鎬篆額其文云少林寺者權輿于太和中廢于承光更名于大象錫田于開皇按夏赫連昌北齊幼主高恒皆號承光夏在太和之前則此

承光爲恒也第後主緯武平七年十二月改元隆化郎議禪位次年正月乙亥恒郎位改元承光乙丑周師至紫陌橋癸巳燒城西門太上皇東走其日幼主禪位于任城王湝令侍中斛律孝卿送禪文於瀛州孝卿以之歸周不應于承光改元數日間廢寺末云時貞元戊寅歲皇帝纘服之廿載也說文廿二十幷也古文省後人直以爲二十用按德宗乙丑改元貞元至戊寅止十四年從庚申郎位至戊寅乃十九年此云廿載亦舉成數以爲言耳

唐送李愿歸盤谷序

右碑今在濟源縣廨其末云貞元辛□歲建丑月渤海

高從□□顧亭林曰乃書者之名而石缺之也趙錄云正書無姓名者豈未見此末行耶

唐顔杲卿碑

右碑杲卿弟真卿撰碑言公被害懸首于右金吾街樹有張湊收其髮謁元宗歸之夫人夫人疑之憑牀而哭忽聞聲如鞭牀者髮箱跳而前其事不載于舊史而新史亦簡畧魯公爲杲卿弟其説當不誣也偶閲魯公祭姪季明文有元吳興陳繹曾跋云購杲卿尸于洛陽河北僅得一足與張湊所歸髮葬長安鳳棲里按泉明購屍時問之行刑者云杲卿死時先斷一足故泉明啟履識之瘞以無足者爲驗此云僅得一足似誤顔氏一門

忠孝爲有唐之冠魯公之文永垂不朽矣

唐西平王李晟碑

右李晟碑裴度撰柳公權書并篆額按晟卒于貞元九年碑立于太和之三年相去已三十七年矣以晟之功蓋天地名震華夷子孫衆多門吏貴盛而卒之日不爲建碑墓上何也新舊史晟子十五人碑則十二非聽之請將勞臣茂績不及二氏之碑充滿于紺宮紫觀乎史云上思晟勳力製紀功碑俾皇太子書之刋石立于東渭橋久已滅沒而此碑尚存非晟之幸乎所歷官階碑傳率多不合傳所畧者事王忠嗣李抱玉初署三府右職葢史書其大不錄宜也至贈太師謚忠武爲主恩巨

典而碑遺之何耶晉公之文不能風發電掣凜凜有生氣特以誠懸書法爲古今所重故此碑保護至今猶得不仆然歷歲滋久不無剝蝕其波磔漸失矣惜哉

唐李祐墓誌

右誌趙氏云據李愬傳愬候祐樓子野遣史用誠伏壯騎三百擒之而誌云祐潛布欵誠于愬以某日歸命其就執也願得傷一支以爲解不然妻子之在賊城無遺類矣愬許之追至唐州同執者十二人命斬于牙門外次至祐大叫謂愬曰公背初約耶釋之與語終日卽署爲都知兵馬使二說不同未知孰是也予以爲誌近是是時吳元濟殺蘇兆四侯惟清悉兵四出淮蔡魚爛三

輔驛騷德宗雖命烏重允李光顔諸將以重兵壓其境仍使中人監軍王師屢潰不得吳秀琳等之降卽裴度李愬無以成功按吳少誠傳愬畧興橋得守將李祐不殺引至帳下計議始謀襲蔡與此誌合始謀云者未得祐之前不知賊之虛實不敢襲也然則祐之降可信矣李愬恃功橫訴至斲韓昌黎平淮蔡頌其家傳墓碑必張大勳伐以降爲擒耳如童重質凌朝江等各貶司戶史特爲祐立傳固與賊黨異矣況誌行于當日豈容虛謬不比史家得之傳聞于異代也

唐義陽郡王符璘碑

右符璘碑唐中書侍郎李宗閔撰翰林學士柳公權書

誠懸書大達法師碑不免有怒張之氣米南宮呼爲惡札此碑結構正密神理駿發模刻又極精真可寶也碑云公諱璘字元亮沂州臨沂人傳云瑯琊人蓋傳舉其郡而碑舉其州與縣也碑云璘在田悅軍中并州帥馬燧以犀帶遺公爲約而傳畧之傳云璘與父令奇嚙臂别而碑不載豈作史者欲形其父子之忠義而粉飾之也耶

唐蔚州刺史馬紓墓誌銘

右碑題云唐故銀青光祿大夫使持節蔚州諸軍事行蔚州刺史兼御史中丞馬公墓誌銘朝請大夫使持節汾州諸軍事守汾州刺史楊倞撰會昌四年七月十日

建序云公諱紆字無畏扶風平陵人曾祖行竣嬀州刺史祖千龍平州刺史父寔右驍騎將軍御史中丞公卽中丞廿五子蓋爲魏博田氏大將以滄帥李全略死子同捷襲位魏師應援紆中款裴度勸帥歸誠而爲中朝官者惜未附見於田裴傳中寔亦有志歐陽詹撰

光緒歲在強圉大淵獻春月吳縣朱記榮槐廬家塾刊

金石錄補續跋卷七終

近今金石文著錄作者如林求其目覩碑刻款識精確可信未有如潛研堂金石文跋尾兩漢金石記也葉九來先生著金石錄補在錢翁二書前以補趙德父之所未備其書採摭甚廣攷據頗精末列集異碑額立碑處傳疑襍記五門爲著錄者另啟一例後附續跋若干卷樹議適出前賢亦可補德甫之所未及乃其家子孫不振未能鏤版書幾淹沒無傳惜哉錢遵王讀書敏求記云葉九來著金石錄補學識遠在明誠上留藁余處將爲整齊其書垂之久遠然亦未能刻也此書乃九來增丹臣許君從原本抄出者其子甚珍之有題語在卷首九來手札中有勿檢齋先生研究經史好古若渴其能更假他人語故云

寶藏此書也宜哉余因借錄一過漫跋於後以俟世之能刻是書者可與錢翁兩家後先輝映云

嘉慶十七年歲在壬申三月香嚴周錫瓚識